시스템으로 경영하라

시스템으로 경영하라

초판 1쇄 인쇄 2010년 9월 13일
초판 1쇄 발행 2010년 9월 18일

지은이 안드리스 반 디크
옮긴이 ktds 임직원
펴낸이 홍석근
기 획 김희상
펴낸곳 평사리 Common Life Books
신 고 313-2004-172 (2004년 7월 1일)
주 소 (121-856) 서울시 마포구 신수동 448-6 한국출판협동조합 B동 2층
전 화 (02) 706-1970
팩 스 (02) 706-1971
Homepage www.commonlifebooks.com
e-mail commonlifebooks@hanmail.net
ISBN 978-89-92241-21-2 (03200)

* 잘못된 책은 바꿔드립니다.
* 가격은 표지에 있습니다.

시스템으로 경영하라

Successfully Managing IT Enabled
Business Transformations

안드리스 반 디크 지음
ktds임직원 옮김

평사리

:: 옮긴이의 글

우리는 IT의 눈부신 발전을 목격하고 있다. IT는 이제 도구라는 단순한 의미를 넘어서 비즈니스 전략을 주도적으로 개발하고 실천하는 구현자(Enabler)로 자리 잡혀 가고 있다. 이미 전세계 기업들의 흥망성쇠가 IT에 의해 판가름 나고 있고, 요즘 즐겨 쓰는 융합과 복합이라는 단어와 함께 비즈니스 전반에 깊숙이 파고 들어와 있다. 이제 IT는 비즈니스 경쟁력을 갖추는 데 필수불가결한 파트너가 되었다.

이 책에 담겨 있는 핵심 메시지는 'IT를 통한 비즈니스 변혁(Business Transformation)'이다. 저자 안드리스 반 디크 박사는 오랫동안 치밀하게 자료를 모으고 검증했으며 보다 체계적으로 접근하여 이 문제를 풀어내고 있다.

'IT 없이는 비즈니스도 없다!(Without IT, No Business!)'라고 확언하고 있는 저자가 핵심적으로 내세우는 원칙은 세 가지이다. 우선, '비즈니스와 IT를 어떻게 접목시킬 것인가' 하는 전략의 개발이 그 첫 번째이다. 다음으로 전략에 기초하여 '엔터프라이즈 아키텍처'를 구축하는 것이 두 번째이다. 이런 구축은 조직이 전략적 목표에 맞추어 행동할 수 있도록 방향을 제시하게 된다. 구체적인 IT기술의 접목으로 그 성취의 틀을 이끌지 못하면, 전략에 따라 설정한 목표는 허사가 된다. 그래서 마지막으로 필요한 것이 '프로그램 리더십'이다. 권한과 책임을 명시하고 조직 구성원에 동기를 불어 넣는 것이 곧 리더십이다.

준비되어 있는 기업에게 있어서 변화는 더할 수 없이 좋은 성공의 기회다. 기존의 틀에 매달려 기득권에 안주하는 기업은 결코 오래가지 못한다. 끊임없이 변화를 이루어내고 역량을 키워야만 생존할 수 있는 세상이다. 그런 면에서 이 책은 변화를 주도하는 큰 틀을 제시하고 동시에 세부적인 내용을 섬세하게 다루어, 최상의 '비즈니스 변혁 가이드라인'을 제시하고 있다. 'IT를 통한 비즈니스 변혁'을 추구하는 경영자, 전문가 여러분께 도움이 되었으면 한다.

　　책을 번역한다는 것이 이처럼 어려운 것인 줄 몰랐다. ktds 임직원이 읽고 또 읽으면서 원문의 의미를 제대로 전달하고자 부단히도 애쓰며 무더운 여름을 보냈다.

　　참여하신 모든 분들께 감사드린다.

2010년 9월

ktds 임직원

일러두기

1. 모든 각주는 옮긴이의 각주이다.

2. 아래 용어는 영문약자로 표기하였다.

      정보기술(Information Technology) → IT

      비즈니스 변혁(Business Transformation) → BT

      정보시스템(Information System) → IS

3. 아래 용어는 좀더 세밀하게 구분하여 번역하였다.

      Transformation : 변혁

      Innovation : 혁신

      Change : 변화

시스템으로 경영하라

01

서문

오늘날 조직과 비즈니스에서 가장 극적으로 변화해
온 것은 IT(Information Technology)의 역할과 영향력이다. IT는 후선 부서의 프로세
스 관리를 지원하던 기존 역할을 넘어 비즈니스 프로세스와 전략을 위해 없어서
는 안 될 핵심으로 자리를 잡았다. 이와 같은 정보기술의 변화는 새로운 비즈니스
모델을 창출해주는 촉매가 되어왔다. 오늘날의 산업계와 시장에서 회자되는 'IT없
이는 비즈니스도 없다(Without IT, no Business)'라는 격언은 진실이다.

기업들은 IT의 새로운 역할 변화뿐만 아니라 비즈니스 측면과 기술의 측면에서
끊임없이 변화가 일어나는 환경에 직면해 있다. 제품의 수명주기는 갈수록 짧아지
고 고객의 행동은 더욱 변화무쌍해졌으며 시장구조도 매우 변덕스러워졌다. IT 신
기술들은 끊임없이 시장에 쏟아져 나오고 있지만, 이런 신제품들의 성숙도를 정확
하게 판단하기란 쉽지 않은 일이다. 기업이 경쟁력을 유지하기 위해서는 비즈니스
와 IT에서 일어나는 빠른 변화에 적응할 수 있어야만 한다. **'IT를 통한 비즈니스의
변혁**(BT : Business Transformation)'이라는 말은 이를 압축한 표현이다. 필자가 볼 때
기업의 미래는 'IT를 통한 BT'를 성공적으로 관리하는 능력을 얼마나 키우느냐 하
는 데 달렸다.

IT를 통한 BT에는 비즈니스와 IT 사이의 연계 전략, 엔터프라이즈 아키텍처, 프
로그램 리더십이라는 세 가지 중요한 원칙을 따라야 한다. 이 세 가지 원칙은 IT를
통한 BT에 있어 각각의 고유한 역할을 갖는다. '비즈니스와 IT 사이의 연계 전략
(Business-IT Strategy)'은 빈틈없는 분석과 의사결정 프로세스에 기초를 두고 미래의
방향을 설정한다. '엔터프라이즈 아키텍처(Enterprise Architecture)'는 전략과 설계 사
이의 가교 역할을 하고 비즈니스와 IT의 연계를 이끄는 청사진과 로드맵을 제공한
다. 마지막으로 '프로그램 리더십(Program leadership)'은 전략에서 정의하고 엔터프
라이즈 아키텍처에서 상세히 기술한 목표를 달성하기 위해 프로그램과 프로젝트
의 성공적인 수행을 체계화한다.

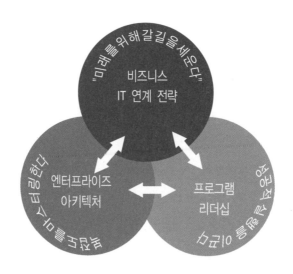

[그림 1] IT를 통한 BT의 세 가지 주요 원칙

이 책은 IT를 통한 BT를 이루기 위한 배경지식과 방법론, 모범 사례를 개괄적으로 제시하고, 비즈니스와 IT 사이의 연계 전략, 엔터프라이즈 아키텍처, 프로그램 리더십으로 구성되는 세 가지 주요 원칙을 중점적으로 다룬다. 위의 세 가지 원칙을 자유롭게 활용할 수 있는 수준까지 끌어올리는 데 충실한 안내자가 되었으면 하는 게 필자의 소망이다. 책을 쓰기 위해 많은 문헌을 참고했으며, IT를 통한 BT를 관리해온 폭넓은 경험을 함께 녹여 넣었다. 이론적인 지식과 현장 경험의 유용한 조합을 기대해도 좋다. 이 책을 이끌고 있는 관점은 다음과 같은 두 가지 원리에 바탕을 둔 것이다.

- 첫째, IT를 통한 성공적인 BT는 세 가지 원칙(비즈니스·IT 연계 전략, 엔터프라이즈 아키텍처, 프로그램 리더십)의 성숙도 수준 향상을 요구한다.
- 둘째, 세 가지 핵심 원칙 각각의 성숙도 수준이 높다 하더라도 다른 두 개의 원칙과 잘 연계되지 않으면 최적화한 상태로 전략적인 목표에 기여하지 못한다.

예를 들어 기업의 엔터프라이즈 아키텍처 팀이라면 모든 방법론이나 모범 사례들에 능숙하게 잘 따를 것이다. 하지만 아키텍처는 전략적인 선택에 좌우되며 이 아키텍처 결과물은 프로그램과 프로젝트에 반영되어야 한다. 유기적인 반영이 이루어지지 않으면 힘만 헛되이 낭비할 따름이다. 이 책은 세 가지 원칙 사이의 맥락과 그 의존관계를 명확히 밝힘으로써 개별 원칙을 잘 다져나가는 데 필요한 최고의 연습과 교훈을 주고자 한다.

:: 범위

이 책은 IT를 통한 BT에 초점을 맞춘다. BT란 비즈니스 프로세스와 조직뿐만 아니라 IT도 아우르는 것이어야 한다. 비즈니스와 IT를 주되게 바꾸는 것이 BT의 심장이라는 말이다. 따라서 IT 부서 조직이나 효과적인 서비스 관리프로세스(ITIL : IT Infrastructure Library)*, IT 관련 관리, 재무 경영 등의 IT 운영 측면은 다루지 않을 생각이다.

:: 독자

이 책은 IT를 사용하여 BT를 이루는 데 책임과 의무를 갖는 기업 경영진을 주요 타깃으로 삼았다. 여기서 말하는 경영진이란 당연히 정보관리 책임자(CIO : Chief Information Officer)나 다른 IT 경영진을 포함한다. 그러나 IT(IT 거버넌스)를 운영하는 책임과 의무는 점차 IT 부서에서 비즈니스 부서로 이동하고 있다. 따라서 최고경영자(CEO : Chief Executive Officer)나 업무최고책임자(COO : Chief Operating Officer)와 같은 비즈니스 경영진이 IT를 다루는 책임과 의무는 갈수록 커져가고 있는 실정이다. 필자는 이런 경영진을 명확히 의식하고 이 책을 썼다.

이 책의 목표는 크게 볼 때 비즈니스와 IT 사이의 연계를, 세부적으로는 'IT를

* ITIL : 영국에서 태동한 정보기술 서비스를 지원, 구축, 관리하는 프레임워크.

통한 BT'에 관한 분명한 비전을 제공하고자 하는 것이다. 이 책은 성공적으로 입증된 최고 사례들이 갖는 기본 틀과 그 방법들을 살펴보는 참고서로도 활용할 수 있다. 'IT를 통한 BT'라는 복잡한 과정을 경영하는 데 있어 중요한 측면들을 간략하게 개관할 수 있게도 해줄 것이다.

:: 구조

이 책은 [그림 2]와 같이 구성되어 있다. 비즈니스와 IT 사이의 연계는 이 책의 핵심이며 2장에서 다룰 예정이다. 'IT를 통한 BT'라는 개념과 세 가지 원칙(비즈니스·IT연계 전략, 엔터프라이즈 아키텍처, 프로그램 리더십)은 3장에서 살펴볼 생

[그림 2] 이 책의 구조

각이다. 이 세 가지 원칙의 자세한 설명은 차례로 4~6장에 걸쳐 이뤄질 것이다. 각각의 원칙을 다루면서 아래의 질문을 염두에 두고 그 답을 찾아보도록 하자.

- 비즈니스와 IT의 연계란 무엇을 말하며 그 목적은 무엇인가?
- 구체적인 산출물과 결과는 무엇인가?
- 어떤 접근법과 방법론, 프레임워크를 사용할 수 있나?
- 어떻게 조직할 것이며 무슨 역량이 필요한가?
- 성공을 이끄는 중요한 요소와 교훈은 무엇인가?

세 가지 원칙을 각각 설명한 다음, 7장에서는 각 원칙들 사이의 관계나 상호 의존성을 다루며, 복잡한 IT를 통한 비즈니스의 변화에서 비즈니스·IT 연계 전략과 엔터프라이즈 아키텍처, 프로그램 리더십 사이의 가장 좋은 균형을 위한 모범 사례와 교훈을 살펴볼 것이다.

02

비즈니스와
IT 연계

:: 비즈니스 성과를 극대화하기 위한 IT 투자

2장은 비즈니스와 IT 사이의 전략적 연계를 다룬다. 1절은 IT의 운영과 전략적 중요성을 생각해 본 것이다. 정보 패러독스와 연계의 필요성은 2절에서 언급하고, 3절에서는 문헌에서 찾은 비즈니스와 IT 사이의 연계를 설명하는 개념의 기본 프레임워크를 설명한 다음, 4절에서 비즈니스와 IT 사이 연계의 성숙 모델을 소개한다. 연계를 위한 IT 관리의 핵심역할은 5절에서 소개하고, 6절에서는 2장의 핵심 사항들을 요약한다.

2.1 운영과 전략적인 면에서 IT의 중요성

:: 오늘날 비즈니스 프로세스의 중추역할

오늘날 조직과 비즈니스에서 IT의 역할과 영향력이 극적으로 변해온 것은 누구나 아는 사실이다. IT는 이미 후선 지원 프로세스 관리를 뒷받침하는 전통적인 역할을 넘어 핵심 비즈니스 프로세스에 빼놓고 생각할 수 없는 중추적인 역할을 하고 있다. 최근 몇 년 동안 IT는 후선 지원 부서뿐만 아니라 영업 부서의 고객 응대에서도 상거래 행위의 실질적인 중추역할을 이루었다. 어떠한 경제활동도 정보시스템의 도움을 반드시 필요로 한다. 은행이나 보험회사처럼 정보를 기반으로 한 비즈니스는 IT없이는 꿈도 꿀 수 없는 실정이다.

많은 산업이 IT에 전적으로 의존하고 있지만 아직도 일부는 단지 특정 기능을 지원하는 용도로만 IT를 사용한다. 하지만 이러한 상황은 변하고 있다. 병원산업이 두드러진 예라 할 수 있다. 병원의 주요 프로세스(환자 간호)에 IT의 도입은 눈이 부실 정도로 빠른 속도를 자랑한다. 오늘날 수많은 산업과 시장에서 'IT 없이는 비즈니스도 없다'라는 말은 진실이다.

:: 운영성과를 위한 도구인가, 전략적 구현수단인가?

지난 십여 년 동안 우리는 IT가 두 가지의 분야에서 기여하는 바를 보았다. 첫째, 수작업의 자동화로 거래비용이 감소했고 종업원의 생산성이 향상됐다. IT 사용이 운영성과를 높이고 운영비용도 절감했다. 둘째, IT를 경쟁우위 구현수단 (Enabler)*으로 활용해 새로운 방법으로 제품과 서비스를 시장에 제공하는 한편, 비즈니스 프로세스의 근본적인 재설계를 도모했다.

전략적인 구현수단으로서의 잠재적인 역할 때문에 IT는 더욱 최고 경영진의 주요 과제가 되었다. IT는 '전략을 위한 필수 선택'이 되었고 경영진은 IT의 전략적 가치와 IT가 기업에 가져오는 경쟁 우위를 말하기 시작했다. 최근 IT의 전략적인 역할을 보는 이해가 높아지기는 했지만, IT에 투자해 정말 비즈니스 성과를 올릴 수 있을까 하는 우려는 여전하다. 2007년 가트너 리서치에 따르면 30%만이 '자사의 IT분야 투자 결과(ROI)**를 측정할 수 있다'고 응답했다. 이를 통해 비즈니스와 IT 사이의 전략적 관계가 적어도 아직은 서로 팽팽한 긴장감을 보여주고 있다고 말할 수 있겠다.

:: IT가 일용품이 될 것인가?

2003년 니콜라스 카(Nicholas G. Carr)는 'IT는 중요하지 않다(IT doesn't matter)'라는 기사를 통해 흥미로운 의견을 제시한 바 있다. 카는 'IT의 영향력과 보편성이 증가할수록 전략적인 가치도 함께 증가한다'라는 생각에서 일어나는 근본적인 변화를 목격했다고 썼다. 이런 가정이 일견 합리적이고 직관적인 것 같지만, 거기에는 몇 가지 실수가 있다는 것이다. 카가 보는 관점에서 IT의 유용성은 갈수록 증가

---

* 구현수단(Enabler) : 여기서 말하는 구현수단이라는 용어의 의미는 어떤 능력을 제공해 주는 실체라는 뜻으로, IT로 인해 어떤 새로운 비즈니스 전략의 가능성을 확보 할 수 있게 되는 경우, IT를 이 신규 비즈니스의 구현수단이라고 볼 수 있다.
** Return On Investment : 투자수익률.

했으며, 적어도 지난 2세기 동안 산업을 바꾸는 데 받아들여진 기술들 가운데 최고의 것임에는 틀림이 없다. 카는 IT의 역할을 증기기관, 철도, 전기 등과 비교한다. 이런 모든 기술은 미래를 바라보는 기업들에게 경쟁 우위를 제공하기는 했다. 그러나 편의성이 늘어나고 비용이 절감되면서 이런 기술들은 어디서나 볼 수 있는 흔한 게 되고 말았다. 결국 전략적 관점에서 바라볼 게 거의 없는 것으로 전락하고 말았다는 지적이다. 언제 어디서나 볼 수 있는 것을 가지고 무슨 전략을 구사할까? 카는 이게 바로 오늘날 IT가 처한 상황이라고 진단한다. 하드웨어는 일반에게 광범위하게 보급되었으며, 소프트웨어 어플리케이션의 표준화는 검증된 기능을 내장해서 신속하게 쓸 수 있는 환경을 이미 만들어냈다.

카의 관점에서는 배워야 할 중요한 교훈이 있다. 원천기술의 확보가 경쟁에는 반드시 필요하지만, 전략의 수립에는 별반 도움이 되지 않는다는 점이다. 원천기술을 창조해내며 감수해야 하는 위험이 원천기술의 이용으로 얻는 이득보다 훨씬 크기 때문이다. 기업은 임의적이거나, 불필요하거나, 심지어 반생산적인 기술 개발과 정작 중요한 투자와 구분할 줄 알아야만 한다. 엄격한 비용 관리는 기대 수익의 계산에 더욱 철저할 것과, 보다 단순하고 저렴한 대안을 찾아내는 데 창의력을 집중할 것을 요구한다. 그리고 아웃소싱으로 해결할 수 있는 파트너십을 형성할 수 있도록 문호를 활짝 열어놓아야 한다. 카에 따르면 대다수의 기업에 있어 성공의 열쇠는 지금처럼 공격적으로 이득을 찾는 게 아니라, 비용과 위험요소 관리를 보다 철저하고 꼼꼼하게 하는 데 달려 있다는 것이다.

카의 기사가 나가고 불과 두 달 만에 리차드 놀란(Richard Nolan)과 워렌 맥팔란(F. Warren Mcfarlan)이 반격을 가했다. IT를 철도와 전기 등의 기술과 비교하는 것은 잘못이라는 주장이다. 이들은 신기술은 상당한 시간 동안 서비스와 제품 특성 그리고 원가 구조를 통해 기업이 지속적인 차별화를 이뤄낼 기회를 갖게 만든다고 한다.

:: IT 경영으로의 균형 잡힌 접근방법

놀란과 맥팔란이 CEO에게 전하는 충고는 IT를 다양한 관점에서 바라보자는 것이다. 비용 절감 및 효율성 증대, 조직 구조와 상품 그리고 서비스의 점진적 개선 등 IT가 제공할 수 있는 기회는 많기만 하다는 주장이다. 새로운 IT 기반 서비스를 제공함으로써 얻는 전략적 우위는 곧 고객 가치의 창출로 이어진다는 지적이다. [그림 3]이 보여주는 '놀란과 맥팔란의 전략적 영향도'는 기업이 IT를 가지고 어떻게 방향을 잡아야 할지를 돕기 위해 고안된 것이다. 모두 네 개의 항으로 나뉘어진 그래프에서 세로 축은 컴퓨터시스템의 속도와 가용성이 갖는 중요도를, 가로 축은 IT의 전략적 영향력을 각각 나타낸다. 기업이 네 개의 사각형들 가운데 어디에 속하는가에 따라 IT에 어느 정도 관심을 가져야 하는지 판가름할 수 있다.

[그림 3] 놀란(Nolan)과 맥팔란(McFarlan)의 전략적 영향도

:: 결론 : IT가 갖는 전략적 중요성은 변함이 없다

IT를 다각도로 바라봐야 한다는 놀란과 맥팔란의 주장에는 흔쾌히 동의한다. IT가 운영상의 성과나 전략적 우위를 제공하는지 하는 물음을 놓고 왈가왈부하는 것은 쓸모없는 일이다. 분명 IT는 두 가지 모두 제공하기 때문이다. IT는 갈수록 성숙도를 더해가면서 보통의 자원처럼 계량하고 관리할 수 있게 되었다. 동시에 오늘날 비즈니스 프로세스에서 IT가 맡는 전략적 역할은 계속 성장할 게 틀림없다. 놀란과 맥팔란의 그래프에서 우리는 IT가 왼쪽 아래의 '지원 모드'에서 위 오른쪽의 '전략 모드'로 이동한다는 것을 한눈에 알아볼 수 있다. IT는 비즈니스를 펼쳐가는 데 갈수록 더 많은 영향을 줄 것이며, 그 변화를 가능하게 만드는 역할도 키워갈 게 분명하다.

2.2 정보 패러독스와 연계의 필요성

비즈니스와 IT 사이의 관계는 최근 몇 년 동안 중요한 관심대상이었다. 많은 출판물과 세미나에서 비즈니스와 IT 사이의 관계를 집중적으로 다뤘다. 이런 관심의 지속은 역설적으로 그만큼 많은 기업들이 비즈니스와 IT 사이의 관계를 놓고 고민하고 있다는 반증이라 하겠다. 그 중요성은 절감하나 관계가 워낙 복잡하다 보니 어디서부터 어떻게 접근해야 좋을지 다각적인 모색이 이뤄지고 있는 셈이다.

:: 정보 패러독스

비즈니스와 IT의 연계는 이른바 '정보 패러독스'라고 하는 것과 떼려야 뗄 수 없이 맞물려 있다. 과거 우리는 소프트웨어든 하드웨어든 표준 IT 제품의 성숙도가 빠른 시간 안에 비약적으로 성장하는 것을 목격해왔다. ERP*나 CRM**시스템 등 현대 패키지 어플리케이션은 비즈니스에 효율적으로 접근할 수 있는 수많은 기능을 제공하지만, 현장의 기업은 그 기능들 가운데 극히 일부만 사용할 뿐이다. 거꾸로 비즈니스 쪽에서는 IT 투자가 기대한 만큼 수익을 돌려주지 못하며, IT 솔루션이 비즈니스의 요구에 온전히 부응하지 못하고 있다고 투덜거린다. 문제는 이런 감정이 새롭게 나타난 게 아니라는 데 있다. 이미 수년에 걸쳐 거듭 같은 불만이 되풀이된다는 데 역설의 심각성이 자리 잡고 있다. 그러니까 역설이란 한마디로 IT 제품이 더욱 성숙해지고 강력해지는 것은 틀림없는 사실이지만, 기대치와 현실 사이에 쉽게 뛰어넘을 수 없는 간극이 존재한다는 점이다.

이런 격차가 존재하는 첫 번째 이유는 비즈니스의 복잡한 현안들을 풀기 위한 IT 사용이 증가하면서 기대치가 턱없이 부풀려졌다는 데 있다. 두 번째로는 이런 괴리감을 IT 제품 자체가 만드는 것은 아니라는 사실을 인지하지 못하는데 있다. 오히려 사용자 쪽에서 IT 제품을 효과적으로 이용하지 못하는 게 문제의 본질이 아닐까? 이미 충분히 혁신적인 IT 솔루션을 십분 활용할 수 있는 비즈니스 역량을 개선하는 것이 시급하다. IT 투자의 성과는 그 어느 때보다도 사용자 조직이 그것을 수용하는 능력에 달려 있음을 간과해서는 안 될 것이다.

:: 비즈니스 · IT 연계의 중요성

IT 활용 능력이 비즈니스 목표를 달성하기에 부족한 것이 정보 패러독스의 근본 원인이라면 보다 나은 비즈니스와 IT 연계가 반드시 필요하다. 일반적으로 '비즈니스와 IT 연계'라는 용어는 비즈니스 목표 및 요구와 조화를 이루는 가운데 IT를 적용하는 것을 의미한다. 요컨대 비즈니스 성과가 가장 높은 방향으로 IT 투

---

* Enterprise resources planning : 흔히 전사적(全社的) 자원관리라고 옮긴다. 한마디로 기업 내 통합정보 시스템을 구축하는 것을 말한다.
** Customer Relationship Management : 고객관계관리.

자가 이루어져야 하며, IT가 비즈니스에 기여하는 정도가 이해당사자의 눈에 확연히 드러나야 한다.

2장의 남은 부분에서는 비즈니스 · IT 연계를 자세히 설명하고자 한다. 3절은 문헌에서 찾은 비즈니스와 IT 연계의 기본 틀을 살펴보고, 4절에서 비즈니스와 IT 연계를 측정하고, 총체적인 비즈니스 성숙도를 평가한 맥락에서 기업의 현 위치를 알아보는 방법을 살펴본다. 5절에서는 비즈니스와 IT 연계와 IT 거버넌스* 사이의 관계를 다루어볼 생각이다. 마지막으로 6절에서 비즈니스와 IT 연계를 두고 종합적인 결론을 내려 보겠다.

2.3 비즈니스와 IT 연계의 개념 프레임 워크

2.3.1 전략적 연계 모델(핸더슨 & 벤카트라만)

1993년 핸더슨(Henderson)과 벤카트라만(Venkatraman)은 『전략적인 연계 : 조직의 변혁을 위한 IT의 활용』에서 비즈니스와 IT 연계를 위한 개념 프레임워크를 제안했다. 이들은 IT 투자로부터 발생하는 가치를 인지하지 못하는 원인 가운데 몇몇은 비즈니스와 IT 전략 사이의 연계를 제대로 이해하지 못해서 일어난 것이라고 주장했다. 조직의 성공을 위한 핵심 요인은 정교한 기술과 같은 것이 아니며 무엇보다 중요한 것은 기술을 통해 비즈니스 운영을 경쟁자와 차별화하는 조직의 능력이다. 이들은 최근 부상하고 있는 IT의 전략적 관리의 개념화/방향성 정립 모델을 제안했다. [그림 4]는 핸더슨과 벤카트라만이 제안한 전략적 연계 모델이다.

핸더슨 과 벤카트라만이 제안한 전략적 연계 모델은 내부 도메인과 외부 도메인에서 적합한 전략을 구상하고 차별화하는 것을 바탕으로 한다. 경쟁, 제품 출시,

---

* IT Governance : IT 자원과 정보, 조직을 기업의 경영전략 및 목표와 연계해 경쟁우위를 확보할 수 있게 하는 의사결정 및 책임에 관한 프레임워크.

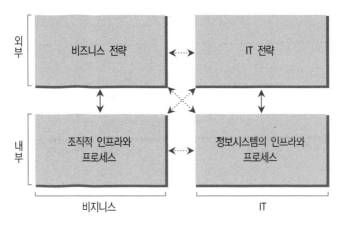

외부

비즈니스 전략 ◄┈┈► IT 전략

내부

조직적 인프라와
프로세스 ◄┈┈► 정보시스템의 인프라와
프로세스

비지니스　　　　　　　　IT

[그림 4] 헨더슨과 벤카트라만의 전략적 연계 모델

자가제조냐 구매냐의 의사결정, 경쟁자와의 차별성 부각 등을 망라하는 비즈니스 영역이 외부 도메인이라면, 내부 도메인은 조직의 구조, 중요 비즈니스 프로세스 및 인적자원 기술을 포함한다. 분명 IT 전략은 내부 및 외부 도메인 모두를 고려한 측면에서 수립되어야 한다. 하지만 저자들에 따르면 전통적으로 IT 관리자들은 IT 전략을 외부 도메인보다는 내부 도메인 관점에서 생각하는 경향이 짙다고 본다.

2.3.2 연계 접근법의 유형 분류 체계(루프트만)

1993년 루프트만(Luftman)과 루이스(Lewis) 그리고 올댁(Oldach)은 헨더슨과 벤카트라만의 전략적 연계를 보다 자세하게 풀어냈다. 이들의 목표는 전략적 연계라는 접근방식을 대표하는 네 가지 관점을 제시하는 것이다. 특수 상황에 최적화한 전략을 수립하기 위해서는 네 가지 관점 각각이 필수적이라는 것이다. 각각의 관점은 세 개의 도메인, 즉 닻(Anchor) 도메인, 축(Pivot) 도메인, 임팩트(Impacted) 도메인으로 구성된다.*

* 전략 변경의 전달은 닻 도메인에서 축 도메인으로 다시 임팩트 도메인으로 이루어진다.

- 경쟁 잠재력의 관점은 새로운 기술이 신 비즈니스 전략을 가능케 하는 방법을 보여준다. 기회는 'IT 전략 도메인'에서 발생하여 보다 야심 찬 비즈니스 전략을 가능케 한다. 이 접근방법에서 경영진은 기술을 통해 핵심 비즈니스 변화 요구를 성취하는 방법을 적극적으로 고려한다.
- 기술 잠재력의 관점에서 기회는 '비즈니스 전략 도메인'에서 발생하며, 여기서 초점은 비즈니스의 전략과 연계된 IT 전략을 발전시키는 데 맞춰진다. 경영진은 기술 시장과 그들이 가진 IT 인프라의 강점과 약점을 반드시 이해해야 한다. 기술 밑그림의 변화와 관련된 기술적인 위험요소들을 관리하는 것이 핵심이다.
- 서비스 수준의 관점에서는 세계적인 수준의 IT 제품과 서비스를 조직에 제공하는 데 중점을 둔다. 전략적 경영은 고객의 필요에 어떻게 대응하느냐를 결정하는 프로세스다. 경영진의 역할은 이것의 우선순위를 결정하는 것이며, 단기 대응(직접적인 고객 요구가 목표)과 장기 대응(지속 가능한 기술 아키텍처가 목표)의 균형을 유지하는 것이 중요하다.
- 전략적인 수행 관점에서 비즈니스 전략은 조직적인 변화와 IT의 변화를 이끈다. 이 경우, 정보시스템은 비즈니스 전략과의 강력한 연관성을 염두에 두고 개발되어야 하며 새로운 조직 구조와 프로세스를 지원해야 한다.

우리의 관점에서는 위에 나열한 어느 하나만으로는 '최선'이 될 수 없다. 비즈니스와 IT 연계 전략을 단일한 관점에서 접근하기 보다는 여러 가지 관점을 복합적으로 고려한 통합적인 접근이 반드시 필요하다. IT가 비즈니스를 이끄느냐, 비즈니스가 IT를 이끄느냐 하는 따위의 논쟁은 의미가 없다. 비즈니스와 IT는 다양한 방면에서 영향을 주고받는 이른바 쌍방향관계라야만 최고의 성과를 얻을 수 있다.

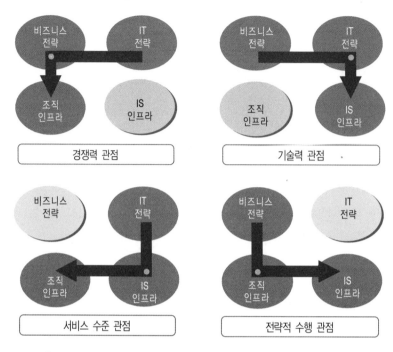

[그림 5] 루프트만(Luftman), 루이스(Lewis), 올댁(Oldach)의 네 가지 전략적 관점

2.3.3 연계의 중개자로서 정보경영(마스)

마스(Maes)는 헨더슨과 벤카트라만이 제안한 모델을 비판한다(2003, 2007). 첫째, 비즈니스와 IT 사이의 연계를 두고 많은 고려가 되고 있는 반면, 전략(목표 설정)과 운영(실행) 사이의 연계를 소홀히 다루었다는 지적이다. 마스가 볼 때 주 도전 과제의 그 해결책은 헨더슨과 벤카트라만의 그래프에 나타난 네 개 사각형에 각기 따로 포함되는 게 아니라, 연관관계를 주목하는 데서 찾아질 수 있다는 것이다. 마스는 인프라라고 하는 게 전략과 운영 사이의 연관이자 결합이라고 힘주어 강조한다.(헨더슨과 벤카트라만이 인프라를 내부 도메인을 구성하는 한 부분으로만 보았던 것과 비교해보라.) 더 나아가 마스는 IT가 비즈니스에 주는 영향이라는 것은 생성된 정보와 이로 말미암아 가능해진 소통을 통해 간접적으로만 이루어지는 것

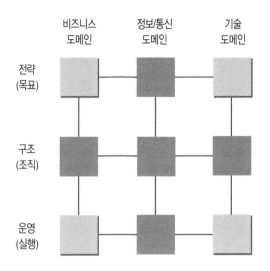

	비즈니스 도메인	정보/통신 도메인	기술 도메인
전략 (목표)			
구조 (조직)			
운영 (실행)			

[그림 6] 마스의 정보경영 통합 프레임워크

이라고 주장한다. 이런 관찰에 기초해 마스는 정보/커뮤니케이션과 인프라를 [그림 6]과 같은 모델로 명확하게 정리한다.

　짙은 색 사각형으로 나타낸 부분이 정보경영(IM : Information Management)의 범위이다. 정보경영의 경계지역은 헨더슨과 벤카트라만 모델의 네 개 구성요소이다. 마스에 따르면 이 모델에서 정보경영은 네 개의 구성요소들이 밀접한 연관을 가지며 조직화할 수 있게 하는 구현 원칙으로 자리 잡고 있다.

　마스의 통합 프레임워크는 세 가지 방법으로 활용할 수 있다. 첫 번째로 정보경영에 포함되는 모든 부문을 설명하는 공용어로 사용할 수 있다. 두 번째로 조직 내 종합 정보경영 기능을 체계화하기 위한 프레임워크로 이용이 가능하다. 마지막으로 조직 내 정보경영의 사각지대를 밝혀내고 정의하기 위한 진단도구로 활용할 수 있다.

:: 정보경영 위상의 변화

마스는 정보경영의 중요성을 증대시키는 요소 가운데 대표적인 두 가지 발전을 지적한다. 첫째, 기술 변화는 정보처리 비용을 크게 줄였다. 그 결과 조직은 정보 과잉(Overload)과 정보 과소이용(Underuse)이라는 상황에 직면했으며, 정보를 하나의 비즈니스 자산으로서 관리해야 할 필요성이 시급해졌다.

둘째, IT의 성숙도 향상으로 IT를 일반 자산처럼 계량하고 관리하는 것이 가능해졌다. IT가 갈수록 그 산출물을 직접 관리해낼 정도로 기술 수준을 높이면서, 정보경영을 기술경영과 구별해 생각할 수 있는 차원이 열린 것이다. 마스는 정보경영을 둘러싼 책임이 IT 경영에서 일반 경영으로 이동하는 것을 [그림 7]과 같이 묘사했다.

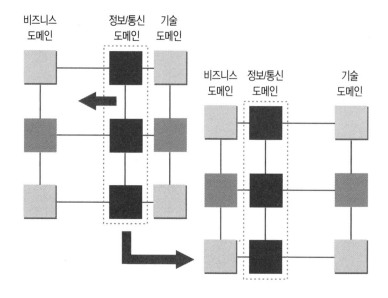

[그림 7] 정보경영의 위치이동

:: CIO의 역할 변화

CIO의 위상을 다룬 많은 간행물에서 다루는 공통적인 주제는 CIO 역할의 변화이다. CIO의 역할은 IT 부서의 관리자로부터 비즈니스의 전략적 파트너 그리고 변화를 주도하는 책임자로 변화했다(마스, 2007). 마스는 통합 프레임워크 다이어그램에서 CIO의 다양한 역할들을 [그림 8]로 정리한다.

이 절에서 말하고자 하는 것은 CIO의 역할만 변하는 게 아니라는 사실이다. 실제로 CEO, COO도 IT를 인식하고 IT를 구현수단으로 삼아 변화를 이끄는 역할을 한다. 정보경영이 기술의 영역에서 비즈니스 영역으로 분명하게 이동하고 있으며 비즈니스(CEO, COO)와 기술(CIO)가 만나는 각축장이 된 것이다.

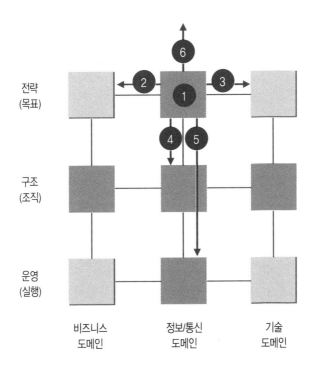

[그림 8] CIO의 다양한 역할(마스, 2007)

그림에서 숫자로 표기한 것에 대응하는 CIO의 역할은 아래와 같다.

1. 정보 전략가
2. 비즈니스 전략 공동 창출자/고문
3. IT 포트폴리오 관리자
4. 엔터프라이즈 아키텍트
5. 사업 고문
6. 트렌드 연구가

2.4 비즈니스 - IT 연계의 성숙 모델

2.4.1 연계 평가의 필요성

앞 절에서 살펴본 비즈니스와 IT 연계의 프레임워크를 다룬 비판의 핵심은 비즈니스 운영 타당성의 결여, 즉 비즈니스와 IT가 서로 정확하게 어떻게 연계되는지 측정할 구체적인 방법이 없다는 데 맞춰져 있다. 이런 문제 때문에 비즈니스와 IT의 연계라는 개념이 직관적으로 상당한 호소력을 가짐에도 조직을 경영하는 데 적용하기가 까다로웠던 것이다. 비즈니스와 IT의 연계가 중요하고, 이를 적극적으로 추진하고 관리해야 한다면 우리는 반드시 측정 방법을 찾아내야만 한다. 연계의 측정이 불가능한 한, 개선은 기대할 수 없는 노릇이다. 그래서 이 절에서는 연계를 측정할 접근방법의 모색과, 성공적인 연계의 특징 그리고 실패한 연계의 징후 등을 구체적으로 다루어볼 생각이다. 이를 위한 도구를 찾아낼 수만 있다면 진단을 위해 유용할 뿐만 아니라, 정확한 측정을 도출하는 경영 수단이 될 것이다.

2.4.2 비즈니스 성숙 모델(세퍼)

2002년 세퍼(Scheper)가 제안한 비즈니스 성숙 모델은 기업이 내부 조직을 어느 정도 개발하고 다듬었는지 가늠할 수 있는 개념으로 꾸며본 것이다. [그림 9]가 그리는 모델은 내부 조직의 성숙 단계를 네 단계로 분류하고 내부 조직을 떠받드는 주요 축을 다섯 가지로 정리한 것이다.

첫 번째 축인 '전략과 정책'은 어떻게 전략개발 프로세스가 구성되는지를 다룬다. 성숙의 정도에 따라 올라가는 레벨은 아무런 체계가 없거나 임의적으로 이뤄지는 프로세스로부터 시작해 비즈니스 파트너들과 함께 전략을 구사하는 아주 발달된 단계에 이르기까지 밀접하게 맞물리며 일종의 사슬 같이 서로 연결된다.

두 번째 축인 '조직과 프로세스'는 조직을 키워나가는 데 있어 조직 구조를 튼튼히 하는 게 좋은지, 아니면 비즈니스 프로세스에 집중을 하는 게 나은지 하는 물음을 다룬다. 레벨이 높아질수록 초점은 조직 구조에서 비즈니스 프로세스로 옮겨간다. 심지어 최고 레벨에서 기업은 조직의 경계를 넘어갈 정도로 비즈니스 프로세스를 극대화한다.

레벨 4 (네트워크)	네트워크 전략	네트워크 지향	네트워크 통제	네트워크 자동화	인적 자산 관리
레벨 3 (시스템)	통합전략	시스템 지향	관리통제	완전 자동화	인적 자원 관리
레벨 2 (프로세스)	부문 전략	프로세스 지향	자본 통제	독립적 자동화	개인관리
레벨 1 (개척자)	기본 전략	기능 지향	비용 통제	단편적 자동화	인사 행정
	전략과 정책	조직과 프로세스	계획과 통제	정보기술	사람과 문화

[그림 9] 세퍼의 비즈니스 성숙 모델

세 번째 축인 '계획과 통제'는 조직을 제어하는 메커니즘에 관한 것이다. 낮은 레벨에서 조직은 재무 문제에만 매달리는 경향이 짙다. 반면, 최고 레벨의 조직은 재무는 물론이고 재무 이외의 문제들까지 적극적으로 측정해가며 능수능란하게 다룬다.

네 번째 '정보기술'이라는 축은 조직이 IT를 어떻게 다루는가 살펴보는 것이다. 밑바닥 레벨에서 IT는 그저 편리한 상품쯤으로 여겨질 따름이다. IT 부서를 장비의 스위치나 켜고 끄는 하릴없는 건달로 바라본다. 반대로 최고 레벨에서 IT는 비즈니스를 성장시키는 획기적인 전략 수단이며, IT 관리자는 전략 개발을 이뤄가는 진정한 파트너이다. '정보기술' 레벨은 뒤에 좀더 자세하게 설명하도록 하겠다.

다섯 번째 축인 '사람과 문화'는 조직이 구성원을 대하는 자세, 즉 종업원에게 부여하는 가치를 반영한다. 최저 레벨에서 사람은 그저 내키는 대로 바꿔 치울 수 있는 생산 설비에 지나지 않지만, 최고 레벨에서는 직원 한 사람 한 사람을 없어서는 안 될 소중한 자원으로 보고 각종 훈련 프로그램이나 역량 관리, 지식 관리 등을 아낌없이 제공한다.

:: 정보기술의 성숙도 수준

이제 정보기술의 레벨들을 보다 더 자세히 설명해보겠다.

1. 단편적 자동화(Fragmented automation) - 비즈니스와 IT가 서로 매우 낮은 이해도를 가지고 있는 수준. IT의 기여도는 비용 효율성 측면에서 측정되고, 관리는 마지못해 수동적으로 할 따름이다. IT의 전략적 계획은 기대하기 어려우며, 정보시스템은 체계를 이루지 못하고 특정 용도로만 쓰인다. 지극히 제한된 운영 프로세스만 활용하며 사무 자동화(회계, 전자메일 따위)에나 매달릴 따름이다. IT 부서의 보수는 상대적으로 낮으며 훈련도 기술적인 측면에만 제한된다.

2. 독립적 자동화(Island automation) - 비즈니스와 IT가 서로 약간의 이해를 가지고 있는 수준. 각 비즈니스 단위는 독립적으로 자신의 IT 전략을 명확하게 하지만, IT 전략과 비즈니스 전략은 거의 무관한 관계에 있다. 각 비즈니스 단위는 개별 어플리케이션 영역을 가지며 같은 데이터를 어플리케이션 별로 모으고 저장한다. 다른 비즈니스 단위에서 공통으로 이용하는 어플리케이션은 통합되어 있지 않다. IT에 사용하는 경비를 투자가 아닌 비용으로만 간주한다.

3. 완전 자동화(Integral automation) - 비즈니스와 IT가 상대 도메인에 깊은 이해를 가지고 있는 수준. 기업은 폭넓은 비즈니스와 IT 연계 전략을 준비하며, IT는 비즈니스 전략을 실현 가능하게 만든다. 비즈니스는 정보시스템의 발전에 밀접한 연관을 가지며, 비즈니스 프로세스가 어플리케이션 구조의 기초를 이룬다. 비즈니스 프로세스의 핵심을 떠받치는 어플리케이션은 고도로 집적된 기능을 자랑한다. 가치는 비용 효율과 비즈니스 성과 면에서 평가되고 비즈니스 케이스를 기반으로 투자를 결정한다. 보다 향상된 방법론들을 통해 가치를 평가할 수 있게 된다. IT는 체계적인 관리 절차에 따라 조직 전반에 걸쳐 운영된다. IT 영역은 공급망 파트너와 통합되며 비즈니스와 IT는 위험요소와 보상을 공유하고 상호 적응하는 형태로 협업을 이룬다.

4. 네트워크 자동화(Network automation) - 앞에서 살펴본 세 가지 레벨의 특징에 하나를 더한 게 네트워크 자동화이다. 비즈니스와 IT 연계 전략은 공급망 파트너와 긴밀한 관계를 갖는다. 비즈니스 프로세스는 언제나 공급망을 함께 고려하며, 기업과 파트너는 어플리케이션을 통합해 단순한 비즈니스 프로세스를 뛰어넘어 성과를 극대화하려는 노력을 함께 기울인다. 네트워크 파트너와의 관계를 위한 책임과 의무는 명확하게 정의되어, 책임자가 사업 부문을 계획하고 운영하는 데 정당하게 간섭할 권한을 부여한다.

:: 실증 연구를 통한 교훈
비즈니스 성숙 모델은 다섯 가지 기준에 따라 '성숙도 수준(Maturity level)'을 매기는 방법으로 수많은 기업들을 평가하는데 사용되어 왔다. 이 연구는 다음과 같은 명확한 두 가지 결론을 내릴 수 있게 해준다.

첫째, 조직의 성과를 극대화하기 위해서는 다섯 개의 축이 균형을 이루며 성장해야 한다. 다섯 개의 축 가운데 어느 하나만 성숙하게 하는 투자로는 전체 조직의 성과 향상을 이끌어내지 못한다. 대신 다섯 개의 축이 동시에 향상되면 투자는 최상의 결과를 가져올 것이다. 물론 IT만 뒤쳐진 경우가 아니라면 말이다. IT에만 투자하는 것으로는 충분하지 못하다는 점을 확인하는 것이 비즈니스와 IT 연계에서 중요한 요점이다. IT 투자는 비즈니스 성숙도에 투자하는 것과 함께 고려해야 한다. 즉, 전략과 정책, 조직과 프로세스, 계획과 통제, 사람과 문화를 모두 염두에 두고 이뤄져야 한다.

둘째, 복잡하고 도전적인 환경에서 운영되는 조직이 성공하기 위해서는 보다 높은 성숙도 레벨이 요구된다. 그러나 모든 기업이 성공하기 위해서 레벨 4의 성숙도가 필요한 것은 아니며 상황에 맞는 최적의 성숙도 수준을 찾아야 한다. 하지만 비즈니스의 환경이 더욱 역동적이고 복잡해지고 있는 상황에서 기업이 성공적으로 살아남기 위해서는 레벨 3이나 레벨 4를 갖춰야 한다는 요구가 커지고 있다.

2.4.3 비즈니스 성숙 모델의 확대

IT의 전체적인 성숙도는 세 가지 주요 원칙(비즈니스와 IT 연계 전략, 엔터프라이즈 아키텍처와 프로그램 리더십)의 성숙도에 달려 있다. 높은 성숙도 수준에 도달하도록 발전하는 것만이 IT를 보다 안정적이고 수익률 높게 최대한 활용할 수 있는 길이다. 이를 위해 우리는 비즈니스 성숙 모델의 '정보기술'이라는 축을 [그림 10]에서 보는 바와 같이 세 가지 하부 항목으로 나누어 자세하게 다루고자 한다.

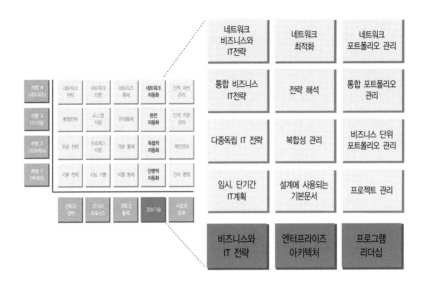

[그림 10] 세 개의 원칙을 추가해 확장한 비즈니스 성숙모델

이 모델은 비즈니스와 IT 사이의 연계야말로 IT의 성숙한 정도를 나타내는 핵심 특징이라는 우리의 관점을 집약적으로 표현한 것이다. 더 나아가 IT의 전반적인 성숙도는 비즈니스 · IT 전략, 엔터프라이즈 아키텍처, 프로그램 리더십 등으로 세분해 평가한다. 같은 규칙을 비즈니스 성숙도 모델의 하부 항목에도 그대로 적용할 수 있다. 다시 말해서 IT가 최적의 성과를 일구어내기 위해서는 하부 세 항목이 균형을 이루는 발전이 반드시 필요하다. 세 가지 가운데 어느 하나에만 편중되게 투자하면서 IT 전반의 성과가 자동적으로 끌어올려지리라고 기대할 수는 없는 노릇이다.

다음으로 IT의 세 가지 하부 항목 각각이 레벨 3의 성숙도를 이루는 데 필요한 특징을 정의해보겠다.

▌ 비즈니스 · IT 연계 전략 레벨 3의 특징

- 기업은 IT가 갖는 가능성의 수준을 끌어올리는 것과 비즈니스 수익이 최고에 달할 수 있도록 IT 투자를 하는 데 초점을 맞춰 비즈니스 · IT 통합 전략을 세워야 한다.

- 비즈니스와 IT는 서로 협력을 이루는 전략을 개발하기 위해 상호신뢰를 갖는 파트너로 일해야 한다. 이는 곧 IT 전략이 비즈니스 전략과 완전히 보조를 맞춰가야 한다는 말이다. 비즈니스 전략은 새로운 IT를 도입함으로써 비즈니스가 갖는 가능성들을 최대한 실현하려는 도전적 자세를 가져야 한다.('IT 구현자')

- 비즈니스 경영자는 IT 부서를 새로운 사업 기회를 창출하는 데 있어 꼭 필요한 소중한 파트너로 인정해야 한다. IT 부서는 시장의 흐름에 깊은 통찰을 가지고 비즈니스 운영 주체에게 아낌없는 협력을 해야 한다.

- 비즈니스와 IT가 서로 합의해서 세운 계획의 결과는 언제나 비즈니스 계획(기업 전반/비즈니스 분야/각 담당 부서들)에 충실히 반영되어야 한다. 계획대로 수행이 되고 있는지 모니터링 하는 게 평가 프로세스이다. 이 프로세스의 결과는 비즈니스 · IT 전략 계획을 주기적으로 수정하고 조정한다.

▌ 엔터프라이즈 아키텍처의 레벨 3 특징

- 제품, 프로세스, 조직, 데이터, 어플리케이션 및 기술적 인프라를 일관성을 가지고 통제하는 엔터프라이즈 아키텍처를 가지고 있다.

- 비즈니스 아키텍처(제품, 프로세스, 조직)는 IS 아키텍처를 세우는 기초가 된다. IS는 비즈니스 프로세스가 각 조직 사이의 경계를 자유로이 넘나들 수 있도록 지원해야 한다. 또한 제품의 포트폴리오, 비즈니스 프로세스, 조직 구조 등의 변화가 IS에 쉽게 수용되어야 한다.

- 엔터프라이즈 아키텍처 원칙들이 충실하게 지켜지고 있는지 모니터링하고 아키텍처 표준 사용을 촉진하기 위한 절차들을 준비한다. 프로젝트의 경험과 결과를 가지고 엔터프라이즈 아키텍처를 바로잡고 강화할 수 있도록 피드백을 아끼지 않는다.

- 비즈니스 경영진과 IT경영진은 보다 강력한 엔터프라이즈 아키텍처 기능을 수용해야 한다. 엔터프라이즈 아키텍처를 누가 어떻게 책임져야 할지 명확하게 정의한다. 여기에는 물론 비즈니스와 IT의 실무 책임자들을 두루 망라한다.

▌ 프로그램 리더십 레벨 3 특징

- 기업은 하나의 통합 프로그램으로 프로젝트 포트폴리오를 적극적으로 관리하며, 비즈니스·IT 전략을 가지고 경제전쟁 현장의 일선에 임한다. 조직에 가장 큰 활력을 불어넣는게 무엇인지 반영해 프로젝트 우선순위를 짠다.
- 프로그램과 프로젝트는 비즈니스와 IT의 통합된 관점에 따른다. 비즈니스 경영진은 IT 프로젝트가 창출해내는 비즈니스 가치가 무엇인지 명확한 관점을 가져야 한다.
- 기업은 개선 기회를 포착하고 변화를 이끄는 프로세스를 수립하고 적극적으로 관리한다. 프로젝트는 기대비용과 성과가 분명하게 드러나는 비즈니스 사례를 바탕으로 세워지고 승인되어야 한다.
- 프로그램과 프로젝트 성과를 효과적으로 관리한다. 새로운 역량은 어떻게 창출할 것인지, 기대되는 비즈니스 효과는 어떻게 실현할 것인지 하는 책임 소재를 명확하게 규정한다.

2.5 IT 거버넌스, 연계의 핵심

2.5.1 IT 거버넌스의 원리

비즈니스·IT 연계의 특성과 이를 가로막는 일반적인 장애를 생각해본다면, IT 거버넌스야말로 성공으로 이끄는 핵심 요소임이 자명해 진다. 2004년 웨일(Weill)과 로스(Ross)는 'IT 거버넌스란 IT의 바람직한 사용을 촉진하기 위한 의사결정권 및 책무 구조를 정의하는 것이다' 하는 발언을 했다. 이 정의는 IT 거버넌스가 경영과 어느 지점에서 갈라지는지 그 경계를 분명히 한다. IT 거버넌스는 누가 결정을 내릴 권한을 갖는지 정의하는 것이라면, 경영은 주어진 권한의 틀 안에서 실제로 결정이 일어나는 프로세스이기 때문이다.

웨일과 로스는 두 가지 차원의 모태로 이루어진 IT 거버넌스의 기본 틀을 제안했다. 두 가지 차원이란, 우선 어떤 결정이 내려져야만 하는가 히는 차원과, 누가 그 결정을 해야만 하는가 하는 차원을 말한다. [그림 11]은 이를 도표로 정리해본 것이다. 다섯 개의 결정 영역은 다음과 같다.(웨일과 로스, 2004)

- IT 원칙 결정 - 이는 IT가 비즈니스에서 어떻게 활용되어야 하는지 높은 수준(기업 수뇌부)에서 내리는 일련의 판단과 관계한다. IT가 비즈니스에서 어떤 역할을 맡아야 하는지, 또 비즈니스 전략을 IT가 어떻게 지원해야 하는지 명확하고도 분명하게 밝히는 것이다. 이 원칙은 IT 전문가(공급)와 IT 사용자(수요) 양쪽 모두에게 기대하는 태도가 무엇인지 정의한다.

의사결정 / 형태	IT 원칙		IT 아키텍처		IT 인프라		비즈니스 어플리케이션		IT 투자	
	입력	결정	입력	결정	입력	결정	입력	결정	입력	결정
비즈니스 주도형										
IT 주도형										
봉건형										
연방형										
복점형										
무정부형										

[그림 11] 웨일과 로스의 IT 거버넌스 프레임워크

- IT 아키텍처 결정 - 이는 이루고자 한 비즈니스와 기술 표준화 그리고 이 두 개의 통합을 성취하기 위해 데이터, 어플리케이션과 인프라를 조직해내는 논리라 하겠다. 비즈니스가 IT와 원활하게 맞물릴 수 있게 집을 짓는 것과 같은 것이 아키텍처이다. 이런 결정은 IT의 효율적인 관리와 사용에 중심축이 되는 인프라와 어플리케이션을 구축해가는 로드맵을 제시해야 한다.

- IT 인프라 결정 - 인프라는 기업의 IT 역량의 근본이 되는 IT서비스를 효율적으로 공유함과 동시에 중앙으로 집중해주는 역할을 한다.

- 비즈니스 어플리케이션 결정 - 비즈니스의 요구에 특별히 맞춘 IT 어플리케이션을 외부에서 구매할 것인지, 아니면 내부에서 개발할 것인지 결정을 내리는 데 있어서도 원칙은 꼭 필요하다.

- IT 투자 결정 - IT의 어떤 부분에 얼마나 투자할 것인가 하는 선택을 말한다. 이는 물론 프로젝트 승인 및 그 타당성 조사 기술을 포함한다.

다섯 개의 결정 영역 각각은 결정권 할당을 위해 고려해야 할 아래와 같은 여섯 가지 가능성을 갖는다.

- 비즈니스 주도형 - 이사 차원 이상의 최고 경영진이 기업 전체에 영향을 주는 IT 결정을 내린다. 여기서 CIO는 다른 리더들과 동등한 자격을 가지고 결정 과정에 참여한다. 최고 경영진이 하나의 그룹을 이뤄 의사결정을 하는 것이다.

- IT 주도형 - IT 결정은 IT 전문가들이 내린다. 그 전형적인 예가 IT 고위 경영진이 다방면에 걸쳐 선발한 IT 전문가들로 구성되는 아키텍처 위원회이다. IT 고위 경영진은 아키텍처 표준의 규칙을 분명히 하고 그 시행 권한을 갖는다.

- 봉건형 모델 - 여기서는 해당 사업을 맡은 실무 부서가 그들의 국지적인 요구를 최대화하기 위해 스스로 결정을 내린다. 이 모델에서 기업 전체 차원의 결정을 내리는 것은 용이

하지 않다.

- 연방형 모델 - 이 모델은 중앙의 관리 부서와 지역의 실무 부서가 의사 결정에 모두 포함되어 서로 조율을 거쳐 결정을 내리는 형태이다. 비즈니스 부서의 리더가 다른 부서의 리더와 의견이 충돌할 수 있어 아주 힘든 과정을 겪을 수 있다. 더욱이 비즈니스 부서는 그 규모나 실권이 여타 중소 부서를 압도할 정도여서, 그들의 요구를 일방적으로 밀어붙이는 경향이 다분하다.

- 복점형 모델 - 이것은 결정권을 IT 책임부서가 다른 그룹과 나누는 형태이다. 쌍방의 합의에 기초하는 것 같지만, 연방형 모델과는 확연히 다르다. 여기서는 각기 다른 부서들이 합의를 이룰 경우에는 별 문제가 없으나, 그렇지 못한 경우에는 그 어느 쪽도 기업 전체의 의사를 대표한다고 볼 수 없기 때문이다. 한마디로 지리멸렬해질 위험이 큰 모델이다.

- 무정부형 모델 - 공식적인 IT 관리라는 절차가 아예 일어나지 않는 상황이다. 여기서 결정은 그야말로 내키는 대로, 그때그때 다양한 부서, 이를테면 비즈니스와 IT 혹은 본사와 지사 따위의 이해득실에 따라 이뤄질 따름이다.

2.5.2 IT 거버넌스의 추세

IT 부서가 정보기술 관리를 단독으로 떠맡는 전통적인 상황의 경우, 이른바 'IT 거버넌스(Governance)'라는 문제는 IT 관리자(CIO)에게 주어진 책임 가운데 하나였다. 하지만 최근 몇 년 동안의 흐름은 정보관리가 기술 도메인에서 비즈니스 도메인으로 이동하고 있음을 보여준다. 이런 이동이 일어나는 이유를 마스는 다음과 같이 진단한다. 첫째, IT가 예전보다 무척 성숙해졌으며, 그래서 일반적인 자원과 동등하게 관리해줘야 할 측면이 증가했다. 이는 곧 기술관리로부터 정보관리의 분리로 구체화하고 있음을 뜻한다. 둘째, 하루가 다르게 넘쳐나는 정보들을 효율적으로 활용하기 위한 노력이 전 방위적으로 이뤄진다. 이는 곧 비즈니스 자산으로서 정보를 관리해주는 게 초미의 관심사로 떠올랐다는 것을 의미한다.

우선 지적하고 싶은 점은 기술 도메인에서 비즈니스 도메인으로의 이동이 로스와 웨일이 진단한 결정 영역과는 다르다는 사실이다. 우리가 보기에 IT 아키텍처와 IT 인프라 영역을 다룰 우선권은 기술 도메인이 가지고 있으며, 앞으로도 그러하거나 혹은 아웃소싱의 사례에서 보듯 제3의 파트로 넘어갈 수도 있다. 마찬가지로 비즈니스 어플리케이션을 다룰 우선권은 비즈니스 도메인에 있으며, 앞으로도 그럴 것이다. 기술 도메인에서 비즈니스 도메인에로의 이동은 특히 IT를 다루는 원칙과 투자의 문제에서 확연하다. 그러나 이 두 사례 역시 결정권한을 비즈니스 도메인으로만 몰아주는 쪽으로만 일어나서는 곤란하다. 이런 경향은 특히 투자에서 두드러진다. 만약 IT 투자를 위한 결정 권한이 전적으로 비즈니스에만 주어진다면, 데이터 센터나 네트워크, 서버와 스토리지 같은 필수 인프라를 위한 재투자가 아무래도 소홀해지지 않을까. 그러므로 IT 인프라 유지보수 예산은 IT 예산 편성에 포함시키는 게 좋고, 결정 권한은 기술 도메인에서 갖는 게 바람직하다. 그럼에도 현재의 일반적인 추세는 IT 투자의 결정권이 기술 도메인에서 비즈니스 도메인으로 넘어가고 있음을 보여준다.

기술 도메인에서 비즈니스 도메인으로 이동이 일어나면서 정보 관리가 독립하는 현상을 통해 우리는 두 가지 발전을 동시에 목격했다. 첫째, CIO의 프로필이 주로 기술적이던 성향에서 벗어나 갈수록 비즈니스 쪽으로 변모하고 있다는 사실이다. 둘째, IT 관리의 문제가 갈수록 비즈니스 경영자의 몫이 되어가고 있는 현실이다. 그 결과 '새롭게 자리 잡은' CIO와 비즈니스 경영진 사이의 책임 구분은 애매하기만 한 실정이다. 기업이 최적의 균형을 찾기 위해 저마다 골머리를 앓아야만 하는 상황이 문제의 심각성을 웅변한다. 어쨌거나 결론적으로 말한다면, 장차 모든 비즈니스 경영진이 IT를 고려해야 할 것이다.

2.6 결론

지금까지 비즈니스와 IT 사이의 연계를 살펴본 결론은 다음과 같이 이끌어낼 수 있다.

- 비즈니스·IT 연계에서 반드시 고려해야 할 점은 IT의 가능성을 십분 활용하는 능력을 키워야 한다는 깨달음이다. 그리고 IT 투자는 비즈니스의 성과를 극대화하는 쪽으로 이뤄져야 한다.
- IT 투자가 기대한 만큼 가치를 이끌어내지 못하는 것은 그만큼 해당 조직이 비즈니스·IT 연계 전략을 충분히 고려하지 않았다는 데 일부 원인이 있다(헨더슨, 벤카트라만).
- 조직의 성공을 위해서 가장 중요한 것은 정교한 정보기술 자체가 아니라 기술을 활용해 경쟁자들과 차별화한 운영을 제공하는 조직의 핵심역량이다(헨더슨, 벤카트라만).
- 비즈니스·IT 연계는 단순히 전략적 성과만을 위한 것이 아니다. 수많은 IT가 일용품처럼 간편하게 접근할 수 있는 마당에, 이제 정보기술은 비용과 위험 관리 측면에서 세심하게 관리되어야 한다(카).
- 연계는 자연적으로 성립되지 않기 때문에 끊임없이 연구하고 체계로 가다듬어야 한다. 정보 경영은 비즈니스와 기술 그리고 전략과 운영 사이의 연결을 체계화할 수 있게 해주는 원리이다(마스).
- IT 투자는 비즈니스의 성숙도(전략과 규칙, 조직과 프로세스, 계획과 통제, 사람과 문화) 향상을 위한 투자와 밀접하게 맞물려야 한다. 조직이 최고의 성과를 얻으려면 다섯 가지 축의 균형 있는 발전이 필수적이다(세퍼).
- 'IT 거버넌스'를 둘러싼 비즈니스 경영진(CEO, CIO)의 책임이 날로 증가한다. 전형적인 예는 IT 투자와 포트폴리오 관리이다. 미래에는 어떠한 경영진도 IT의 역할을 배제할 수 없다.

- CIO는 비즈니스와 IT, 전략과 운영을 연계하는 데 핵심적인 역할을 맡아야 한다. CIO는 정보 전략가, 비즈니스 전략 공동 창안자/고문, 엔터프라이즈 아키텍처, 트렌드 연구가 등 다양한 역할을 수행해야 한다(마스).

- 끝으로 비즈니스·IT 연계는 자신의 도메인을 상대방에게 개방해야 하므로 비즈니스 및 IT 경영진 모두의 노력이 필요하다. 또한 이것은 최고 경영진이 비즈니스·IT 연계에 지속적으로 참여해야만 성공할 수 있다.

03

IT를 통한 비즈니스 트랜스포메이션(BT)

:: IT를 주요 기술로 적용한 BT

3장에서는 IT를 통한 BT(Business Transformation)'의 개념을 소개한다. 3.1절에서는 변화의 필요성과 변화를 일으키는 요소를 살펴봤다. 3.2절에서는 한 조직의 체계와 형태의 변화, 그리고 이에 영향 받는 상품과 프로세스, 사람과 기술 관점에서 IT를 통한 BT의 본질을 설명했다. 3.3절에서는 BT의 복잡한 변화에 일반적으로 나타나는 도전 과제와 함정을 소개했다. 마지막으로 3.4절에서는 IT를 통한 BT를 세 가지 주요 원칙인 비즈니스와 IT 연계 전략과 엔터프라이즈 아키텍처, 프로그램 리더십을 통해 정의했다.

3.1 변화를 일으키는 내·외적 요소

오늘날 비즈니스는 끊임없이 변화하는 환경에 놓여 있으며, 변화의 속도는 점점 더 빨라지는 추세이다. 기업은 경쟁력을 잃지 않고 살아남기 위해 이처럼 험난한 환경에 적응해야만 한다. 이런 외부 환경에 의해 비즈니스와 기술 모두 변화를 강요 받는다. 예를 들어 비즈니스 변화를 일으키는 외부 요인은 시장구조나 새로운 제품과 서비스, 그리고 새로운 경쟁사나 고객의 변화하는 성향을 들 수 있다. 기술적인 변화를 가져오는 요인으로는 보다 효율적이고 혁신적이며 심지어 새로운 사업의 방향을 개척할 수 있는 발판을 마련해주는 신기술의 등장을 꼽을 수 있다. 마지막으로, 비즈니스나 IT 내부의 주요 변화가 상대에게 영향을 미치는 과정에는 비즈니스와 IT의 연계가 이루어지도록 하는 내부 요인이 있다. [그림 12]를 참조하자.

[그림 12] IT를 통한 BT에 필요한 세 가지 요인

4장에서는 조직에서 일어나고 비즈니스와 IT 모두에 영향을 미치는 주요 변화들을 다룬다. 이게 바로 'IT를 통한 BT'라는 표현의 의미이다. 변혁을 일으키는 근본 원인은 두 가지로 압축할 수 있다. 하나는 IT의 변화를 필요로 하는 비즈니스 변화가 외부 요인에 의해 일어나는 것이다. 외부 요인의 예로는 시장에 새롭게 나타난 경쟁자로 말미암아 제품이나 시장전략에 새로운 변화를 필요로 하는 경우가 있다. 이것은 분명히 조직의 구조와 프로세스뿐만 아니라 정보시스템에도 영향을 미친다. IT를 통한 BT는 주요 IT 변화가 수반하는 기술적인 요구에 의해 일어날 수도 있으며 비즈니스 성과 창출을 위해서는 비즈니스의 주요 변화가 함께 이뤄져야 한다. 오래된 정보시스템을 새로운 기술이 집약된 소프트웨어로 교체할 필요가 있는 상황을 예로 들 수 있다. 이 상황에서 조직과 프로세스가 교체된 시스템에 맞게 변화된다면 회사는 새로운 시스템에 투자해 최적의 이윤을 얻었다고 할 수 있겠다.

IT를 통한 BT를 일으키는 요인이 무엇이건 항상 복잡하고 위험한 작업을 필요로 한다. 그럼에도 기업은 어쩔 수 없이 이처럼 변화하는 환경에 적응해야만 한다. 따라서 복잡한 변화를 성공적으로 잘 다룰 수 있는 능력이 바로 높은 이윤을 내고 지속적으로 성장하는 기업에게 아주 중요한 요소인 것이다.

3.2 IT를 통한 BT의 본질

:: 네 가지 측면 – 제품, 프로세스, 사람 그리고 기술

IT를 통한 BT는 조직의 네 가지 핵심 요소 즉 제품, 프로세스, 사람, 기술에 심대한 영향을 미치는 복잡하고 장기적인 변화 프로세스이다. 혁신이나 전략의 수정으로 이 같은 변혁의 성격을 정의하며 결과적으로 신제품의 출시나 재설계된 비즈니스 프로세스의 반영이 이뤄진다. 완전히 새로운 어플리케이션 계획이 지원되며

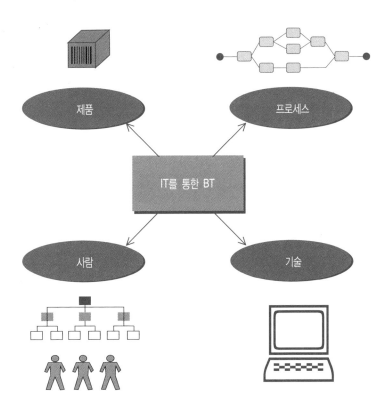

[그림 13] IT를 통한 BT의 네 가지 측면(제품, 프로세스, 사람, 기술)

관련 종업원들은 새로운 기술과 역량을 필요로 한다. 일반적으로 변혁은 몇 년에 걸쳐 다양한 조직에 두루 나타난다. 이런 경험의 폭과 깊이가 더해갈 때 조직은 스스로 형태를 바꾼다.

:: 적극적인 비즈니스 참여

IT를 통한 BT가 위에서 말한 제품, 프로세스, 사람과 기술에 영향을 미친다고 하지만, 정확히 말해서 변화는 제품이나 프로세스 또는 두 가지의 복합적인 비즈니스 요구에서 출발한다. 즉, IT를 통한 BT를 IT 관리자나 그 부서에만 맡길 수는 없는 노릇이다. 대신 비즈니스 파트가 적극적으로 나서며, 비즈니스 경영진은 지원과 후원을 아끼지 않는 리더십을 발휘해야 한다. 이를 위해 비즈니스 경영진에게 필요한 새로운 역량이 바로 비즈니스·IT 연계 전략, 엔터프라이즈 아키텍처, 프로그램 리더십을 두루 겸비한 기본 소양이라 하겠다.

:: 변혁이냐 개선이냐

우리가 보기에 변혁과 개선의 차이점은 확실하다. 개선의 경우, 조직의 특정 분야를 중점적으로 다룬다. 예를 들어 특정 프로세스나 특정 정보시스템은 하나의 분야에만 영향을 미친다. 따라서 전반적인 형태나 흐름은 별반 달라지지 않는다. 한편 변혁이란 훨씬 넓고 다양한 분야에 막대한 영향을 주며 조직의 비즈니스 모델과 구조를 근본적으로 바꾸어낸다.

:: 최고 경영진의 참여

결론부터 말하자면, 최고 경영진의 적극적인 참여는 IT를 통한 BT를 이뤄내는 주요 핵심 요소 가운데 하나이다. 즉 CEO는 전반적인 비즈니스 전략을 책임지며, COO는 조직의 구조와 프로세스에 영향을 끼치기 때문에 반드시 변화에 동참해야 한다. CFO는 변혁에 소요되는 비용과 성과와 관련한 재무적인 영향을 예의주시해야 하며, 마지막으로 CIO는 변혁을 위해 IT 부서에 새로운 정보기술과 역량을 갖추도록 이끌어야 한다.

3.3 도전과 함정

역사를 돌이켜 보면, IT를 통한 BT가 꼭 성공을 보장하지는 않았다. 네덜란드의 회계위원회(2007)에 따르면, 대규모 IT 프로젝트의 대부분이 부분적인 성공에 만족해야만 했다. 프로젝트 비용은 예상을 초과했으며, 계획보다 시간도 많이 걸렸고 예상했던 성과도 얻지 못했다. 결론부터 말하자면 IT를 통한 BT를 성공적으로 관리하는 것은 진정한 도전과제이다. 보고서는 실패의 원인을 '지나친 욕심과 지나친 복잡함'이라는 한마디로 압축한다. 또 실패의 전형적인 원인들을 열거했는데, 그 가운데 몇 가지를 살펴보면 다음과 같다.

- IT를 보는 맹목적인 열광 - 어려운 문제를 푸는 가장 빠른 해결책이라며 IT를 단순히 보는 경향이다. IT로 무엇을 얻을 수 있는지, 그리고 IT로 이룰 수 없는 것은 무엇이 있는지 하는 인식이 비현실적이다. 다시 말해서 IT 솔루션이 주는 기대치는 과대평가하는 반면, 그 복잡성은 과소평가하는 것이다. 이런 잘못된 인식으로 말미암아 신제품이라면 무비판적으로 수용하는 맹신이 생겨난다.
- 지속적인 재검토의 부족 - IT를 통한 BT는 복잡하며 비교적 시간이 많이 걸린다. 그러는 사이에 안팎의 환경도 변한다. 이런 변화무쌍함 때문에 이미 결정했던 사항이 아무런 쓸모가 없는 게 되기도 한다. 그러므로 해당 프로젝트의 올바른 진행을 위해서는 기존 전제 및 선택 사항들을 일정 기간마다 거듭 검토하는 게 꼭 필요하다. 그러나 현실에 있어

이런 검토는 흐지부지되기 일쑤이다.

- 조직의 특성을 고려하지 않는 행위 - IT를 통한 BT는 결과적으로 해당 조직과 비즈니스 프로세스에 커다란 영향을 준다. 그럼에도 그 영향력을 무시하는 경향이 있다. 변화의 중요성은 구현 단계에 와서야 명백해지는 까닭에, 결국 새로운 IT 시스템을 받아들일 준비가 전혀 되어 있지 않거나, 해당 시스템이 조직과 맞지 않다는 것을 막판에 가서야 깨닫는다. 이로써 빚어지는 일정의 지연이나 시스템 재구성은 막대한 추가 비용을 피할 수 없게 만든다.

- 적응력의 과대평가 - 조직을 변화시킨다는 것은 결코 쉽지 않은 일이다. 구성원의 문화적인 관점까지 고스란히 따라오기 때문이다. 따라서 조직의 적응력을 낙관하는 것은 가장 흔히 저질러지는 실수이다. 조직에서 변화를 적극적으로 받아들이는 사람은 대개 극히 소수에 지나지 않고, 나머지 구성원들은 애써 무관심하거나 심지어 노골적으로 싫은 기색을 드러낸다. 프로젝트를 주도하는 경영진이 모두 변화를 원하는 소수그룹에 속할 때, 이들은 조직 전체가 이내 적응하고 쉽게 따라올 것이라고 과대평가를 하는 실수를 저지르기 십상이다.

- 애매하기만 한 요구 - 정보시스템은 '유연성'과 '민첩성'을 주목해야만 함에도 일단 구축된 것은 변화를 쉽게 허락하지 않는 완고함을 갖는다. 시스템 구축과 관련한 결정은 바꾸기가 힘들 뿐만 아니라, 들어가는 시간과 돈이 만만치 않다. 그러므로 정보시스템의 성공적인 개발을 이끄는 역동적인 힘은 프로젝트 초반에 기본이 되는 선택을 충실히 하는 데서 나온다. 물론 실제에 있어 무엇을 원하는지 요구 사항을 정확하고 철저하게 표현하기란 결코 쉽지 않은 일이다. 공급자가 자의적으로 수요자의 요구를 해석할 여지가 남는 것은 피할 수 없는 노릇이다. 그 결과 사용자의 필요와는 동떨어진 정보시스템이 생겨나는 것이다.

IT 프로젝트가 실패할 확률이 몇 퍼센트이냐 하는 따위의 논쟁은 아무 의미가 없는 것이다. IT를 통한 BT는 분명 간단한 일이 아니다. 부분적 실패를 피할 수 없거나 심지어 완전히 좌절하기도 한다. 그러나 미리 변화의 복잡한 정도를 예측하고 출발하는 경우, 완전한 실패는 얼마든지 피할 수 있다. IT를 통한 BT의 성공은 운에 좌우되는 게 아니고, 전문 기술과 프로정신에 의해 결정된다. 기술과 역량을 항상 업데이트하고, 그 관리를 위한 검증된 프레임워크는 반드시 갖춰야 한다.

3.4 세 가지 필수 원칙

IT를 통한 BT의 관리에는 필요한 세 가지 원칙이 있다. 이들 원칙은 각기 다른 목표를 가지면서도 서로 의존적이다. 이 세 가지 원칙을 아래 그림으로 나타내보았다.

[그림 14] IT를 통한 BT 세 가지 원칙

- 비즈니스·IT 연계 전략 원칙의 목표는 3~5년 뒤의 진로를 세우고 "어디를 향해 가야하며 왜 가야만 하는가?" 하는 물음의 답을 찾는 것이다. 이 원칙은 비즈니스·IT 연계 전략의 바탕을 마련하고, 2.3.2절에 기술한 네 가지 연계방법을 포함한다. 따라서 비즈니스·IT 연계 전략은 IT전략과 연계가 필수적인 신규 비즈니스의 전략과 동시에 출발해야 한다. 반면에 놀라운 IT 신기술이 등장해 그동안 불가능한 것으로 여겨온 비즈니스 전략을 실현해 줄 수는 있다. 실제로 IT신기술과 비즈니스 전략은 서로 맞물려 복합적으로 이뤄지는 것이 종종 발생한다. 이처럼 비즈니스 전략과 IT전략은 상호보완적인 성격을 가졌다.

- 엔터프라이즈 아키텍처 원칙의 목적은 차세대 비즈니스와 IT를 위한 원칙과 청사진(계획)을 마련하는 것이다. 전략을 설계하고, 정보기술에 불가피한 복잡성을 충분히 이해하여, 효율적이고 민첩하며 안정적인 정보기술 솔루션을 적절한 비용으로 개발하는 것이다. 여기에서 필요한 것은 "일관성과 유연성을 겸비한 새로운 비즈니스와 IT를 위한 청사진은 어떤 모습이며, 이를 위한 전환은 어떻게 일어날 것인가?" 하는 질문의 답을 찾는 것이다.

- 프로그램 리더십의 목적은 아키텍처에서 나온 청사진과 원칙에 따른 전략계획의 실제적인 수행을 계획하고 시행하며 관리 감독하는 것이다. 이 원칙은 "프로젝트 포트폴리오에 준해 비즈니스 변화를 효과적으로 조율하고 수행하는 방법은 무엇인가?" 하는 질문에 대답해야 한다.

:: 원칙들의 상호 의존성

각각의 원칙은 틀림없이 고유한 기능 범위를 갖는다. 그러나 다른 한편 긴밀하게 맞물린 상호의존성 역시 부인할 수 없는 현실이다. 아래에서는 두 가지 다이어그램을 이용해 원칙들 사이의 상호의존성을 설명해볼 생각이다.

첫 번째 다이어그램인 [그림 15]에서는 세 가지 원칙을 전략적인 해석과 그 인식에 따라 계층적으로 배치했다. 상세화를 위해 프로그램 리더십을 프로젝트 포트폴리오 관리, 프로그램 개발, 프로젝트 관리, 이렇게 세 가지로 세분화했다. 비즈니

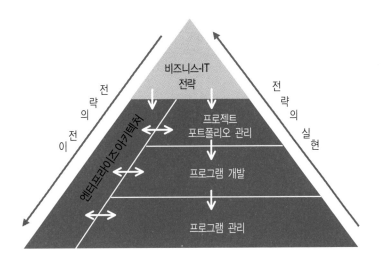

[그림 15] 원칙의 계층적 관계

스·IT 연계 전략은 피라미드의 정점에 위치하고 전략 개발에 최고권한을 갖는다. 전략적 목표는 프로그램과 프로젝트의 포트폴리오에서 자세히 설명되어야 한다. 이 포트폴리오는 프로그램 개발을 이끄는 바탕이며, 프로젝트 개발의 핵심을 이룬다. 엔터프라이즈 아키텍처는 프로그램 리더십의 각 계층을 전략적으로 해석하는 데 매우 중요한 역할을 수행한다.

[그림 16]은 원칙들 사이에 서로 연계를 생성하는 산출물에 초점을 맞춘다. 이 세 가지 원칙은 모서리가 둥근 모양의 사각형으로 그려져 있고, 주요 결과물은 타원형으로 나타냈다. 엔터프라이즈 아키텍처는 비즈니스·IT 연계 전략을 위해 현재 상태의 아키텍처 및 아키텍처 관점의 통찰을 제공한다.

비즈니스·IT 연계 전략은 엔터프라이즈 아키텍처에 의해 정교하게 다듬어져 아키텍처의 원리를 형성하는 방향으로 나아가며, 이는 곧 아키텍처 미래의 풍경을 상세하게 만드는 밑그림이 된다. 다시 말해서 나아갈 방향의 우선순위를 정하고 기술적 제약을 극복하는 데 초점을 맞춘 아키텍처 이행 계획(로드맵)을 규정해

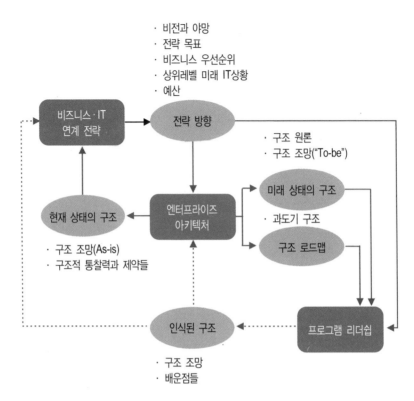

- 비전과 야망
- 전략 목표
- 비즈니스 우선순위
- 상위레벨 미래 IT상황
- 예산

- 구조 원론
- 구조 조망("To-be")

- 과도기 구조

- 구조 조망(As-is)
- 구조적 통찰력과 제약들

- 구조 조망
- 배운점들

[그림 16] 세 가지 원칙의 주요 의존도

야만 하는 것이다. '프로그램 리더십 원칙(Program Leadership Thread)'*은 프로그램과 프로젝트의 포트폴리오를 정해 현재 상태에서 미래의 비전을 완성해가는 쪽으로 참고가 되어야 한다. 아키텍처 로드맵은 예산이나 필요한 자원 등의 정보를 추가해 세밀하게 완성되며, 이때 프로그램 및 프로젝트의 주요 이정표가 정해진다.

마지막으로 프로그램과 프로젝트가 완료되면 아키텍처의 전체적인 밑그림이 변화한다. 일반적으로 볼 때 이게 곧 아키텍처의 미래로 이끄는 지향점이지만, 예

---

* Thread : 컴퓨터 프로그램 수행 시 프로세스 내부에 존재하는 수행 경로. 여기서는 일련의 실행 코드를 말하는 개념이다.

기치 못한 상황의 변화에 따른 변수에 유연하게 대처할 여유는 필요하다. 바로 그래서 목표 아키텍처와 프로그램, 프로젝트의 산출물에 근거해서 변경되는 로드맵은 현재 상황을 주시하며 반복적인 피드백을 받아야만 한다. 그리고 피드백을 주는 역할을 수행하는 게 다름 아닌 프로그램 리더십이다.

:: 중점 원칙의 변화

세 가지 원칙 모두 비즈니스 변화 과정 전반에 걸쳐 필요하지만, 진행 과정에 따라 원칙 별 비중은 달라진다. 이것을 표현하고 있는 [그림 17]에서 트랙의 폭은 필요한 노력의 강도를 표현한다. [그림 17]은 비즈니스·IT 연계 전략의 경우 변화의 최초 시작단계에서부터 전략적인 계획이 종료되는 시점까지 프로그램 리더십의 노력이 집중되어야 한다는 점을 표현한 것이다. 이 과정에서 비즈니스·IT 연계 전략은 진행 과정을 모니터링하며, 필요한 경우 전략을 과감하게 수정한다. 비즈니스·IT 연계 전략을 세울 때 이미 어느 정도 엔터프라이즈 아키텍처가 갖추어져 있어야 한다. 그래야 기존 상태를 분석하고 미래의 청사진을 마련할 수 있으니

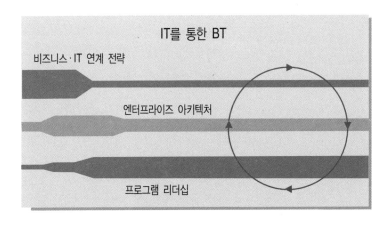

[그림 17] 시간에 따른 세 가지 중점 원칙의 변화

말이다. 그러나 전략 계획이 세워진 다음에도 아키텍처 청사진을 보완하고 완성하려는 노력은 지속적으로 이뤄져야 한다. 그래야 청사진을 실현해가는 데 필요한 제반 요소가 확보될 수 있기 때문이다. 마지막으로 프로그램 리더십은 전략을 짜는 준비 단계에서도 필요하지만, 무엇보다도 프로젝트가 본격적으로 가동하고 수행되는 과정에 온 힘을 모아야 한다.

중점 원칙의 수행은 각 원칙이 서로 아무런 영향을 주고받지 않고 순차적으로 물 흐르듯 진행되는 것으로 이해해서는 안 된다. 바로 그래서 [그림 17]에 요소들 사이의 피드백(화살표가 표기된 원)을 그려놓았다. 초기 단계의 비즈니스·IT 연계 전략과 엔터프라이즈 아키텍처는 시시각각 변화하는 환경에 탄력적으로 대응하면서 새로운 관점을 반영할 수 있어야 한다. 각 원칙들 사이의 상호관계는 7장 '결과물의 도출'에서 소개하도록 하겠다.

비즈니스·IT
연계 전략

:: 미래를 향한 진로 설정

4.1절에서는 비즈니스·IT 연계 전략 개발 추진과 그 개괄적인 내용을 소개하며, 전략과 기획의 차이 및 혁신과의 밀접한 관계를 다룬다. 4.2절과 4.3절에서는 각각 비즈니스·IT 연계 전략의 범위와 결과를 기술했다. 4.4절에서는 비즈니스·IT 연계 전략 개발의 체계적인 방법론을 제안한다. 이러한 접근은 세 단계로 이루어져 있으며, 이어지는 세 개의 절, 분석과 평가(4.5), 방향 체계화(4.6), 수행 계획(4.7)에서 상세히 설명한다. 비즈니스·IT 연계 전략의 라이프사이클은 4.8절에서 설명했다. 마지막으로, 4.9절은 본 4장 핵심 내용의 포괄적인 요약이다.

4.1 장기적 비즈니스·IT 연계 전략의 필요성

지난 수십여 년 동안 IT는 오늘날의 비즈니스에서 떼어놓고 생각할 수 없는 필수불가결한 요소가 되었다. 이처럼 IT의 영향력이 증가함에 따라 기술과 제품 역시 비약적으로 성장했다. 제품의 성숙도는 높아지고 더욱 복잡해졌으며 신기술이 개발되고 시장에 등장하는 속도는 지금 이 순간에도 계속 빨라지고 있다.

IT의 신기술 공급이 활발해짐에 따라 수요의 측면에서도 중대한 변화가 일어났다. 일반 경영진이나 프로세스 책임자(PO)와 같은 이해 당사자의 기대치는 계속 높아가고 있으며, 어떤 문제든 즉각적인 해결책이 나오기만 바란다. 동시에 IT 종사자는 정확히 무엇을 필요로 하는지 본인도 잘 모르는 사용자에게 상담을 해줘야 하는 봉변을 당하기도 한다. 고객의 요구 사항을 능숙하게 관리해주는 능력은 IT를 잘 사용하기 위한 필수 요건이 될 정도이다.

오늘날 실현에 수년이 걸리며 비용도 많이 들어가는 복잡하고 광범위한 의사 결정이 IT 분야에서는 자주 일어난다. 지난 십여 년 동안 우리는 기업의 예산 운영이 기존 장비의 관리와 보수에서 새 기술을 받아들이는 변화 쪽으로 쏠리는 일을 자주 목격했다. 이는 곧 IT 프로젝트에 배정되는 기업 예산의 비율이 갈수록 높아지고 있다는 것을 뜻한다. 따라서 IT를 둘러싼 의사 결정은 더욱 자주 필요하며, 그리고 점점 더 복잡해지고 있다. 그만큼 IT가 비즈니스에 미치는 영향이 크다는 반증이다.

IT 관련 의사결성의 비중과 위험도가 증가함에 따라, 징확한 IT 관련 의사결정을 돕는 더욱 발전된 방법론과 프레임워크의 필요성이 절실해졌다. 조직은 기존 IT 기획 방식이 더는 현재의 요구를 만족시키기 어렵다는 것을 알고 결과적으로 안전한 장기적 안목에서의 IT 의사결정을 가능하게 만들어주는 바탕으로 보다 성숙한 비즈니스·IT 연계 전략 설정 능력의 필요성을 절감하게 되었다.

:: 비즈니스·IT 연계 전략 vs. IT 기획

비즈니스·IT 연계 전략 개발은 장기적인 안목으로 IT를 이용해 비즈니스 모델을 짜는 고도로 체계화한 창의적 프로세스이어야 한다. 비즈니스·IT 연계 전략 개발의 목표는 비용효율을 극대화하는 방법으로 IT를 활용해 비즈니스 가치를 끌어올리는 것이다.

워드와 페퍼드(Ward/Peppard, 2002)가 제안한 IT 기획은 비즈니스·IT 연계 전략과 어떤 차이를 가질까? IT 기획은 대체로 사용자의 '요구 사항'에 초점을 맞춰 단기/중기적으로 IT를 활용하는 조직적이고 기술적인 활동을 일컫는다. IT 기획은 운영 성과를 끌어올리는 것을 목표로 한다. 한마디로 '일을 바르게 하라'가 IT 기획의 핵심이다.

이와 달리 비즈니스·IT 연계 전략은 정보를 수집하고 그 본질을 통찰하며 얻어낸 안목을 토대로 장기적인 관점에서 세운 비즈니스 목표에 IT를 융합시킨 비전을 완성하는 하나의 프로세스이다. 비즈니스·IT 연계 전략은 이미 결정을 내린 선택 사항도 능동적으로 다시 생각하기 때문에 개방적이고도 수평적인 사고의 특징을 갖는다. 결단이 예리하면서도 심도가 깊을 수밖에 없는 이유이다. 비즈니스·IT 연계 전략은 IT와 비즈니스 프로세스의 성공적인 접목을 통해 비즈니스 가치를 극대화하는 것을 목표로 한다. 이는 '일을 바르게 하는 것(doing things right)'이 아니며, '최적의 선택', 곧 '올바른 일을 하는 것(doing the right things)'을 찾아내는 집중력이다. 최적화라는 관점이 곧 비즈니스·IT 연계 전략의 중심축이며, 이에 관해서는 앞서 2장에서 살펴본 그대로이다.

:: 비즈니스·IT 연계 전략 개발 추진 요인

IT 부서를 갖춘 기업이 비즈니스·IT 연계 전략을 명시적으로 수립해두는 것은 아주 바람직한 현상이다. 그런데 어느 조직이든 이처럼 명시적인 비즈니스·IT 연계 전략을 개발하게 만드는 데에는 몇 가지 특정 환경 요인이 결정적인 역할을 한다. 이런 환경 요인의 공통 분모는 바로 "변화"이다. 비즈니스·IT 연계 전략의 필요성을 절감하게 하는 상황들 가운데 몇 가지만 꼽아보도록 하자.

- 현재 어플리케이션 밑그림의 주요 장애 - 작금 어플리케이션 환경을 관찰해보면, 하나 혹은 그 이상의 '기존' 시스템이 마치 스파게티 가닥들처럼 복잡하게 얽혀 있는 게 눈에 띈다. 이런 상황은 주로 사용자의 요청에 따라 새로운 기능이 시스템에 추가되는 형태의 유지보수를 여러 해 동안 반복한 결과이다. 따라서 기존 시스템은 현존 비즈니스 프로세스에는 별로 아쉬울 게 없이 잘 돌아가는 경우가 흔하다. 그래서 변화를 가로막는 걸림돌이 된다. 시스템을 보다 지속 가능하게 교체하고 관리하는 것은 그래서 꼭 필요한 일이다.
- IT 인프라 투자 시기의 결정 - 예를 들어 데이터 센터가 노후해서 전력 소모가 지나치며, 냉각용량이 떨어지고 면적이 좁아지는 따위의 한계가 노출될 때, 조직은 적기에 투자를 감행해야 한다. 이런 투자는 대개 많은 비용이 들어가기 때문에 적절한 시기를 판단해주

는 것은 매우 중요한 의사 결정이다.

- 인수 및 합병 - 두 개 혹은 그 이상의 조직이 통합하거나, 하나의 조직이 여러 개로 나뉘는 경우, IT 플랫폼 역시 같은 상황을 겪어야 한다. 이를 두고 흔히 "인수 후 통합(Post merger integration)"이라고 한다. 합병이나 분리가 이뤄진 다음, 반드시 해당 시스템을 그에 맞게 정비해주어야 하는 것을 말한다. 이런 유형의 변화 역시 전략 기획을 필요로 한다.

- IT에 커다란 영향을 미치는 법률상의 변화 - 지난 몇 년 동안 일어났던 입법 체계의 변화를 보여주는 예로는 'IFRS'나 'SOX' 혹은 'Basel II'와 같은 것을 꼽을 수 있다. 최근에는 'IFRS 4'나 'Solvency II' 따위가 이에 해당한다. 이 같은 주요 변화는 현존 시스템에 추가 투자를 해야 할지, 아니면 전폭 교체를 단행하는 게 좋을지 하는 근본적인 물음을 던지게 만든다.**

- 시장의 주요 변화 - 새로운 경쟁자의 등장이나 경쟁 심화에 따른 변화를 말한다. 이에 대처하기 위해 IT에 근본적인 변화를 주어 보다 효율적인 주문 처리 프로세스를 마련하는 것은, 그때그때 임시변통 식으로 해결할 수 없다. 장기적인 관점에서 전략을 짜는 게 반드시 필요하다.

- 제품 공급 체계의 변화 - 인터넷 셀프서비스처럼 고객에게 서비스를 제공하는 공급 채널도 시시각각 변화하고 있다. 많은 기업들은 즉흥적인 정책으로 인터넷 사이트를 개설할 수는 있으나, 이를 지원하는 후방 관리 프로세스까지 통합된 완벽한 서비스 체계를 구축한다는 일이 보통 어려운 게 아니라는 것을 뼈저리게 경험했다. 여기서도 장기적인 안목의 전략 기획이 반드시 요구된다.

** 여기서 열거한 IFRS는 International Financial Reporting Standards의 약어로 '국제회계기준'을, SOX(Sorbones Oxley법), 'Basel II'는 바젤의 국제금융감독원이 정한 '자기 자본 비율'을, 'Solvency'는 지불능력을 각각 뜻한다.

장기적인 안목의 비즈니스·IT 연계 전략을 수립할 필요성은 임시변통의 즉흥적인 결정과 점진적 개선만으로 다음 단계의 성숙도를 이뤄내지 못했다는 점에서 더욱 절박하게 다가온다. [그림 18]은 이를 말 그대로 그림처럼 보여준다. 그림에서 왼쪽은 상대적으로 단기간에 걸친 전략적 대응으로 이뤄진 일련의 작은 보폭이 어떤 결과를 낳는지 나타낸 것이다. 이런 식의 접근은 비즈니스 가치를 짧은 시간 동안 끌어올릴 수는 있을지 모르나 장기적으로 볼 때 더 높은 단계의 성숙으로 나아가는 데 걸림돌이 된다. 보다 높은 수준의 성숙을 이뤄내기 위해서는 IT의 역할을 놓고 근본적인 검토를 통해 장기적인 전략을 짜고 비전을 세우는 과정이 꼭 필요하다. 장기적 비전이 서면 우리는 이를 가지고 차근차근 단계를 밟아나가는 IT 개발을 이룩할 수 있다.

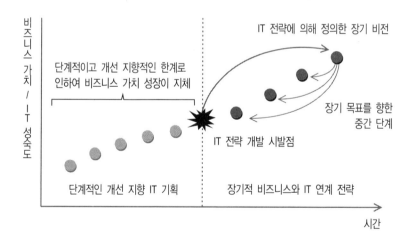

[**그림** 18] 새로운 단계의 성숙도 수준으로 발전하기 위해서는 장기적인 비즈니스·IT 연계 전략 기획이 필요

:: IT 전략과 혁신

실제로 혁신은 비즈니스·IT 연계 전략과 밀접한 관계에 있다. 혁신은 새로운 것을 성공적으로 개척함으로써 제품과 프로세스, 서비스 등을 현저하게 혹은 점진적으로 향상시킬 수 있다. 혁신은 새로운 아이디어나 보다 능률적인 업무 방법 혹은 새로운 기술 등 다양한 모습으로 나타날 수 있다. 혁신은 끊임없는 개선과 고안이 이어지는 가운데 어느 지점에선가 불현듯 나타나는 듯 보인다. 그러나 이는 겉보기에만 그런 것일 뿐, 실제로는 꾸준한 노력이 가져다 준 성과이다. 혁신은 현재 상태에 기존의 기술을 적용하면서 업무를 처리하고 통찰을 얻어가는 그 배면에서 항상 현재진행형 이다.(어플리케이션의 새 버전 출시도 변화의 좋은 사례이다.) 그러니까 다른 측면에서 보자면, 혁신은 발명, 곧 이전에 없던 완전히 새로운 것을 창조하는 게 아니다. 혁신과 성장의 관계는 크리스텐슨과 레이너(Christensen and Raynor, 2002)에 의해 명쾌하게 정의된 바 있다. 이들이 꼽은 혁신의 전형적인 사례는 다음과 같다.

- 제품 혁신 - 기능적 특성, 기술의 다양함, 사용자의 편의성 등 전혀 새롭거나 본질적으로 개선된 신제품(상품 혹은 서비스)의 출시.

- 시장 혁신 - 시장을 전혀 새롭게 개척하거나, 기존 타깃 시장을 적절히 섞어 틈새시장을 창출하는 경우.

- 비즈니스 모델 혁신 - 가치의 포착과 운영 모델의 변화를 꾀해 비즈니스 방식을 바꾸어내는 것.

- 프로세스 혁신 - 새롭거나 지속적으로 향상된 제품 생산 프로세스 혹은 공급 체계의 적용.

- 조직 혁신 - 조직 체계를 새롭게 바꾸어내는 개념이나 아이디어의 적용. 프로세스 혁신과 밀접한 관련을 갖는다.

- 마케팅 혁신 - 제품 디자인과 포장, 홍보와 가격 책정에 있어 새로운 마케팅 개념과 아이디어 적용.

- 공급망 혁신 - 자재 구입 방법이나 배달 방식의 변화로 공급 체계의 본질적 개선을 추구.

경영자는 언제나 혁신을 화두로 삼아야 한다. 기업이 비즈니스·IT 연계 전략 개발 프로세스에 착수한다면, 혁신의 기회, 특히 구현수단 및 기폭제가 될 수 있는 IT 기술의 기회를 찾는 일은 더욱 중요하다. 전형적인 예는 다음과 같다.

- 문서 관리 및 작업 흐름 관리 기술의 사용으로 비즈니스 프로세스를 근본적으로 변화시켜 처리 시간과 같은 능률 지표를 향상시키는 일.
- 인터넷 포털을 이용하는 것과 같은 다양한 채널을 개발해 고객 셀프서비스와 맞춤 서비스 등을 도입해 비즈니스 모델을 변화시키는 일.
- 공급 망 내의 공급자나 고객과 컴퓨터 시스템을 이용한 B2B* 통합을 통한 공급망의 혁신.

4.2 비즈니스·IT 연계 전략의 범위

:: IT 전략의 차원

효과적인 비즈니스·IT 연계 전략은 하나의 조직 안에서 IT가 떠맡는 기능의 모든 차원을 다룬다. 다음은 각 차원을 하나하나 설명한 것이다.

- 능력 - IT가 비즈니스에 공급하는 핵심 역량을 집약한 차원. 다른 모든 차원은 이 역량을 가장 효율적인 방식으로 공급하는 데 초점을 맞춘다.
- 기술 - IT의 밑그림(어플리케이션, 데이터, 인프라)를 정의하는 차원.
- 거버넌스 - IT 정책과 전략의 방향을 확고히 다지는 데 요구되는 책임과 통제의 가이드라인.

* Business to Business, 곧 '기업 대 기업'이라는 말의 약자.

- 조직 - IT 부서의 조직 체계와 기술 및 역량을 다루는 차원. 외부 자원과 인력을 아웃소싱 하는 것은 물론이고 제3 공급자의 주선도 여기에 포함된다.

- 프로세스 - 서비스 관리(IT 운영)를 다루는 차원을 말한다. 기업에 표준화한 서비스를 제공하기 위한 서비스 레벨 계약(SLA : Service level agreement)도 여기에 포함된다.

- 재무 - 운영과 프로젝트에 요구되는 재정 자원을 다루는 차원이다.

:: 관점에 따른 범위

기업 내의 전체 IT 기능을 고려하는 경우, 비즈니스·IT 연계 전략이라는 용어는 넓은 범위를 대상으로 한다. 4장의 나머지 부분에서는 이러한 넓은 관점에서의 비즈니스·IT 연계 전략을 집중적으로 다룬다. 하지만 비즈니스·IT 연계 전략이라는 용어는 더 좁은 범위로 사용할 수도 있으며 일반적인 예는 다음과 같다.

- 솔루션 전략 - 특정 어플리케이션이나 비즈니스 프로세스를 놓고 그 미래 전략의 구체적인 답을 얻어내는 것에 초점을 맞춘다. 이는 단순히 소프트웨어 선택에 국한하는 문제가 아니며, 인력과 프로세스 그리고 기술을 둘러싼 전략적 질문을 포함한다. 그 좋은 예가 환자의 모든 데이터를 저장하고 능동적인 의료 프로세스를 제공하는 전자 환자 기록 시스템을 개발하려는 전략을 구사하는 대학병원을 꼽을 수 있다.

- 웹 전략 - 고객과 소통하는 채널로서의 인터넷이 갖는 잠재력을 최대한 활용하려는 전략이다. 이른바 e-비즈니스, 고객 맞춤 마케팅, 이에 따른 영업 전략, 고객 셀프서비스, 커뮤니티 활용, 고객 친밀도 제고 등이 그 좋은 예이다. 웹 전략은 직원들 사이의 새로운 협업 방식, 고객과 기업 사이의 쌍방향 소통에 초점을 맞춘다. 이른바 소셜네트워킹, 블로그, 위키 따위가 새로운 방식의 쌍방향 소통으로, 웹 2.0이라는 유행어와 함께 자주 언급된다.

- 소싱 전략 - IT 일부 기능을 아웃소싱하는 전략을 말한다.(예 : 데이터 센터, 어플리케이션 개발, 특정 서비스 관리 프로세스 등.)

- IT 인프라 전략 - 최소 십 년은 내다보고 유지 가능한 데이터 센터를 구축하며, 그린 IT, 서버 통합과 가상화, 그리드 컴퓨팅, 광대역 네트워크, 무선 기술 및 통신 등을 개발하는 데 전략의 초점을 맞춘다.*
- IT 거버넌스 전략 - 로스와 웨일이 정의한 다섯 가지 결정 영역의 의사 결정권과 책임 소재를 규명한 프레임워크를 구축하는 전략이다. 다섯 가지 결정 영역은 IT 원칙, IT 아키텍처, IT 인프라, 비즈니스 어플리케이션, 그리고 IT 투자를 말한다. 앞서 2.5.1절에서 자세히 다루었다. 기본적으로 IT 거버넌스 전략은 의사 결정 영역마다 조직 주체를 선택하고 상세화 하는 것에서 출발한다. 예컨대 연방 모델을 택했을 경우, 중앙부서 차원에서 결정을 내려야 하는 주제와, 지역부서에서 결정을 내릴 주제가 갖는 범위와 한계를 명시적으로 정해두어야 한다.

비즈니스·IT 연계 전략의 완성도를 넓게 보아야 할지, 아니면 세밀하게 보는 게 좋은지의 선택은 해당 조직의 전반적인 성숙도에 의해 결정된다. 앞서 2.4.2절에서 다룬 비즈니스 성숙도 모델에 따르면 기업 수준에서 비즈니스·IT 연계 전략은 성숙도 레벨 3(시스템 레벨)이 필요하다. 성숙도 레벨 3은 전략과 정책, 조직과 프로세스, 계획과 통제, 정보시스템 및 사람과 문화 등 기업의 모든 측면이 종합적으로 같은 수준에 올랐을 때 비로소 언급할 수 있는 것이다. 하지만, 그렇다고 해서 필요한 레벨에 이르기 전에는 비즈니스·IT 연계 전략 수립을 보류해도 좋다는 것을 의미하지는 않는다. 거꾸로 비즈니스·IT 연계 전략을 개발해야만 성숙도 레벨을 끌어올릴 수 있다. 물론 성숙도 향상에 힘 쏟는 조직은 자신의 한계를 분명하게 의식해야 하며, 전체 성숙도에 상응하는 목표 의식을 가져야 한다.

---

* '그린 IT'(Green IT)는 환경 친화적인 IT를, '그리드 컴퓨팅'(Grid computing)은 전 세계에 퍼져 있는 컴퓨터를 한데 묶는 것으로, 좁게는 세계 곳곳의 슈퍼컴퓨터를 한곳에 통합하고 데이터베이스를 공유하는 것을 각각 말한다.

4.3 비즈니스·IT 연계 전략의 결과

:: 비즈니스·IT 연계 전략 계획

비즈니스·IT 연계 전략 프로세스의 유형적 결과물은 비즈니스·IT 연계 전략 계획이라는 문서다. 이 계획은 기업의 주요 비즈니스 동인(Business Driver)과 IT 구현 수단이 무엇인지 드러낸다. 비즈니스·IT 연계 전략 계획은 추후 3~5년 동안 IT 측면에서 추구해야 할 방침을 설명하며, 이해관계자들이 숙지한 명확하고 실행 가능한 목표를 지녀야 한다. 비즈니스·IT 연계 전략 계획은 끊임없는 재검토와 개선을 위한 기반으로서의 역할을 한다. 4.7.1장에서는 비즈니스·IT 연계 전략 계획의 구조를 설명하고 4.8장에서는 이러한 계획을 어떻게 관리해야 하는지 다룰 것이다.

훌륭한 비즈니스·IT 연계 전략 계획에는 두 가지 특성이 있다. 첫째, 분석적인 관점에서 볼 때 타당해야 한다. 분석은 자세해야 하고, 결정의 근거는 논리적이어야 하며, 전체적인 계획은 일관성을 가져야 한다. 프로젝트와 로드맵은 일관성 있는 논거에 의해 전략적 비즈니스 목표와 맞물려야 한다.

둘째 비즈니스·IT 연계 전략 계획은 이해관계자들에게 효과적으로 전달될 수 있게끔 작성되어야 한다. 즉, 여러 부류의 사람들이 별다른 어려움 없이 이해할 수 있어야 한다. 기술을 잘 모르는 경영진과 IT 부문 전문가 모두에게 쉽고도 자세하게 계획을 짠다는 것은 결코 쉬운 일이 아니다. 비즈니스·IT 연계 전략의 수립과 작성이 까다로운 이유이다.

:: 무형의 결과물 – 명확성, 일관성, 헌신

비즈니스·IT 연계 전략 계획은 그 자체가 목표가 아니고, 다만 이 전략이 목표로 하는 무형적 결과를 달성하기 위한 수단이다. 여기서 말하는 무형적인 결과란 명확성, 일관성, 헌신이다. 이 세 가지 가운데 명확성과 일관성은 언제 어떤 상황에서도 의식해야만 하는 가치이다. 세 번째 것인 헌신 역시 아무리 강조해도 지나침이 없는 것이기는 하나, 조직 체계와 당사자들의 이해관계에 따라 어쩔 수 없이 큰 진폭을 갖는다. 또 헌신을 강요하는 것만큼이나 우스꽝스러운 게 또 있을까? 자발적으로 우러나와야 하는 게 헌신이라는 점에서 명확성과 일관성에 더욱 큰 비중을 두는 게 현명하다.

- 결과 1 : 명확성 - 모든 것에 우선하여, 비즈니스·IT 연계 전략 계획은 향후 몇 년 동안 명확한 전략 방향을 제시해야 한다. 비즈니스·IT 연계 전략 계획은 아래의 근본 물음에 분명한 답을 주어야 한다. 'IT가 기여해야 하는 경영 목표는 무엇인가?' '현재 우리의 IT 플랫폼이 갖는 강점과 약점은?' '어떤 것이 미래를 위한 전략적 선택인가?' '어떻게 하는 게 보다 근본적인 선택이며, 향후 3~5년 동안 추구해야 할 전략적 방향은 무엇인가?'
- 결과 2 : 일관성 - 비즈니스·IT 연계 전략이 추구해야 할 두 번째 목표인 일관성은 두 가지 차원에서 접근해야만 한다. 먼저 비즈니스 전략과 IT 전략 사이의 일관성이다. 여기서 말하는 일관성은 앞서 2장에서 다룬 비즈니스·IT 연계라 할 수 있다. 두 번째로, 프로젝트의 개별 과제들과 상위 우선 목표 사이의 일관성을 유념해야만 한다. 개별 과제는 기업의 경제적 활동이라는 통합된 마스터플랜의 일부이기 때문에 투자로부터 얻어낸 프로젝트 성과보다는 투자에서 얻은 기업의 이득에 더 초점을 맞추기 마련이다. 쉽게 말해서 단기적인 경제 이득에 빠지기 쉬운 게 개별 과제이다. 그러나 장기적인 안목에서 기업 체질의 변화가 우리의 목표인 이상, 비즈니스·IT 연계 전략의 일관성은 반드시 유지되어야 한다. 비즈니스 성숙도 모델이 기업 전체 차원에서의 일관성이 비즈니스 부문의 일관성보다 훨씬 더 높은 수준의 성숙도를 요구한다고 하는 것은 이런 맥락에서 읽어야 하는 지적이다.
- 결과 3 : 헌신 - 잘 관리한 비즈니스·IT 연계 전략 프로세스의 중요한 결과는 변화가 필요하다는 이해관계자들의 합의와 방향 설정의 공유 그리고 비즈니스·IT 연계 전략을 반드시 실천해내고야 말겠다는 굳은 의지와 헌신이다. 이런 헌신의 정신은 IT가 갈수록 공공

의 서비스로 자리를 잡고 있기 때문에 더욱 중요하다. 개인의 이해보다 공동체의 이익에 이바지하기란 헌신하겠다는 열정이 없이는 불가능하기 때문이다. 이른바 '죄수의 딜레마'와 매우 흡사한 상황이다. 앞서도 언급했지만 합의와 헌신을 이끌어낸다는 것은 언제나 가능한 게 아니다. 헌신하노라면 자신만 손해 보는 것 같고, 자신의 이해관계에만 충실해서는 합의를 볼 수 없기 때문이다. 그럼에도 합의와 헌신이라는 가치를 가장 우선시할 수 있도록 비즈니스·IT 연계 전략을 짜는 것은 중요하다. 일반적으로 합의와 헌신은 이해당사자들을 비즈니스·IT 연계 전략 개발에 이끌어 들이는 최선의 방책인 까닭이다. 전략 개발이 이뤄지는 프로세스를 자세히 주목해보면 수많은 작은 발걸음들로 이뤄진다는 사실을 이내 알 수 있다. 각각의 단계를 거치며 우리는 당사자들의 통찰력이 높아지며 보다 넓은 관점에서 전략의 방향을 더욱 잘 이해한다는 사실을 깨닫는다. 바로 그래서 헌신의 자세는 중요한 의미를 갖는다. 핵심적인 의사 결정 단계마다 자신의 의사가 소중히 받아들여진다는 경험을 할 수 있을 때, 프로세스 참여자들은 헌신과 지원을 아끼지 않는다. 이처럼 비즈니스·IT 연계 전략의 수립에는 분석 능력과 기술만 필요한 게 아니라, 변화의 관리, 소통의 정신, 기대치 관리 등 이른바 '소프트 스킬'(Soft skill)이라 불리는 인간 이해의 자세가 필수적이다. 한마디로 인간을 관리하고 경영해내는 것이랄까. 부분의 이해에 집착하지 않고 전체를 바라볼 줄 아는 자세를 길러내는 것은 개인적으로나 기업의 입장에서나 성공에 이르는 지름길이다. 가시적인 성과에만 집착하는 탓에 당사자들의 열정과 헌신을 이끌어낼 수 없다면, 이는 결코 좋은 선례라 할 수 없다.

4.4 비즈니스·IT 연계 전략의 접근법 개요

비즈니스·IT 연계 전략 계획의 완성도는 그것을 만들어내는 프로세스의 성숙도에 의해 결정된다고 볼 수 있다. 비즈니스·IT 연계 전략이 창조적 과정이라는 말은

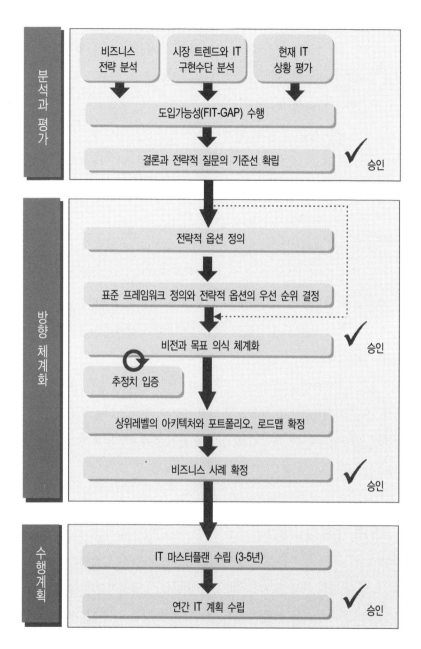

[그림 19] 비즈니스·IT 연계 전략 프로세스 개략도

거기에 아무런 체계가 없어도 좋다는 뜻은 아니다. 최고의 성과는 체계적인 접근을 통해서만 얻을 수 있음을 명심해야 한다. 물론 체계라는 것이 획일화와 관료적 경직화로 오해되어서는 곤란하다. [그림 19]는 성공적으로 증명된 비즈니스·IT 연계 전략 접근법을 나타낸 것이다.

이 접근법은 연속성을 갖는 세 단계로 이루어져 있다. 1단계는 정보를 수집하고 통찰을 얻고 결론의 밑그림을 그리는 분석 단계이다. 비즈니스 목표와 IT 현황을 둘러싼 내부적 분석과, IT 구현수단, 동향 및 업계 모범사례 등 외적 분석이 이 단계의 근간을 이룬다.

2단계에서는 1단계에서 얻어진 통찰과 결론을 이용해 전략적 선택 사항들을 검토하고 또 객관적인 기준에 의해 이 선택들을 집약한다. 이 같은 의사결정 프로세스의 결과를 기반으로 임무, 목표 의식, 전략적 방향을 공식화한다. 2단계는 잠정적인 전략적 방향을 가지고 확정안을 이끌어내려고 단계적으로 개량해 나가는 과정이라고 볼 수 있다.

마지막으로 3단계에서는 2단계에서 공식화한 전략을 실천에 옮길 구체적인 계획을 수립한다. 연간 계획 및 세부 사항을 적시한 장기적인 마스터플랜을 수립한다. 이 마스터플랜은 상위 수준의 로드맵과 수년 동안의 소요 예산, 변화 과정의 조직화 및 통제화를 담은 프로젝트 포트폴리오로 이루어진다.

:: 상황에 따른 접근방법

비즈니스·IT 연계 전략을 풀어나가는 해법에는 어디에나 통하는 하나의 정답이란 없다. 여러 가지 측면을 종합적으로 검토하면서 구체적인 상황에 따라 차등적으로 가중치를 부여하는 상황에 따른 접근방식을 갖는 게 옳다. 예를 들어 만약 어떤 기업의 전반적인 IT 현실이 기존 시스템에 지배되어 안정성이 심각한 문제로 떠오르고 있는 경우, 현재 상황을 냉철하게 평가하는 측면에 비중을 둬야 할 것이다. 반대로 기업이 IT를 구현수단으로 삼아 비즈니스 변화를 꾀하고 있는 상황이라면, 시장 동향, IT 구현수단 그리고 그에 따른 비즈니스 전략에 더 비중을 두어야 할 것이다.

4.5 제1단계 : 분석과 평가

4.5.1 시장 트렌드와 IT 구현수단 분석

내부 분석을 시작하기에 앞서 팀 구성원은 관련 시장 트렌드 및 IT 구현수단을 광범위하게 이해해야 한다. 우선 시장과 산업 트렌드(비즈니스 관점) 그리고 IT 신기술 및 신제품(기술 관점)의 외부적인 분석으로부터 시작해보자. 조직을 장기적인 전략 계획이 설정한 다음 레벨로 이끌어 주는 IT 구현수단으로서 작동할 수 있는 '변화 기술'에 특별한 관심을 기울여야 한다. 이 단계의 결과물은 업계의 모범 사례를 수집하고, 전략 목표의 달성이나 현존 문제의 해결에 필요한 정보기술에 어떤 게 있는지 개괄하는 것이다. 이 시점에서는 트렌드나 구현수단을 둘러싼 세부적인 연구는 필요하지 않다. 어떤 트렌드와 구현수단이 전망을 갖는지 식별할 정도의 지식이면 충분하다. 선별된 트렌드와 구현수단의 본격적이고도 자세한 연구는 다음 단계에서 실행한다.

다음은 비즈니스·IT 연계 전략 프로세스 관련 IT 구현수단의 예이다.

- 비즈니스 분석 도구(Business intelligence tool) - 방대한 양의 기업 데이터를 분석해 충분한 근거를 갖는 결정을 내리는 데 유용한 통찰을 창출해주는 도구.
- 고객 관계 관리(CRM : Customer Relationship Management) 도구 - 고객 데이터를 등록하

고 분석하여 마케팅/영업 프로세스를 보다 효율적으로 개선할 수 있게 해주는 도구.

- 문서 관리 시스템(Document management system) - 각종 서류를 언제 어디서나 이용할 수 있도록 관리를 해줌으로써 비즈니스 프로세스를 근본적으로 변화해주는 데 사용.

- 웹 포털(Web portal) - 인터넷을 고객과의 상호작용을 위한 채널로 이용하고 매출을 늘리는 동시에 거래비용은 줄이는 역할 수행.

- 서버 통합 및 가상화 - IT 인프라의 합리적 활용을 가능하게 만들어주고 자산 효율을 끌어올리며 새 서버의 증설 요구에 빠르게 응답할 수 있다.

- RFID(Radio-Frequency Identification) 태그 - 전파를 이용해 먼 거리에 떨어진 정보를 인식하는 이 장비는 제품의 추적/확인 작업을 간편하게 만들어줌으로써 물류 프로세스를 보다 효율적으로 개선한다.

:: 아이디어 포착 과정의 중요성

모든 혁신은 하나의 기본 아이디어와 함께 시작하며, 따라서 아이디어 포착 프로세스는 반드시 필요하다. 이러한 혁신 과정이 조직에 생기를 불어넣어 주기 때문에 혁신이 결실을 얻을 수 있는 환경을 만들어주는 것이다. 진정한 의미에서의 혁신은 틀에 박힌 사고로는 결코 이룰 수 없다. 기존의 틀을 깨는 참신한 아이디어는 조직 전체에 파격을 불러오는 혁신의 밑바탕이다. 비즈니스와 관련한 요구만을 혁신의 원천으로 삼는 기업은 신기술이나 업계의 새로운 동향 등과 같은 조직 외부의 아이디어 원천을 놓치고 만다. 더 나아가 조직 내부에서 사람들은 현상유지에만 급급하며, 별것도 아닌 개선을 놓고 호들갑을 떤다. 진정한 새 아이디어는 '틀을 벗어나는 사고'로만 고무될 수 있음을 명심해야 한다.

:: 기타 아이디어 원천

아이디어 포착 프로세스가 성공적으로 진행되기 위해서는 균형 잡힌 외부 분석이 뒷받침되어야 한다. 외부 분석이 필요로 하는 다양한 정보 원천들에는 다음과 같은 게 있다.

- 기업 내의 IT 부서는 대개 풍부한 기술 지식과 트렌드를 꿰뚫는 감각을 갖춘 직원들을 자랑한다. 손쉽게 접근할 수 있는 정보원을 무시하는 것은 등잔 밑을 보지 못하는 실수나 똑같다.
- 가트너와 포레스터 같은 기술 연구소와 IT 컨설팅 회사들은 보고서, 백서, 기사 등의 형태로 방대한 지식과 정보를 축적하고 있다. 이들의 도움을 받으면 트렌드를 일괄하는 전망을 얻을 수 있다.
- 소프트웨어와 하드웨어 판매 회사는 장차 5년 동안 IT의 발전이 어떤 흐름을 보여줄지 훤하게 꿰고 있는 중요한 정보원이다. 이들은 제품과 서비스의 자세한 정보를 제공할 수 있으며, 제품이 비즈니스 요구에 상응하는지 분석하는 데 더없이 유용하다.
- 동종업계의 기업들을 방문해 IT 현황과 최근 완료한 프로젝트 및 미래 전략 방향을 두고 정보를 교환할 수 있다. 대학병원과 같은 강력한 경쟁자가 존재하지 않는 시장의 경우는 이러한 방법이 비교적 용이한 반면, 경쟁우위가 중요한 산업에서는 서로 견제하는 탓에 이런 정보 교환이 쉽지 않다.

4.5.2 비즈니스 전략 분석

이 단계의 목표는 IT가 기여해야 하는 기업의 전략적 목표를 식별하고 이에 상응하는 비즈니스 동인과 가치의 원천을 이해하는 것이다. 일반적인 조사 대상 정보는 다음과 같다:

- 성장 전략
- 법률의 변화

- 비즈니스·프로세스 혁신

- 새로운 제품 및 서비스

- 고객과의 새로운 채널

- 전략적 제휴

:: 명확한 전략적 복표는 무엇인가?

그 동안의 경험으로 미루어 전략적 목표로 소개된 것 모두가 비즈니스·IT 연계 전략 프로세스라는 맥락에서 유용한 것은 아니다. 목표와 프로세스라는 두 극단 사이의 올바른 균형을 잡아주는 것은 중요한 일이다. 첫 번째로 들 수 있는 극단적 목표 설정은 너무 광범위하게 목표를 잡는 바람에 섬세한 규정이 없이는 IT에 적용하기 힘든 것이다. 이를테면 '경쟁력을 더욱 키워라!' 하는 게 그 좋은 예이다. 너무 막연한 목표는 오히려 의욕을 꺾어놓기 마련이다. 또 다른 극단의 유형은 'Y 시스템의 X 버전 이행'과 같은 것이다. 이런 식의 목표 설정은 IT에 적용하기에 충분할 정도로 전문적이기는 하지만, 대체 무얼 어떻게 해결하라는 것인지 애매하기 짝이 없다. 좋은 목표 설정의 예는 '인터넷을 통해 고객 셀프서비스를 도입해 서비스 운영에 들어가는 비용을 10% 절감하라!' 같은 구체적인 것이다.

:: 전략적 목표를 어떻게 포착할 것인가?

일반적인 접근 방법은 운영계획과 경쟁사 분석, 전략적 경영 계획 등의 문서를 검토하는 것이다. 그 다음으로는 자료 조사 결과의 타당성을 파악하고 주요 경영 목표를 명확하게 하기 위해 경영자들과 개별 미팅을 가져야 한다. 이러한 미팅에서는 시장 트렌드와 모범 사례를 논할 수 있으며 그 과정에서 주요 전략적 목표를 좀더 정제하는 것도 가능하다. 모든 미팅을 마치고 나면 그 결과는 전략적 목표와 함께 하나의 문서로 취합된다. 이 문서는 다시 고위 간부와 경영자의 회의를 통해 검토된다. 이런 최종 단계를 거쳐 전략 목표를 확립하고 그 우선순위를 결정한다.

:: 전략적 목표가 명료하게 정의되지 않았을 경우

가끔은 문서로 된 비즈니스 전략이 없거나, 비즈니스 전략이 IT에게 무엇을 요구하는지 해석할 수 없을 때가 있다. 이런 경우에는 비즈니스·IT 연계 전략의 출발점으로 삼을 전략 목표를 경영진과 협의해 수립해둘 필요가 있다. 위에서 설명한 방식을 그대로 따르되 특히 반복적 접근을 하는 게 좋다. 출발점이 모호한 탓에 일관성을 유지하기가 어려울 수 있으나, 거듭 되풀이해서 접근하다 보면 모호한 아이디어가 뚜렷한 전략 목표로 자리 잡을 수 있기 때문이다. 시간을 들여야만 하는 과정인 까닭에 일정을 단축하려고 지나치게 몰아붙여서는 안 된다. 이런 단계를 생략하고 비즈니스·IT 연계 전략의 나머지 프로세스에만 치중하려 서두르는 것은 잘못이다. 잘 다듬어진 전략 목표가 없이 할 수 있는 것은 IT 기획일 따름이다. 비즈니스·IT 연계 전략을 개발한다는 것은 명확한 전략 목표를 필요로 하기 때문이다.

:: 무엇이 가치 창출을 주도하는가

전략 목표를 분명히 하는 도구로는 딜로이트 사가 개발한 이른바 '기업 가치 맵(Enterprise Value Map)'이라는 게 있다. 이것은 기업이 속한 해당업계의 모든 가능한 가치동인(Value Driver)을 망라해서 개선의 여지를 찾는 체계적인 프레임워크이다. [그림 20]은 유통업계의 최고 수준을 '기업 가치 맵'에 따라 표시해본 것이다.

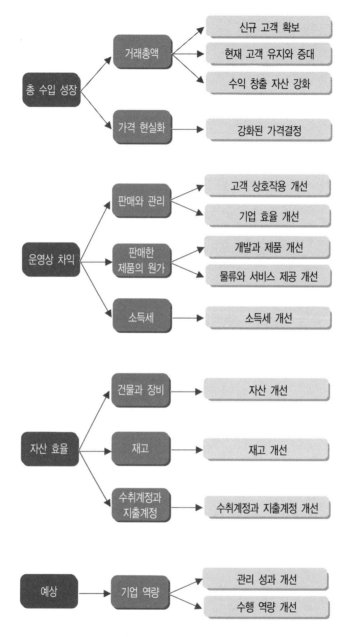

[그림 20] 가치동인과 개선 수단

:: 경영 전략 도전의 필요성

마지막으로 하고 싶은 말은 경영 전략이 분석만으로 끝나서는 안 되고, 실천을 위한 도전을 요구한다. 도전은 종종 외부인의 시각을 가질 것을 요구한다. 시장 트렌드를 빨리 읽고 최첨단 IT 구현 수단에 관한 넓은 지식을 갖춘 제3자의 관점이 필요하다는 말이다. 그 동안 비즈니스는 이끌고 IT는 따라가야 한다는 말은 일종의 패러다임으로 자리를 잡았다. 그러나 이를 두고 비즈니스와 IT 사이에 일방통행적인 단일 방향이 지배하는 관계가 성립하는 것으로 오해해서는 안 된다. 가장 좋은 것은 비즈니스와 IT 사이에 실질적인 상호관계, 그러니까 서로 장점을 주고받는 호혜의 관계를 구축하는 일이다. 예를 들어 IT가 획기적인 신기술을 제공함으로써 비즈니스 전략에 결정적인 기여를 하며, 비즈니스 파트는 IT에게 전폭적인 지원을 아끼지 않는 것이다. 이런 호혜의 관계는 비즈니스와 IT가 서로 적응하고 수용하는 높은 수준의 성숙도를 요구한다. 비즈니스 성숙도 모델의 용어를 빌려 이야기하자면 레벨 3에 오른 조직이 이에 해당한다.

비즈니스 전략의 도전적 실천은 혁신과도 밀접한 관련을 갖는다. 진정한 변화는 그 면모를 명확히 드러내는 일이 결코 없으며, 새로운 아이디어와 패러다임을 열린 자세로 받아들이는 마음가짐을 갖출 것을 요구한다. 비즈니스 전략이 분석과 도전을 병행하는 이 단계야말로 혁신의 아이디어를 이끌어내고 평가하기에 알맞은 적기이다. 물론 이 단계에는 기업의 경영진이 깊숙이 관여해야만 한다. 이 국면에서 유용한 도구는 앞서 [그림 3]에서 살펴본 바 있는 맥팔란의 전략 영향 평가 그래프이다. 이것을 이용하면 기업의 현재 위상과 오르고자 소망하는 위치를 비교해볼 수 있다. 다음과 같은 핵심 질문에 답을 찾아보는 것 역시 이에 포함된다.

- 현재 우리 조직 내에서 IT의 역할은 무엇이며, IT는 얼마나 전략적인가?
- IT를 어떻게 사용하기를 원하는가? 공격적인가? 아니면 방어적인가?

4.5.3 현재 IT 상황 평가

이 단계는 현재 IT가 처한 상황을 다각도로 분석하며 IT 성숙도 레벨에 관한 이해를 도와 무엇이 약점인지 파악해 개선의 기회를 잡는 것을 목표로 한다. 평가는 문서 검토 및 IT 담당 직원들과의 인터뷰로 이루어진다. 물론 여기서는 어느 한 분야에 치우치지 않는 전반적이고도 다양한 접근이 바람직하다. 평가 결과는 IT의 현주소를 정확하게 진단하고, 수요 이슈와 개선 사항들을 빠짐없이 담아내야 한다.

:: 평가 영역 개요

평가의 성공 여부는 IT의 모든 면을 포괄하는 체계적인 프레임워크의 사용에 달려 있다. 여기서 말하는 프레임워크는 IT의 기능을 두루 체크할 수 있는 틀을 말하는 것으로, 여기에는 관련 인터뷰 질문과 모범 사례가 망라되어야 한다. 그래야 평가 프로세스의 진행 속도를 높일 수 있으며, IT 관련 항목들 가운데 혹 빠뜨린 것은 없는지 쉽게 확인할 수 있다. [그림 21]은 평가를 위한 프레임워크의 간단한 예시다. 이는 자체 평가의 형태로 시작해 인터뷰를 거치며 서로 이해의 정도를 높이는 방법으로도 활용될 수 있다. 프레임워크는 기계적으로 적용해서는 안 되며, 될 수 있는 한 전문가의 자문을 받는 게 좋다. 현재 상황이 모범 사례와 맞아떨어지지 않는다면, 그에 상응하는 원인을 찾아야 한다.

:: 어플리케이션 밑그림의 평가

이제는 어플리케이션의 현황을 보다 자세하게 평가할 차례이다. 평가는 다음과 같은 단계로 이루어진다.

1. 어플리케이션 포트폴리오 보고서 준비
2. 어플리케이션 품질 평가 기준 마련

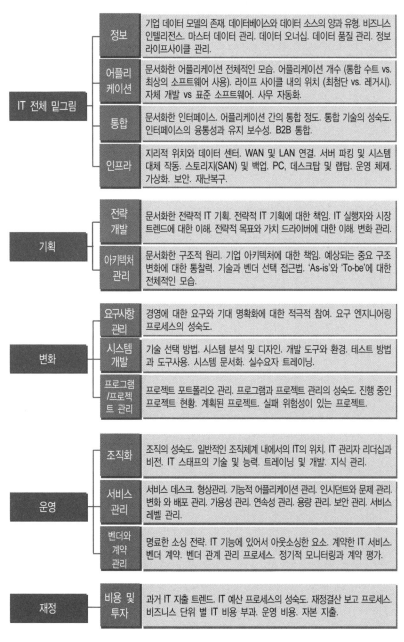

IT 전체 밑그림	정보	기업 데이터 모델의 존재. 데이터베이스와 데이터 소스의 양과 유형. 비즈니스 인텔리전스. 마스터 데이터 관리. 데이터 오너십. 데이터 품질 관리. 정보 라이프사이클 관리.
	어플리케이션	문서화한 어플리케이션 전체적인 모습. 어플리케이션 개수 (통합 수트 vs. 최상의 소프트웨어 사용). 라이프 사이클 내의 위치 (최첨단 vs. 레거시). 자체 개발 vs 표준 소프트웨어. 사무 자동화.
	통합	문서화한 인터페이스. 어플리케이션 간의 통합 정도. 통합 기술의 성숙도. 인터페이스의 융통성과 유지 보수성. B2B 통합.
	인프라	지리적 위치와 데이터 센터. WAN 및 LAN 연결. 서버 파킹 및 시스템 대체 작동. 스토리지(SAN) 및 백업. PC, 데스크탑 및 랩탑. 운영 체제. 가상화. 보안. 재난복구.
기획	전략 개발	문서화한 전략적 IT 기획. 전략적 IT 기획에 대한 책임. IT 실행자와 시장 트렌드에 대한 이해. 전략적 목표와 가치 드라이버에 대한 이해. 변화 관리.
	아키텍처 관리	문서화한 구조적 원리. 기업 아키텍처에 대한 책임. 예상되는 중요 구조 변화에 대한 통찰력. 기술과 벤더 선택 접근법. 'As-is'와 'To-be'에 대한 전체적인 모습.
변화	요구사항 관리	경영에 대한 요구와 기대 명확화에 대한 적극적 참여. 요구 엔지니어링 프로세스의 성숙도.
	시스템 개발	기술 선택 방법. 시스템 분석 및 디자인. 개발 도구와 환경. 테스트 방법과 도구사용. 시스템 문서화. 실수요자 트레이닝.
	프로그램/프로젝트 관리	프로젝트 포트폴리오 관리. 프로그램과 프로젝트 관리의 성숙도. 진행 중인 프로젝트 현황. 계획된 프로젝트. 실패 위험성이 있는 프로젝트.
운영	조직화	조직의 성숙도. 일반적인 조직체계 내에서의 IT의 위치. IT 관리자 리더십과 비전. IT 스태프의 기술 및 능력. 트레이닝 및 개발. 지식 관리.
	서비스 관리	서비스 데스크. 형상관리. 기능적 어플리케이션 관리. 인시던트와 문제 관리. 변화 와 배포 관리. 가용성 관리. 연속성 관리. 용량 관리. 보안 관리. 서비스 레벨 관리.
	벤더와 계약 관리	명료한 소싱 전략. IT 기능에 있어서 아웃소싱한 요소. 계약한 IT 서비스. 벤더 계약. 벤더 관계 관리 프로세스. 정기적 모니터링과 계약 평가.
재정	비용 및 투자	과거 IT 지출 트렌드. IT 예산 프로세스의 성숙도. 재정결산 보고 프로세스. 비즈니스 단위 별 IT 비용 부과. 운영 비용. 자본 지출.

[그림 21] IT 평가를 위한 프레임워크

3. 주요 성능 지표를 포함한 결과 요약

4. 어플리케이션 미래 현황 결정

:: 1단계 : 어플리케이션 포트폴리오 보고서 준비

내부 분석의 대부분은 어플리케이션 포트폴리오에 초점을 맞춘다. 어플리케이션 포트폴리오는 IT 경영진으로 하여금 '현재 상황으로부터 무엇을 이끌어낼 수 있는지' 명확한 관점을 가질 수 있게 해준다. 비용 대비 수익을 최적화할 수 있는 기회를 찾아낼 수 있게 해주기 때문이다. 목표는 분명하다. 어플리케이션 포트폴리오를 토대로 최고의 비즈니스 성과를 올릴 수 있는 어플리케이션이 무엇이며, 이를 위한 지원 예산 편성에 있어 우선순위를 정하는 것이다. 물론 어플리케이션 포트폴리오는 끊임없이 변화하기 때문에 포트폴리오의 관리는 항상 최신의 상태를 유지할 수 있도록 정기적으로 업데이트를 해줘야 한다. 어쨌든 이것이 비즈니스·IT 연계 전략 프로세스의 핵심이다. 어플리케이션 포트폴리오 평가는 기존의 모든 어플리케이션을 담은 목록을 만드는 것에서 출발한다. 이때 수집되어야 할 데이터의 전형적인 속성으로는 다음과 같은 것을 꼽을 수 있다.

- 비즈니스
  - 어플리케이션의 지원을 받는 비즈니스 프로세스
  - 어플리케이션에 저장된 주요 데이터 개체
  - 어플리케이션을 사용하는 조직 부서
  - 사용자 수
  - 비즈니스 프로세스 지원과 관련해 다루어진 이슈들
- 기술
  - 표준 소프트웨어 vs. 자체 개발 소프트웨어

- 공급자 명단

- 운영체제

- 데이터베이스 시스템 (존재할 경우)

- 개발 플랫폼 (Java, NET, RPG, COBOL 등)

- 기술가용성/기능적 문서 (자체 개발인 경우)

- 라이프사이클

  - 도입 연도

  - 최근 주요 업데이트

  - 변경 요구 회수 (작년 / 현재 진행 중)

  - IT 건전성과 관련해 알려진 문제점 (최첨단 vs. 레거시)

- 법률 및 재무

  - 소유권(지적 재산권)

  - 투자비용

  - 운영비용

:: 2단계 : 어플리케이션 품질 평가 기준 마련

1단계에서 각 어플리케이션의 정보를 담은 목록이 마무리되면, 어플리케이션 각각의 품질 평가 기준을 적용한다. 일반적으로 이런 종류의 정보는 어플리케이션 사용자 및 어플리케이션 지원 인력과의 인터뷰에서 얻어야 한다. [그림 22]는 어플리케이션 품질 평가 기준 보고서의 예다. 어플리케이션의 품질은 다음 세 가지 범주로 평가한다.

- 비즈니스 가치

- 기능의 건전성

- 기술 건전성

범주		평가 결과	점수	
비즈니스 가치	지원한 프로세스 유형	시스템은 주문 조달을 위한 중심적 프로세스를 지원한다.	5	4.5
	운영 실패 위험성	시스템은 주문 조달을 위한 중심적 프로세스를 지원한다.	4	
기술 건전성	프로세스 지원 완성도	많은 성능 향상으로 시스템은 거의 모든 운영적 요구사항을 지원한다.	4	2.2
기능의 건전성	사용 용이성	비효율적인 스크린 플로우는 사용자의 불만을 야기한다.	3	
	지원 용이성	시대에 뒤떨어진 기술 사용은 추후 개발 효율성을 감소시킨다.	2	
	예상 수명	수명 마감. 지원 계약은 3년 내에 만료된다.	1	
	공급자와의 관계	신뢰 부족. 시간과 예산 예상치가 종종 위반된다.	1	

[그림 22] 어플리케이션 품질 평가

비즈니스 가치는 운영의 연속성 및 조직의 경쟁력을 위한 어플리케이션의 중요성을 표현한다. 이는 두 가지 요소에 의해 결정된다. 우선 어플리케이션이 어떤 유형의 프로세스를 지원하는가가 첫 번째 평가 요소이다. 비즈니스의 핵심 프로세스를 뒷받침하는 어플리케이션은 높은 점수를 받는다. 반면, 후방 지원 프로세스에 쓰이는 어플리케이션의 점수는 낮다. 두 번째 평가 요소는 장애요인이다. 장애가 일어나 쓸 수 없는 어플리케이션으로 막대한 금전적 피해가 생겨난다면, 이 어플리케이션은 높은 점수를 얻는다. 그만큼 비중이 큰 어플리케이션이기 때문이다.

기능의 건전성은 어플리케이션이 비즈니스 프로세스 및 해당 비즈니스 프로세스에 관여하는 사용자들의 요구를 얼마나 만족시킬 수 있는가 하는 점을 표현한 것이다. 그만큼 사용하기가 편리하고 프로세스를 지원하는 완성도가 높아야 하는

모범 사례 세부 설명	점수 (예시)
회사는 IT 기준(하드웨어, 운영체제, 네트워크 등)과 아키텍처 선택(최상의 소프트웨어 vs. 통합 수트, 개발 vs. 구매)에 대해 명료하게 정의한 정책이 있다.	●
일반적으로 IT 전체적인 모습은 사용중인 IT 표준에 대한 동질적인 이미지를 보여주며 근본적인 아키텍처 선택과 일관된다.	◖
현재 어플리케이션의 전체적인 모습을 완전히 문서화했다. 주요 인터페이스가 표현된 어플리케이션의 도표화한 개요가 존재하며 모든 어플리케이션의 주요 특성이 문서화했다.	◗
회사는 가능한 곳에 표준 소프트웨어 패키지를 사용한다. 시장의 표준 소프트웨어 패키지에 의해 제대로 지원을 받고 경영 기능에 사용되는 자체 수정개발 소프트웨어는 없다.	◖
전반적으로 어플리케이션이 'IT적으로 건전하다'. 이 말의 의미는 어플리케이션이 최신 기술(개발 플랫폼)에 기반하였고, 확장/축소해도 문제가 없으며, 융통성이 있고 효율적으로 유지할 수 있다는 것이다.	◖
표준 소프트웨어 패키지의 최신 버전이 인스톨되었다. 표준 소프트웨어 패키지를 수정하여도 추후 버전으로의 이행에 지장이 없다.	◗
경영 프로세스가 경영 어플리케이션의 지원을 충분히 받는다. 경영 어플리케이션에 더해 이를테면 Excel과 같은 프로그램을 사용하는 정도가 작다.	◔
자체 수정개발 소프트웨어 유지보수 및 지원이 내부 IT부서, 혹은 외부업체를 통해 조직화되어 있다. SLA와 지원 계약이 적절하다.	◔
주요 어플리케이션에 대한 지속적인 유지보수 및 지원을 보장하기 위한 적합한 문서가 있다. 이 문서는 기능적이고 기술적인 문서로 구성되어 있다.	◖
어플리케이션에 대한 지식이 회사 내에 확보되어 있다. 주요 어플리케이션은 서로를 대체할 수 있는 최소 두명 이상의 지원을 받는다.	◔

[그림 23] 전체적인 어플리케이션 밑그림의 모범 사례 및 점수 예시

것이다. 기능의 완성도와 편의성을 가중해서 평가하는 게 기능의 건전성이다.

기술 건전성은 어플리케이션이 지원 기술이라는 관점에서 얼마나 견실한가 하
는 것을 나타내는 척도이다. 지원 비용, 기대 수명, 공급자 관계 등을 종합해서
측정한다.

∷ 3단계 : 종합 점수 요약

어플리케이션 목록은 '어디에 무엇이 있는지' 명확한 전망을 제시해야 한다. 하
지만 목록에 수록된 어플리케이션이 너무 많다면, 관리를 위한 전망을 이끌어내기
가 쉽지 않다. 이런 경우에는 가장 좋은 용례의 표준 리스트를 만들어 이른바 표본
집단을 설정한 다음, 이 데이터를 가지고 어플리케이션 전반의 강점과 약점을 파
악해볼 수 있다.(물론 이 방법은 [그림 21]에서 소개한 IT 평가 프레임워크의 각
클러스터에 적용할 수 있다.)

∷ 4단계 : 어플리케이션 미래 현황 결정

각 어플리케이션의 품질 평가는 현존 어플리케이션이 어떤 미래를 보여줄지 판
단하는 데 쓸 수 있다. 우리는 각 어플리케이션을 2행 2열의 표로 나타내는 방법을
쓸 것이다. 세로 축은 비즈니스 가치를, 가로 축은 기능/기술 건전성의 가중치 합계
를 각각 표시한 것이다. 그래프에서 보듯 네 개의 요소들로 각각의 값을 나타냈다.

- 활용 - 어플리케이션이 비즈니스와 기술적 측면에서 모두 만족스러운 상태이다. 어플리케
  이션을 강화하고 퇴보를 예방할 지속적인 투자가 충분히 의미를 갖는다.
- 유지 - 이 어플리케이션은 전반적으로 기술적 요구에는 부합하나 비즈니스 가치가 보통이
  거나 낮다. 기존의 비즈니스 프로세스를 지원은 하지만, 큰 변화를 기대하기 어렵다. 더
  투자를 하는 것은 의미가 없다.

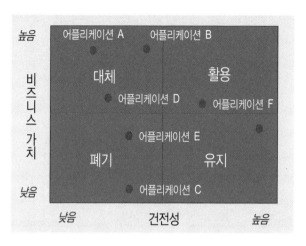

[그림 24] 어플리케이션 포트폴리오 관리를 위한 그래프

- 대체 - 이 어플리케이션은 기본 기능은 제공하나 기술의 건전성이 낮기 때문에 계속 사용
  하지 않는 게 좋다. 이 어플리케이션은 비슷한 기능을 갖춘 다른 어플리케이션으로 대체
  하거나 다른 플랫폼으로 개량해줘야 한다.
- 폐기 - 이 어플리케이션은 비즈니스의 요구를 만족시킬 수 없다. 벌써 다른 어플리케이션
  으로 바꿨어야 했다.

:: IT 기반의 비즈니스 프로세스가 갖는 차이 분석 수행

앞에서 현재 어플리케이션 전체 밑그림을 평가하는 방법을 이야기했다. 현재
IT의 성숙도를 평가하는 또 다른 방법은 비즈니스 프로세스를 매개로 하는 것이
다. 그러니까 먼저 모든 비즈니스 프로세스의 목록을 만들고 현재의 IT가 각각의
비즈니스 프로세스 요구 사항을 얼마나 만족시키는지 판단해본다. 결과는 비즈니
스가 요구하는 것과, IT의 충족 사이에 벌어져 있는 차이를 나타내는 비즈니스 프
로세스의 전체 현주소를 한눈에 알아볼 수 있게 해주는 지도이다. [그림 25]는 하
나의 본보기로 그려본 것이다.

IT가 비즈니스 프로세스에 적합한지, 아니면 부족한지 판단하는 도입가능성 (FIT-GAP) 분석은 모든 비즈니스 프로세스를 빠짐없이 일괄할 수 있을 때 비로소 가능하다. 대개 이런 프로세스 지도는 충분히 정확하지 않으며, 대략 그린 것을 가지고 전체 조망하기에는 너무 많은 시간과 자원이 들어간다. '딜로이트'는 이런

[그림 25] 핵심 비즈니스 프로세스를 위한 IT 지원의 사례

약점을 극복하기 위해 '인더스트리프린트(IndustryPrints)'를 개발했다. 이 지도는 기업의 업종 부문에 맞춘 특별한 색인을 가지면서도 비즈니스 전반을 아우르는 사례들로 꾸며본 모델이다. 도입가능성(FIT-GAP) 분석이 목적인 경우, 해당 프로세스 최상위 레벨만 가지면 얼마든지 원하는 결과를 도출할 수 있다.

:: 역량 평가

현재의 IT 전반(어플리케이션, 정보, 인프라)과 더불어 IT 조직의 역량 역시 평가할 필요가 있다. [그림 21]의 프레임워크는 기획, 변화, 운영 등 역량의 세 가지 범주를 구분한다. 각 범주는 아키텍처 관리나 프로젝트 관리 등으로 세분된다. 역량 평가를 위해서는 몇몇 참조 사항을 기준으로 삼을 필요가 있다. 역량 성숙도 모델 및 모범 사례를 참조할 수 있다.

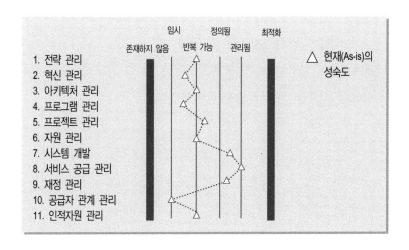

[그림 26] 주요 IT 역량을 위한 성숙도 점수의 예

:: **사용자 만족도 평가**

앞에서 설명한 평가에 더해 사용자가 현재 IT 지원을 어떻게 바라보는지도 평가해야 한다. 만약 IT 부문이 정기적으로 사용자 만족도 설문 조사를 한다면, 이러한 조사 결과를 이용할 수 있다. 그렇지 않다면 고위 및 중간 관리자들을 대상으로 하는 IT 관련 조사를 통해 이러한 정보를 습득해야 한다. 전형적인 설문 조사는 응답자들이 아래 예시와 같은 질문들에 각각 0점에서 5점까지의 점수를 매기도록 한다.

- 현재 IT 서비스 전반에 대한 만족도는 어느 정도인가?
- IT 부문은 당신의 비즈니스를 어느 정도로 이해하고 있는가?
- IT 투자 및 우선순위는 비즈니스 우선순위를 반영하는가?
- 어플리케이션 지원의 품질은 어떠한가?
- 인프라 지원의 품질은 어떠한가?

4.5.4 도입가능성(FIT-GAP) 분석 수행

이 단계에서는 전략적 목표 및 목표 의식과 IT의 현재 역량을 비교하며 다음 두 가지 중요한 질문을 풀어줄 답을 찾아야 한다.

- 현재 IT는 우리의 전략적 목표에 기여하는가, 아니면 오히려 목표 달성을 방해하는가?
- IT가 방해 요소라면, 어떤 근본적인 선택을 해야 요구된 레벨에 오를 수 있을까? 다시 생각해야 할 것에는 어떤 것이 있을까?

이 물음에 어떤 답을 하는가에 따라 향후 3~5년 동안 IT가 어느 정도 어떻게 변해야 하는지 밑그림을 그릴 수 있다. 변화의 정도는 그저 단순하게 몇몇 어플리케이션을 최적화하는 것에서부터 IT 표준 혹은 인프라와 어플리케이션의 전격적인 물갈이에 이르기까지 다양하다. 도입가능성 분석 과정에서 일반적으로 빚어지는 실수는 특정 부분에만 초점을 맞춘 나머지 프로세스 전반의 필수 정보를 간과하는 것이다. 이런 실수만 피할 수 있다면 도입가능성 분석은 한편으로는 비즈니스와 기술의 균형을 이뤄주며, 다른 한편으로는 기회와 약점을 구분할 수 있게 해준다. [그림 27]은 이를 표현해본 것이다.

경험상 이 단계는 통찰과 인식이 점진적으로 자리를 잡아가는 과정이라고 볼 수 있다. 기업들은 종종 막연하게 무언가 최적화가 필요할 것 같다는 생각을 가지고 이 단계를 시작했다가 결국 자신들의 근본적인 IT 선택들이 장기적인 비즈니스 전략과 전혀 들어맞지 않는다는 극단적인 결론을 얻게 되곤 한다.

도입가능성 분석의 결과는 SWOT 분석(strengths-weakness-opportunities-threats)으로 문서화할 수 있다. SWOT 매트릭스는 비즈니스와 회사의 주요 문제를 다룰 빠르고 명확한 관점을 얻는 데 유용하다. 전략적 목표는 강점을 더욱 살리고 모든 기회를 활용하며 현재 약점을 개선하고 기업이 위험에 대비할 수 있도록 해주어야 한다. 더욱이 이후 프로세스 진행 과정에서의 구현 계획에 현실성을 보장하기 위해서는 강점과 약점을 꿰뚫는 확고한 통찰은 필수이다.

	기회	약점
비즈니스	IT를 이용해 새로운 비즈니스 창출 기회	비즈니스 프로세스에 대한 현재 IT 지원의 약점
기술	새로운 IT 기술에 투자할 기회	현재 IT 기술이 배치된 방식의 약점

[그림 27] 도입가능성 분석에서 식별해야 할 주요 영역

4.5.5 결론 도출의 기준선 확립

이 단계에서는 모든 주요 사실과 결론을 조사 결과 문서로 취합한다. 완성된 문서는 고위 관리자들과의 검토를 통해 현재 상황을 파악하고 공통된 이해를 갖는 밑바탕이 된다. 분석의 결과는 다음 단계로 넘어가기 위한 전제이기 때문에 결과를 둘러싼 경영진의 합의는 반드시 이끌어내야 한다. 특히 '전략 목표 X는 현재 우리가 선택한 해결책 Y로 절대 달성할 수 없다'는 식의 결론이 상당히 치고 나간 다음 나올 경우는 더더욱 그렇다. 누군가 이런 추정에 반론을 제기하고 싶다면 지금이 바로 그때다. 비즈니스·IT 연계 전략을 담당하는 책임부서는 주요 관련자들에게 충실한 자료를 제공하고 충분히 검토할 여유를 주어야 한다. 모든 검토를 완료하고 얻어낸 결론은 [그림 28]같이 간결하게 문서화한다.

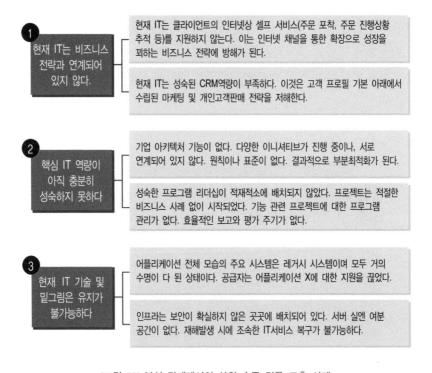

[그림 28] 분석 단계에서의 상위 수준 결론 도출 사례

4.6 제2단계 : 방향 체계화

4.6.1 개요

대략적인 밑그림이 완성되고 나면, 이제 향후 3~5년 앞을 내다보고 구체적인 계획을 짜야 한다. 이 단계에서 경영진의 적극적인 참여는 반드시 필요하다. 목표 의식을 다지고 전략의 방향을 공식화하는 이 단계야말로 전략 개발 프로세스의 심장이라 할 수 있다. 이전의 모든 단계는 결정을 위한 기준 정보를 수집하는 것이었으며, 이후 단계는 선택된 결정을 명료화하고 실행에 적합한 마스터플랜을 이끌어낸다. 이 두 번째 단계에서 비즈니스· IT 연계 전략 개발의 특징은 창조적 사고와 체계적 프로세스의 조합으로 이뤄짐을 분명히 해야 한다. 요컨대, 다음 세 가지 질문에 답할 수 있어야 한다.

1. 향후 2~5년 동안 IT는 어떤 모습을 가져야 하며, 비즈니스에 어떻게 기여할 것인가?
2. 변화의 과도기를 어떻게 소화할 것인가?
3. 목표를 실현하기 위해 충족해야 할 조건에는 어떤 것이 있는가?

질문에 답하는 과정은 체계적이고 투명해야 하며, 비즈니스 목표를 염두에 두고 이에 이르는 전략 방향을 꾸준히 모색하는 추론 과정이 반드시 연속적으로 이뤄져야 한다. [그림 29]는 이를 형상화한 것이다.

모서리가 둥근 직사각형은 전략 개발 과정에서 일궈낸 단계별 결과를 의미한다. 그림의 윗부분은 1단계(분석 및 평가)에서의 결과를 보여주며, 아래 부분은 2단계(방향 체계화)에서의 결과를 나타낸다. 화살표는 중간 결과물들 사이의 논리적인 관계다.

이제 방향 체계화 단계의 두 가지 측면에 초점을 맞출 것이다. 우선, 우리의

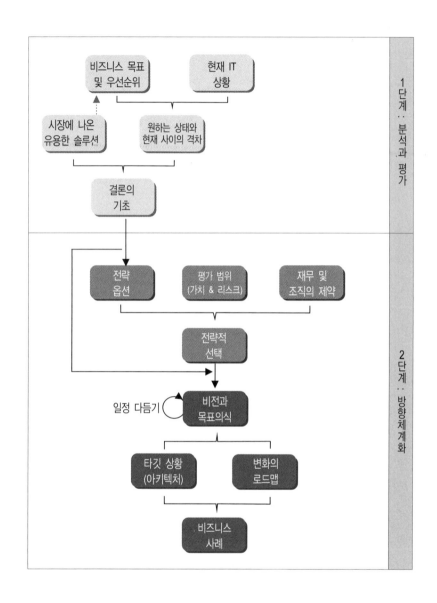

[그림 29] 비즈니스·IT연계 전략 개발 프로세스의 중간 결과물

접근법에서 방향설정 공식화 단계는 두 부분으로 이뤄져 있는데, '분석 및 평가'의 결론이 매우 명확하고 완벽해서 전략적 선택 사항들과 이에 따른 비전 및 목표 의식이 거의 자동적으로 도출될 수 있는 경우는 첫 번째 부분을 건너뛰어도 무방하다.

그렇지 않은 경우, '분석 및 평가' 단계의 결과는 목표 의식의 수준과 다양한 전략적 선택에 있어서 여지를 남긴다. 이 경우, 누군가는 체계적인 의사결정 프로세스를 통해 전략적 방향을 결정짓는 모든 가능한 선택 사항들을 추려내야 한다. 본질적으로, 이러한 결정 과정은 분화와 융합(divergence and convergence)이라는 두 단어로 특징지을 수 있다. 아이디어와 선택 사항의 전체 범위를 산출하기 위해서는 우선 분화가 필요하다. 유효한 범위를 조정하는 것은 전략가의 책임이다. 범위를 벗어나는 선택 사항에 시간을 낭비하면 안 되며, 또한 범위 내의 관련된 선택 사항은 어느 것 하나 빠뜨리지 않도록 주의한다. 이 작업은 부차적인 이슈들과 필수 사항들을 구별하고 관련성을 판단할 수 있는 능력을 요구한다. 분화 이후에는 융합이 따라와야 한다. 융합에서는 일련의 커다란 선택 사항들을 세부 옵션으로 정리해 각각 세트를 짜서 전략의 방향을 형성하게 한다. 이를 위해서는 신뢰성을 갖춘 투명하고 체계적인 프로세스가 필수적이다. 그래야 이해관계자들이 결과에 동의할 수 있다.

확실히 해야 할 두 번째 측면은 '비전과 목표 의식'의 반복적인 확인이다. 우리의 접근법에서는 잠정적 비전과 목표 의식으로 시작해 반복적으로 확인하고 가다듬으며 완성하는 과정이 바로 두 번째 측면이다. 이 과정에는 '연필로 밑그림을 그리고 꾸준하고 지속적인 수정으로 청사진을 완성한다'는 표현이 딱 들어맞는다.

이제부터 '방향 체계화' 단계를 밟아 가는 과정을 자세히 설명하겠다. 먼저 나오는 두 가지 과정은 잠정적인 목표 의식과 전략적 방향을 공식화하기 위한 충분한 정보를 습득하는 데 필요하다.

4.6.2 전략적 선택 사항의 정의

이 단계는 분석 단계에서 도출된 결론이 필요한 목표 의식의 수준과 전략적 방향과 명확하게 일치하지 않는 상황에서 수행한다. 차이 분석과 외부 분석의 결과를 취합해 전략적 선택 사항 세트를 만드는 것으로 시작한다. 전략적 선택 사항은 [그림 30]에서 보듯이 다음과 같은 구성 요소로 특징지을 수 있다.

1. 범위(Scope) – 각각의 전략적 선택 사항은 잘 정의된 정보기술을 분명하게 정의된 비즈니스 목적에 이용하는 것이다. 예를 들면 포털을 이용해 주문 과정에서 고객 셀프서비스를 지원하는 것이다. '범위' 부분에서는 비즈니스 기회나 목표 그리고 그에 따른 산출물을 식별한다.

2. 근거(Rationale) – 이 부분에서는 해당 선택 사항을 바라보는 비즈니스 관점의 가치를 증명한다. 제공되는 근거는 세 가지로 나눌 수 있다. 첫째, IT가 무조건 따라야 하는 예로 법적 기준을 정확히 따르는 전략을 선택해야 한다는 점이다. 법의 테두리를 지키는 것은

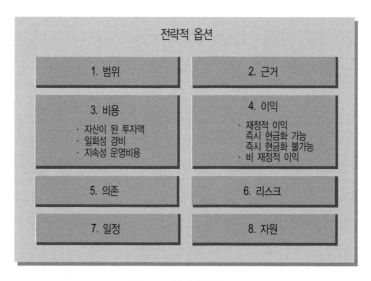

[그림 30] 전략적 옵션의 구조

기업의 당면과제이다. 둘째, 선택 사항이 기술과 관련하는 경우이다. 이를테면 인프라의 지속성이 의문시되고, 최적화가 필요한 경우가 그 예이다. 두 가지 모두 확실한 대안을 준비해두는 게 매우 중요하다. 또 한편 꼭 필요하지는 않지만, 비즈니스 이익 창출에 도움이 되는 전략 선택 사항도 유념해야 한다. 항상 더 빠르고 저비용에 보다 나은 품질을 제공하는 비즈니스 프로세스의 변화가 이에 해당한다.

3. 비용(Costs) – 개략적인 예상 비용을 토대로 활용 가능한 재원에 어떤 게 있는지 확보해 둔다. 여기에는 물론 자산으로 잡힌 투자액과 일회성 경비 그리고 지속적 운영비용이 망라된다.

4. 이익(Benefits) – 달성하게 될 주요 이익과 개선 사항. 재무적인 이익과 비재무적인 이익을 구분한다. 재무 이익은 총 매출액이나 단가와 같은 재무 지표의 예상치 변화에 근거를 둔다. 비용 절감의 경우, 절감 액수가 바로 현금화가 가능한지, 불가능한지의 여부를 판가름하는 게 중요하다. 비재무적 이익은 재무적 영향력이 보다 간접적인 개선 사항들이며, 예로는 고객 만족도 증가와 프로세스 개선, 작업 처리 시간 단축, 제품 품질 향상 등을 꼽을 수 있다.

5. 의존(Dependencies) – 다른 전략적 선택 사항에 얼마나 의존하는지 그 정도를 뜻한다. 전형적인 의존의 예는 어떤 전략적 선택 사항이 다른 선택 사항의 실행을 필요로 하는 경우이다.

6. 위험(Risks) – 전략적 선택 사항과 관련한 중요한 위험 요소들을 의미한다. 일반적으로 전략적 선택 사항의 평가는 위험 대비 가치로 귀결된다. 위험 수준을 결정짓는 전형적인 요소로는 (기술적인) 복잡성과 불확실성이 있다.

7. 일정(Timeline) – 전략적 선택 사항을 실현하는 데 필요한 예상 소요 기간을 의미한다. 신규 법령과 같은 당면과제의 경우, 기업은 해당 법적 표준이 지정한 기한을 따라야 한다.

8. 자원(Resources) – 비재무적인 자원의 목록을 의미하며, 특정 비즈니스 혹은 IT 관련 지식을 보유하고 있는 인력 등을 포함한다.

> **다음은 체계화된 전략적 선택 사항의 예이다.**
>
> 'ERP시스템과의 인터페이스를 만들고, 고객들이 신규 주문을 입력하거나 현재 진행중인 주문 현황을 추적할 수 있는 고객 인터넷 포털을 구축하라. 이 새로운 인터넷 채널이 콜 센터의 업무량을 30% 감소시키고 매출을 10% 향상시킬 것으로 기대한다. 예상 투자비용은 약 2백만 유로 정도 될 것으로 추정되며, 유지보수 비용은 매년 약 2십만 유로 내외가 될 전망이다. 포털은 18개월 내에 운영을 개시할 수 있으며 IT부서에서 평균 2.5명 그리고 영업부서에서 약 1.5명의 전담직원이 필요하다. 모든 구성 요소가 입증된 기술이며 비즈니스 요구 사항이 명확히 정의되었기 때문에 실패 위험은 낮다.'

:: 독립적인 vs. 상호 배타적인 전략적 선택 사항

우리는 전략적 선택 사항을 정의할 때 두 가지 상황을 구분한다.

1. (다소) 상호 독립적인 전략적 선택 사항의 목록을 만든다. 선택 과정을 통해 각 전략적 선택 사항마다 '예' 혹은 '아니오'로 결론짓는다. 이론상으로 이렇게 함으로써 모든 전략적 선택을 놓고 "예" 또는 "아니오" 형태의 결론을 얻는다. 독립적인 전략적 선택 사항이 발생하는 일반적인 상황은 기업이 전략적 선택 사항 가운데 실현 가능한 부분을 판단할 수 있을 정도의 잘 정의된 개선 가능 항목들과 목표 의식 수준을 가지고 상응하는 투자 결정이 이루어진 경우다.

2. 한 세트 이상의 상호 배타적인 전략적 선택 사항을 정의한다. 각 세트에서 정확히 한 가지의 전략적 선택 사항을 결정해야 한다. 이러한 상황은 변화가 필수불가결한 가운데 기업이 선택할 수 있는 서로 다른 선택 사항들이 있는 경우에 발생한다. 아래는 세 가지 상호 배타적인 전략적 선택 사항의 예이다.

:: 한 가지 결정을 필요로 하는 세 가지 상호 배타적 선택 사항의 예

한 병원이 전자환자기록(EPR)을 도입하기 위한 첫 발을 내디뎠다. 이는 병력의 기록과 주문(요청) 관리를 위한 다섯 개 최상의 소프트웨어 패키지들로 구성된 조합이다. 이 솔루션은 의료부서의 20%와 전체 주문 형식의 30%를 위해 구현되었다. 다른 의료 부서와 맞춤형 주문방식의 도입 역시 예상되고 있다. 현재 플랫폼 사용자들은 심각한 결함들을 보고하고 있는데, 이 가운데 일부는 소프트웨어 패키지 사이의의 통합이 제대로 이루어지지 않아 일어난 것이다. 장고 끝에 병원은 프로세스 관리 및 의사결정 지원 등의 장기적 전략적 목표는 현재 소프트웨어 패키지로는 달성할 수 없다는 결론에 도달하고 더 발전된 EPR 시스템을 도입하기로 결정했다. 하지만 현재 EPR 시스템 시장은 빠른 속도로 진화하고 있기 때문에 '최고'를 판단하기가 어려운 상황이다. 현 시점에서 병원은 아래의 (상호 배타적인) 시나리오를 작성한다.

1. 급격한 변화 - 현재 EPR 플랫폼에 들어가는 투자를 완전히 멈추고, 다른 의료 부서와 맞춤형 주문의 도입도 멈춘다. 모든 자원을 새로운 EPR 시스템 도입에 집중한다.

2. 신중한 도입 - 현재 EPR 플랫폼의 제한적 최적화를 진행하여 가장 심각한 문제점을 해결한다. 현존 EPR을 일부의 다른 의료 부서 및 맞춤형 주문에 도입시켜서 경험을 쌓고 조직이 전자환자기록을 더욱 노련하게 다룰 수 있도록 한다. 동시에 새로운 EPR 시스템의 선택과 도입을 시작하되, 시나리오 1에 비해서 훨씬 느리게 수행한다.

3. 도입 연기 - 현재 플랫폼의 완전한 최적화에 투자하고, 모든 의료 부서와 맞춤형 주문의 도입에 맞춰 진행한다. 현 EPR 플랫폼의 수명 연장을 위한 신중한 의사결정을 진행한다. EPR 시장을 2~3년 정도 면밀히 관찰한 후에 새로운 EPR 시스템을 도입한다.

:: **교훈 : 스스로를 비판할 줄 알고, 선입견을 배제하라.**

어떤 특정한 하나의 필수적인 변화를 위해서 상호배타적인 선택 사항들을 정의할 때는 다음의 규칙을 적용하여야 한다. 우선 최소한 두세 가지의 선택 사항이 필요하며 다섯 개 이상 되지 않도록 주의한다. 항상 관리 가능하도록 유지해야 한다.

선택 사항들이 의사결정 사항 전체 범위를 빈틈없이 반영하도록 확실히 하는 것이 아주 중요하다. 아직 전략적 선택 사항으로서 제시되지 않은 대안이 있는지 항상 심사숙고해야 한다. 흔히 저지르는 실수는 '아무것도 하지 않기'라는 방임의 태도에서 벗어나지 못하는 것이다.

비즈니스·IT 연계 전략 프로세스에 있어서 일반적인 함정은 팀이 프로세스에 깊이 관여해 자신들이 '최고'라고 생각하는 전략적 선택 사항을 정의하는 데 열을 올리고 있는 경우에 발생한다. 이 시점에는 자신에게 비판적인 태도를 갖추며, 프로세스를 특정한 방향으로 이끌고 대안을 무시해 버리는 모든 선입견을 배제하는 일이 매우 중요하다. 팀의 리더는 현재 진행되고 있는 작업에 약간의 거리를 두고 아직 고려해 보지 않은 대안은 없는지 자문하는 시간을 갖도록 해야 한다. 일반적으로 이후의 프로세스에 가서야 자신들이 생각했던 선택 사항은 검토 기회조차 없었다면서 논란을 일으키는 사람이 나오는 것(아마도 현재 선택된 사항이 난관에 봉착한 상황에서)을 피하기 위해서는, 사전에 적합하지 않다고 여겼던 옵션 역시 포함하는 편이 좋다.

:: 최종 완성도를 점검하라

전략적 선택 사항 세트를 정의하고 나면 완성도의 최종 점검이 필요하다. 전략적 목표와 현재 IT 사이의 모든 격차에 대응하는 전략적 선택 사항들이 검토되었다면 목록은 완성된 것이다. 동일한 비즈니스 목표를 위해 제기된 모든 대안 역시 목록에 포함시켜야 한다.

4.6.3 기준 프레임워크를 정립하고 전략적 선택 사항의 우선순위를 매겨라

그럴듯한 전략적 선택 사항들을 식별하고 나면 이들을 더 세밀한 우선 선택 사항 세트로 걸러내야 한다. 동시에 이 우선 선택 사항은 (잠정적인) 목표 의식 수준과 전략적 방향을 결정짓는다. 이처럼 중요한 의미를 가지는 전략적 선택 사항들을 구분하기 위해서는 객관적 기준이 필요하다. 사용할 수 있는 기준의 예는 다음과 같다.

- 과도기에 적용 가능한 기준
  - 과도기의 복잡성, 조직이 받는 압박감
  - 실패 위험성
  - 투자의 지속성
  - 빠른 성공 가능성
- 마감 상황에 적용 가능한 기준
  - 전략적 경영 목표에 기여하는가
  - 총 투자액
  - 유연성 및 신속성
  - 유지보수성과 운영 비용
  - 아키텍처 원칙의 준수 정도

기준 프레임워크 구축에 있어 IT에 걸린 재무적 제약을 판단하는 것이 중요하다. 대부분의 경우 IT 예산의 한계로 실제 수행할 수 있는 전략적 선택 사항의 수는 제한될 것이다. 하지만 IT 예산 규모는 예상되는 비즈니스 성과 및 비용에 따라 달라진다. 그렇기 때문에 향후 수 년 동안 IT에 쓸 예산의 수준은 경영진이 결정해야 한다.

:: 상황 1 : 독립적 선택 사항

독립적인 전략적 선택 사항의 목록을 쓸 수 있다면 기준 프레임워크를 사용해 선택 사항을 평가하고 점수에 따라 순위를 매긴다. 이런 방법으로 가장 '끌리는'

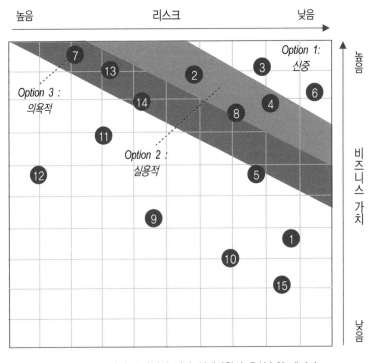

[그림 31] N 가지 독립적인 전략 선택사항의 우선순위 매기기

선택 사항이 위에, 그렇지 못한 옵션이 아래에 위치하도록 목록을 정렬한다. 대개 예산은 한정적이며 사용 가능한 최대 예산 역시 모든 전략적 선택 사항을 실행하기에는 충분치 않다. 따라서 근본적인 의사 결정은 이와 같이 우선순위가 결정된 목록의 어느 위치에서 선을 긋는 것이다.

[그림 31]은 좀 더 발전된 접근법을 보여준다. 수직축은 전략적 선택 사항의 비즈니스 가치(성과 비용)를 의미하고, 다른 한 축은 실현과 관련된 위험의 정도를 나타내는 2차원의 도표이다. 도표의 우측 상단은 높은 가치/낮은 리스크의 전략적 선택 사항을 의미하며, 이곳의 항목들은 당연히 가장 '끌리는' 선택 사항들이다. 좌측 하단은 낮은 가치/높은 리스크의 전략적 선택 사항을 의미하며 배제 대상이다. 그림에서 우리는 우측 상단에서 좌측 및 아래쪽으로 확장되어나가는 형태의 더 큰 영역에 대응하는 세 가지 선택 사항을 살펴보았다.

:: 상황 2 : 상호 배타적 선택 사항

상호 배타적인 선택 사항의 경우, 마지막에 가장 우선적인 선택 사항이 단 한 가지 남을 때까지 전략적 선택 사항을 하나씩 제거하는 과정을 거친다. 이러한 과정은 보통 두 단계로 진행된다. 1단계에서는 그럴듯한 후보 선택 사항들을 더 세밀한 실현 가능한 선택사항으로 축소하기 위해 탈락 기준을 적용한다. 탈락 기준은 예를 들면 법적인 면, 수행 가능성, 지속성 등에 기반을 둔다. 2단계에서는 품질 기준을 정의하고 모든 실현 가능한 선택 사항들을 품질 기준에 맞춰서 평가한다. 이러한 제거 과정은 전략적 선택 사항을 보는 평가의 수준은 높이면서 가능성 있는 선택 사항의 개수는 압축해 나가야 한다는 개념을 그 이면에 포함하고 있다. 상호 배타적인 전략적 선택 사항의 제거 과정은 [그림 32]에서 설명한다.

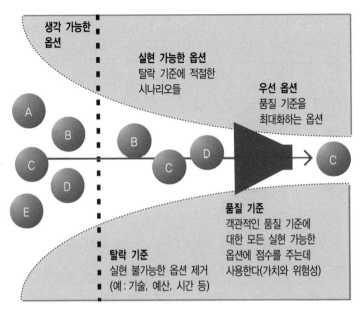

생각 가능한 옵션

실현 가능한 옵션
탈락 기준에 적절한
시나리오들

우선 옵션
품질 기준을
최대화하는 옵션

품질 기준
객관적인 품질 기준에
대한 모든 실현 가능한
옵션에 점수를 주는데
사용한다(가치와 위험성)

탈락 기준
실현 불가능한 옵션 제거
(예 : 기술, 예산, 시간 등)

[그림 32] 생각 가능한 옵션들을 제거 과정을 통하여 하나의 우선적 옵션으로 축소하는 과정

4.6.4 비전과 목표 의식을 공식화하라

이 단계에서는 잠정적인 상태의 비전과 목표 의식을 공식화한다. 이들은 불변하는 것이 아니며, 이후 단계를 통해 입증하고 개선하게 될 가설로 보는 게 가장바람직하다. 이 접근법은 전략 개발 프로세스가 반복을 통해 확실성을 점차 높여가는 과정이라는 아이디어에 뿌리를 둔다. 다음은 (잠정적) 비전과 목표 의식의두 가지 예이다.

:: 전략 방향의 예

예제 1

분석 - 한 제조업체가 ERP 시스템을 운영하고 있는데, 이 시스템은 그동안 상당한 자체 수정 개발과 확장을 반영해가면서 프리랜서에 의해 유지 보수되고 있다.

이렇게 수정 적용된 개발이 신규 출시 버전을 적용하는 데 가장 큰 걸림돌이다. 이 회사는 무려 다섯 개의 버전이 나오는 동안 전혀 업데이트를 받지 못했으며, 현재 사용하고 있는 버전은 공급업체의 지원도 중단된 상태이다. 정상적인 방법으로는 현재 설치된 버전에서 최신 버전으로 이행할 수도 없다.

목표 의식과 전략적 방향 - 목표는 앞으로 12개월 내로 가능한 최소한의 수정개발로 최신 ERP 시스템을 구축하는 것이다. 외부 분석에 따르면 최신 버전의 ERP 시스템은 이전 버전을 수정 개발해 확장한 버전의 90%를 지원할 수 있다고 한다. 이 최신 버전의 일부 추가 기능으로 비즈니스 프로세스에 득이 된다고 한다. 따라서 전략적 방향은 비즈니스 프로세스를 먼저 재설계하고 ERP 시스템을 완전히 새로 도입하는 것이다.

예시 2

분석 - 어느 조직의 전반적인 어플리케이션 밑그림이 안정적이기는 하지만 기술적으로 노후되었으며, 어플리케이션 사이의 인터페이스가 많이 사용되고 있다. 자체로 만든 핵심 어플리케이션은 불안정한 상태에서 법 체계의 급격한 변화 때문에 큰 변화가 요구되는 상황이다. 조직의 규모 때문에 IT 전문가를 영입하고 유지하는 것도 어렵다. 회사의 요구공학 기술 역시 미숙하다. 모든 서버 인프라는 사옥의 데이터 센터에서 호스팅하고 있으며 재난 상황에 아무런 준비가 되어 있지 않다.

목표 의식과 전략적 방향 - 최고 경영진은 3년 내에 현대적이고 유연한 IT를 구축할 의사가 있으며, 이를 위한 예산도 상당히 확보해 놓았다. 완전히 새로운 최신 IT 기준으로 구축할 예정이며 기존 어플리케이션 전체를 바꿔놓을 예정이다. 핵심 어플리케이션은 그린 필드 시나리오(green field scenario)로 완전히 재구축할 계획이다. 전반적인 어플리케이션 밑그림은 표준 소프트웨어를 최대한 사용하고, 가치를 창출하지 못하는 어플리케이션은 제거하는 식으로 합리화를 꾀할 것이다.

모든 소프트웨어 개발은 외부 업체를 상대로 아웃소싱할 것이며, 성숙한 요구 사항 관리 능력 확보를 우선시 할 것이다. 엔터프라이즈 아키텍처는 전략을 설계로 전달될 수 있도록 설정될 것이다. 모든 IT 인프라는 사용할 수 있는 접근이 용이한 외부 데이터 센터로 이동할 것이다.

:: 비전 성명

비전 성명은 IT의 전략적 역할과 향후 3년에서 5년 동안의 전략을 형성하는 주요 목표 및 의사결정 사항을 바라보는 경영진의 관점을 반영한 간략한 성명서다. 이는 전략적 계획의 필수 사항을 전달하기 위한 일종의 '엘리베이터 피치(Elevator pitch : 상승 정점)'로 사용되며 결국에는 많은 프로젝트와 새로운 계획으로 이어진다. 비전 성명은 환경 변화로 말미암아 초기 계획이 변경되는 과도기임에도 계속해서 초심을 잃는 일이 없도록 하는 데 이용된다. 모든 변경 제안 사항은 비전 성명에 입각해 주요 목표와 의사결정 사항에 부합하는지 확인되어야 한다. 비전 성명의 예는 다음과 같다.

:: 향후 3년 동안 우리의 목표

1. 비즈니스 가치 10% 상승(매출규모 10% 성장 및 매출원가 5% 감소)을 고객층의 통찰과 분석, 영업관리시스템 개선을 통해 달성한다.
2. 기술적 플랫폼 합리화, 하드웨어 통합 및 가상화, 공급자와 전략적 아웃소싱의 제한 및 IT 거버넌스와 서비스 공급 능력 향상을 통해 IT 비용을 최적화한다.
3. 어플리케이션의 밑그림을 합리화해 기민성을 향상시킨다. 이를 위해, 주문 개발된 어플리케이션을 표준 소프트웨어 패키지로 교체하며, 더 큰 시스템으로 확장하는 방식으로 소규모 시스템을 통합해 전체적인 시스템 숫자를 감소시킨다. 또한 인터페이스의 효율적인 유지 보수를 위한 미들웨어* 기술을 준비한다.

비전 성명은 비즈니스·IT 연계 전략 프로세스에서 중요한 이정표이다. 성명 이전까지는 그저 사실을 분석하고 선택 사항을 평가하기만 했으나, 이 시점에서는 미래를 위한 분명하고 확실한 의사 결정을 내린다. 비전 성명의 특성상 최고 경영진이 의사결정 과정에 적극적으로 관여해야 한다. 비즈니스·IT 연계 전략 프로세스에 책임이 있는 팀은 이 단계를 매우 조심스럽게 관리해야 하는데, 의사결정 과정에서는 관련자 외에 정보가 새어나가지 않도록 하며 최종 버전(청사진, 스케치가 아님)을 둘러싼 완전한 합의가 이루어지고 나면 미리 정의된 커뮤니케이션 계획에 따라 모든 이해 관계자에게 결과를 알리도록 한다.

4.6.5 전제의 검증

앞선 단계를 통해 비전과 목표의식을 체계화하였는데, 그 이면에는 여러 가지 전제들이 있게 마련이다. 따라서 이들은 성공을 위한 결정적인 요인이며 그 건전성을 확인해야 할 것이다. 비즈니스·IT 연계 전략 프로세스의 제한적인 기한을 감안하면 전체적인 완전한 검증 과정을 거치는 것은 당연히 불가능할 수 있다. 이 단계에서 어려운 점은 비교적 짧은 기간 동안에 불확실성을 최소화해야 한다는 것이다. 전제를 검증할 수 있는지의 여부에 따라 이전 단계로 돌아가 비전과 목표 의식을 재고하거나 수정할 필요가 있을 수도 있다. 아래는 자주 발생하는 세 가지 검증 유형이다.

- 기술적 실현 가능성 검토는 비전과 목표 의식이 신기술의 사용을 포함하는 경우 필요할 수 있다. 한 군데 이상의 기술 공급업체와 상담을 통해 요구 사항을 평가하고 비즈니스가 처한 특정한 상황에서의 실현 가능성을 논해야 할 것이다. 필요한 수준의 확신을 얻기

---

* Middleware: 기업의 컴퓨팅 환경에서 시스템 부하 분산 등 안정적인 시스템 운영을 도와주는 중계 소프트웨어.

위해서 실질적인 기술검증을 요구하는 것도 괜찮은 생각이다.

- 조직적 실현 가능성 검토는 비전과 목표 의식이 사업과 조직 그리고 특히 프로세스에 중요한 영향을 미치는 변화를 포함하는 경우 필요하다. 이는 기업의 변화 준비 상태와 대규모 프로그램 및 프로젝트를 수행할 능력의 평가를 필요로 한다.
- 경제적 실현 가능성 검토는 예상되는 비즈니스 성과나 비용이 불분명한 상황에 필요하다. 대부분의 경우, 양쪽 측면 모두 되도록 상세한 비즈니스 사례의 수집이 필요하다.

이 단계에서 수행하는 검증 과정에는 엔터프라이즈 아키텍처와 프로그램 리더 십을 둘러싼 전문적인 지식이 필요하다.

4.6.6 상위레벨의 목표 상황 및 로드맵 확정

비록 비전과 목표 의식이 목표 상황의 주요 요소를 기술하지만, 목표 상황의 완전한 그림을 제공하지는 못한다. 따라서 전략적 비전을 목표상황을 다스리는 완전한 상위 수준의 아키텍처로 상세화해야 한다. 이는 비즈니스·IT 연계 전략 원칙과 엔터프라이즈 아키텍처가 만나는 지점이다. 따라서 미래 상황의 상위 수준 아키텍처는 엔터프라이즈 아키텍처 구조의 논리 체계를 따르는데, 엔터프라이즈 아키텍처는 비즈니스 아키텍처와 IT 아키텍처, 그리고 기술적 인프라 아키텍처로 구분된다. 이 단계에서 형성되는 모델들의 중요한 요소는 상세화 수준이며, 너무 떨어지지도 넘치지도 않는 수준을 유지해야 한다. 따라서 모델은 추론이 가능할 정도로 세부적이고 구체적이어야 한다. 즉, 세부 사항의 수준은 실현 가능성이 검증되고 비용과 성과를 추정할 수 있을 정도로 구체성을 띠어야 한다. 하지만 이 단계에서 벌써부터 미래의 상황을 세부적으로 설계하려고 들면 안 된다. 세부 설계는 비즈니스·IT 연계 전략을 수행하고 프로그램 리더십과 엔터프라이즈 아키텍처로 통제하게 되는 다음 단계에서 이루어 질 것이다. 비즈니스·IT 연계 전략 공

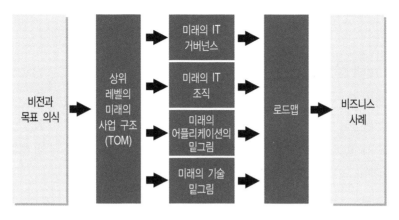

[그림 33] 목표 상황과 로드맵을 정의하는 결과물들

식화 이후에 가장 먼저 따라 오는 단계는 상위 수준의 아키텍처를 프로젝트에서 청사진으로 사용하기에 충분한 엔터프라이즈 아키텍처로 상세화 하는 것이다.

[그림 33]은 이 단계의 결과물 및 이들이 만들어지는 순서를 보여준다. 우리는 다음 단락에서 각각의 결과물을 설명할 것이다.

:: 상위 수준의 미래 비즈니스 아키텍처(TOM)

미래의 비즈니스 아키텍처는 제품과 프로세스 그리고 조직 등의 측면에서 비즈니스를 수행하는 방법을 기술한다. 일반적으로 비전과 목표 의식이 비즈니스 수행 방법에 미치는 영향력이 강하면 강할수록 더욱 상위 수준의 미래 비즈니스 아키텍처의 중요성이 대두된다.

상위 레벨의 미래 비즈니스 구조에 사용되는 모델의 예로는 목표 운영 모델 (TOM : Target operating model)이 있다. '운영 모델'이라는 용어는 비즈니스를 구성하는 방법과 운영에서 필요한 핵심 능력의 이해를 돕기 위한 공통분모가 있는 여러 종류의 모델에 사용된다. 이는 비즈니스와 IT 사이의 대화 도구로서 사용되며 프로세스와 조직구조, IT 개발의 기반으로도 쓰인다. 이 단계에서 다듬어진 운영 모델은 IT 전략의 성공을 좌우하는 미래 운영 모델을 자세히 구축한 TOM이다.

:: 미래 IT 거버넌스

비전과 목표 의식 및 미래의 비즈니스 아키텍처를 정의한 후에는 반드시 목표 의식을 실현하기에 가장 적합한 IT 거버넌스 모델을 구축해야 한다. 이를 통해 비즈니스·IT 연계 전략 계획에 있어 중요한 모든 측면의 책임과 의무가 명확하게 규정되어야 한다.

2.5절에서 이미 보았듯이 올바른 거버넌스 모델은 비즈니스·IT 연계에 있어 핵심 성공 요인이다. IT 거버넌스 모델은 어디에나 통하는 하나의 정답이 없으며 상황에 따라 유연하게 대처해야 한다. 예를 들어 조직의 전략이 비용 효율화에 맞춰져 있다면, 이때 필요한 표준화 및 규모의 경제를 위해서는 중앙집중형 IT 거버넌스 모델이 가장 적합할 것이다. 반면, 전략이 신규 사업 및 변화에 초점을 맞추고 있다면, 개별 사업부서에게 의사결정권을 더 많이 부여하고 변화가 성공할 수 있도록 유연성과 민첩성을 키울 수 있도록 하는 게 보다 바람직하다. IT 거버넌스 모델은 로스와 웨일의 프레임워크를 통해 설명할 수 있다. 이의 예시는 아래 [그림 34]와 같다.

의사결정 / 형태	IT 원칙		IT 아키텍처		IT 인프라		비즈니스 어플리케이션		IT 투자	
	입력	결정	입력	결정	입력	결정	입력	결정	입력	결정
비즈니스 주도형										●
IT 주도형				●		●				
봉건형								●		
연방형										
복점형		●								
무정부형										

[그림 34] IT 거버넌스 모델의 예

:: 미래의 IT 조직과 개발 요구

지정된 미래 상황의 또 다른 핵심 요소로는 조직 내에서 요구되는 IT 부서의 역할을 들 수 있다. [그림 35]에서는 IT 조직의 유형 분류 체계를 나타냈다.

우리는 IT 조직을 평가함에 있어서 비즈니스를 향하는 측면과 기술혁신의 측면을 대변하는 두 개의 축을 이용한다. 이 유형 분류 체계에서 서비스 공급자는 대체로 훌륭한 IT 운영에 집중하는 내향적 성향을 띤다. 비즈니스 요구는 IT 요구 사항으로 해석되며 서비스 공급은 정시에 그리고 예산 내에서 수행된다. 한편 전략적 파트너는 비즈니스를 향한 외향적인 성향이 강하다. 비즈니스 성과를 이끌어내기 위해 집중하기 때문이다. 주된 관심 분야는 비즈니스 변화를 통한 비즈니스 역량의 강화이다. IT 부서 간부는 경영 기획에 참가하며 경영진과 튼튼한 연결 고리를 갖는다. 최고 IT 경영진은 비즈니스 기획에 적극적으로 참여하며 새로운 기회를 제안한다. 마지막으로 IT 사업가는 기술 리더십에 초점을 맞추지만, 내향적인 성

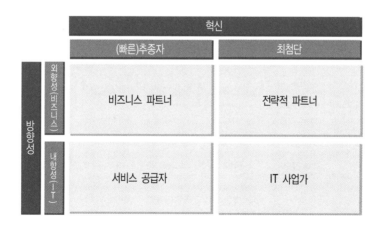

[그림 35] 조직 내에서의 IT 부서 유형 분류 체계

향을 가진다. 이러한 IT 조직의 형태는 비즈니스 경영진이 최고 수준의 정보기술을 활용할 수 있도록 해주는 기반이 된다.

　IT 조직의 유형을 정의하고 나면 이 유형에 가장 적합한 조직 형태를 선택할 수 있으며, [그림 36]은 그 예이다.

　IT 조직의 미래 역할과 구조를 분명히 한 다음에는 필요한 역량 및 개발 요구를 정의해야 한다. 이 과정에는 현재의 IT 역량을 평가하는 데 사용한 것과 동일한 모델을 적용할 수 있다([그림 26] 참조). 이 버전의 도표는 현재의 IT 역량이 갖는 성숙도 및 희망 성숙도를 보여주는데, 현재와 희망하는 성숙도 사이의 격차가 큰 역량 항목을 개발 우선 사항으로 표시한다.

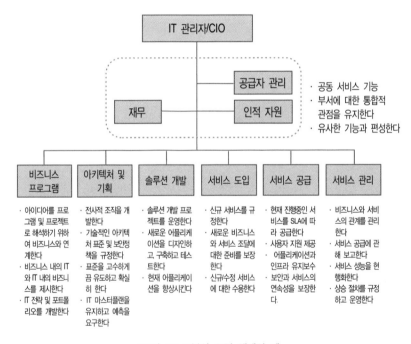

[그림 36] IT부서 조직 체계의 예

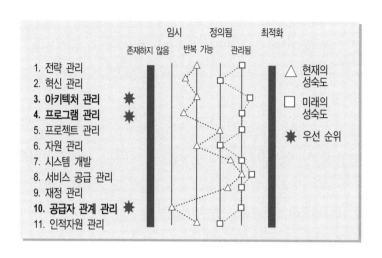

[그림 37] 현재 및 희망 IT 역량 성숙도 표기 예

:: 미래의 어플리케이션 밑그림

미래 어플리케이션의 전체적인 모습, 즉 밑그림은 목표 운영 모델에서 정의한 핵심 역량(기능)을 뒷받침하는 어플리케이션이 무엇인지 밝히는 고차원의 시각적 모델이다. 도식적인 모델은 필요한 메시지를 전달해야 하지만 현 시점에서 세부적이고 기술적인 틀을 만들 필요는 없으며, 또 그런 것을 만드는 게 바람직하지도 않다. 그림의 최우선 목표는 메시지를 최고 경영진, 비즈니스 대표자 및 기타 이해 관계자 등에게 정확하게 전달하는 것이다. 따라서 도표는 완벽할 필요도 없으며, UML(Unified Modeling Language : 객체 지향 분석 모델링 언어)과 같은 공식적인 표준을 따를 필요도 없다. [그림 38]은 미래의 어플리케이션 밑그림을 나타낸 예다. 이 예는 그림에서 주요 컴포넌트만 표시해도 된다는 것과 세부 사항은 최대한 배제해야 한다는 점을 보여준다. 다음 단계인 실행 계획에서는 더욱 기술적이고 세부적인 모델을 만들 것이다.

이 단계에서 자주 일어나는 실수는 어플리케이션 밑그림을 기술적 관점에서 바라보는 것이다. 대부분의 기업에서 각 어플리케이션은 사용자들에게 알려진 이름이 있는데, 공급자가 제품에 명명한 공식적 명칭과는 다를 수도 있다. 가끔 어플리케이션은 그 어플리케이션을 개발한 프로젝트의 이름으로 알려져 있기도 하다. 전략 개발 목적을 위한 경우에서는 사용자들에게 알려진 어플리케이션 명칭을 이용하여야 한다.

두 번째 실수는 어플리케이션 밑그림에서 사용자들과는 아무런 관련이 없는 어플리케이션 내의 작은 기술직 요소에 매달리는 경우다. 만약 사용자들이 여러 가지 기술 컴포넌트들을 그냥 한 가지의 대표 기능으로 인식하고 있다면, 어플리케이션 밑그림 다이어그램에서는 박스 하나로 표현하면 충분하다.

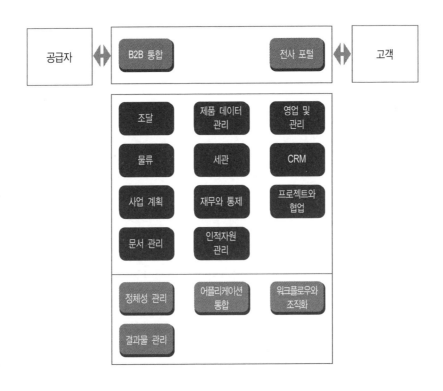

[그림 38] 상위 레벨의 미래 어플리케이션 전체 모습의 현황 예시

:: 미래의 기술 밑그림

미래의 기술 밑그림은 목표한 상황을 이루기 위한 상위 수준의 IT 표준을 정의한다([그림 38] 참고). 이 모델은 여러 계층으로 이루어져 있으며 물리적 인프라(서버, 스토리지, 스위치 등), 운영체제, 미들웨어, 클라이언트 어플리케이션, 사용자 인터페이스로 구성된다.

:: 로드맵

마지막으로, 이행을 위한 상위 수준의 로드맵이 구축되어야만 한다. 다시 말하지만, 이것은 3~5년 동안의 일정을 자세하고 완벽하게 정하는 게 아니다. 그 대신 상위 수준의 로드맵은 이행 과정과 절대적인 계획 및 상대적인 계획을 구성하는 주요 변화의 윤곽을 보여준다. 이러한 목적으로 가장 작은 계획 기간 단위는 분기가 되어야 한다. 로드맵에는 두 가지 방법이 가능하다. 첫 번째는 [그림 39]와 같은 웨이브 차트(Wave chart : 물결 모양 도표)다.

3~5년 앞을 내다보는 계획 기간은 연속하는 파도 모양을 보이면서 이행 기간 동안의 활동은 각 단계에 맞는 이정표를 갖는다. 하나의 웨이브에는 각기 그에 맞는 고유한 주제와 관심사가 있다. 전체 계획 기간을 각각의 목표를 갖는 웨이브 단위로 나누면 조직은 보다 편리하게 그 실천을 관리할 수 있다.

웨이브 차트의 강점은 계획을 몇 개의 영역으로 나누고 각 영역의 특성을 표현하기에 적합하다는 점이다. 오랜 실천 기간을 몇몇 작은 단계로 나누고 이 작은 단계들 사이에 안정적인 중간 단계를 심어줘 이행을 매끄럽게 한다. 다시 말해서 조직은 이 중간 단계를 발판 삼아 다음 영역의 구축하게 된다. 이론적으로 보자면 조직은 각 웨이브 영역 단위로 계획의 진행 여부를 확인할 수 있다. 이 같은 영역 계획이 갖는 장점은 두 가지이다. 첫째, 전체보다 개별 단계로 나누는 까닭에 훨씬 덜 복잡하다. 둘째, 영역 계획은 전부 아니면 전무라는 식의 도박을 피할 수

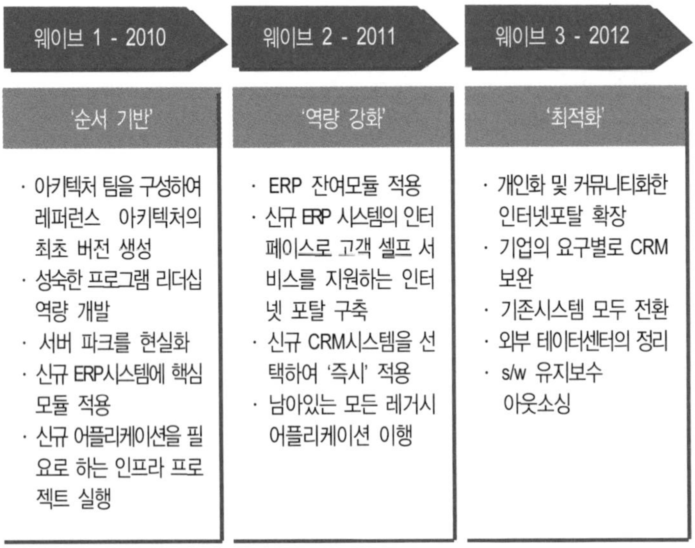

웨이브 1 - 2010	웨이브 2 - 2011	웨이브 3 - 2012
'순서 기반'	'역량 강화'	'최적화'
· 아키텍처 팀을 구성하여 레퍼런스 아키텍처의 최초 버전 생성 · 성숙한 프로그램 리더십 역량 개발 · 서버 파크를 현실화 · 신규 ERP시스템에 핵심 모듈 적용 · 신규 어플리케이션을 필요로 하는 인프라 프로젝트 실행	· ERP 잔여모듈 적용 · 신규 ERP 시스템의 인터페이스로 고객 셀프 서비스를 지원하는 인터넷 포탈 구축 · 신규 CRM시스템을 선택하여 '즉시' 적용 · 남아있는 모든 레거시 어플리케이션 이행	· 개인화 및 커뮤니티화한 인터넷포탈 확장 · 기업의 요구별로 CRM 보완 · 기존시스템 모두 전환 · 외부 테이터센터의 정리 · s/w 유지보수 아웃소싱

[그림 39] 웨이브 차트 형태의 상위 레벨 계획의 예

있게 해준다. 이미 도달한 영역은 안정적으로 다져놓았기 때문에 다음 단계가 실패로 돌아갈지라도 처음부터 되풀이해야만 하는 수고와 비용을 줄여준다. 앞서 살펴본 [그림 18]이 바로 영역 계획을 설명한 것이다. 여기에서 영역은 역방향 계획 수립이라는 방법을 통해 목표 상황으로부터 유추해낸다.

로드맵을 표현하는 두 번째 방법은 웨이브 차트보다 더 자세한 정보를 제공하는 높은 수준의 간트 차트*이다. 하지만 간트 차트는 이처럼 세부적인 많은 정보를 포함하기 때문에 BT 과정상의 좀더 이후 단계, 즉 포트폴리오가 정의된 이후 시점에 어울린다.

* Gantt chart : 미국의 헨리 간트Henry Gantt가 1919년에 창안한 관리 도표. 작업 계획과 작업 실적을 비교해 작업 진도를 관리하고 통제하는 수단이다. 한 축에 시간의 흐름을, 다른 한 축에 생산 사이클에서 요구되는 과업들을 표시해서, 전체 생산 공정의 일정계획을 수립할 수 있게 해준다.

4.6.7 비즈니스 사례 완성

미래 상황을 예측하는 계획과 이행 로드맵을 구축하고 나면 비즈니스 케이스를 완성할 수 있다. 비즈니스 케이스의 목적은 제안된 비즈니스·IT 연계 전략의 예상 비용과 성과를 이끌어내는 것이며, 이를 통해 제안을 승인하고 시행하기 위한 정당성을 확보하는 것을 목적으로 한다. 당연한 말이지만 각 IT 전략 계획상의 예상되는 비즈니스 성과는 추정 비용보다 높아야 한다.

비즈니스 케이스를 가급적이면 양적으로 만드는 게 바람직하다. 이 말은 모든 비용과 이익이 재무상의 가치로 해석되어야 한다는 것이다. 일반적으로 비용 측면

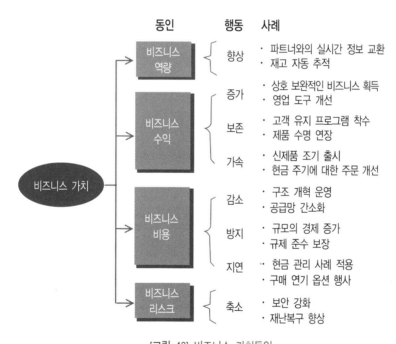

[그림 40] 비즈니스 가치동인

에서는 아주 쉬운 일이다. 예를 들어 주요 프로젝트와 활동을 규정한 종합적인 로드맵을 가지고 있으면, 프로젝트에 들어가는 비용을 프로젝트 관리와 분석, 디자인, 소프트웨어 라이선스, 하드웨어, 적용비용, 트레이닝 비용 등의 총합으로 추정할 수 있다.

하지만 비즈니스 이익의 재무적 가치를 정의하는 것은 보기보다 어려운 일이다. [그림 40]은 가능한 비즈니스 이익의 유형을 개략적으로 표현해본 것이다. 비즈니스 이익의 유형에 따라 재무적 가치를 정량화하기 위해 다른 전략을 쓸 수도 있다. 예를 들어 인터넷을 새로운 영업 채널로 도입해 매출 상승을 기대하는 경우, 재무적 가치를 전체 매출액 증가율 곱하기 판매 제품의 평균 이윤으로 추정할 수 있다. 한편 더욱 효율적인 주문 조달 절차를 바란다면, 재무 가치의 추정은 [줄일 수 있을 것으로 예상되는 관리직원 수치] × [관리직원 한 명당 비용]으로 가능하다.

프로젝트 비용과 프로젝트 내의 이정표와 관계된 이익을 알고 있다면, 로드맵을 사용해 계획 기간 동안의 비용과 이익을 예상할 수 있다. [그림 41]은 그 예이다.

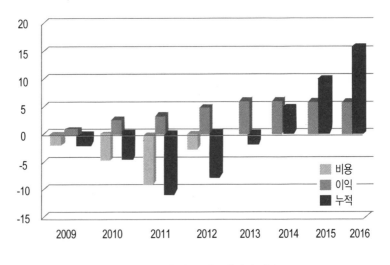

[그림 41] 비용/이익 재무 추정의 예

이 예시는 8년에 걸친 계획 기간을 보여 준다. 도표는 매 회계연도마다 해당 해의 전체 비용과 달성한 이익 및 누적 합계(비용/이익) 등 세 가지 값을 나타낸다. 이 예시에서 모든 비용은 계획 기간의 상반기에 일어나는데 특히 세 번째 해에 집중되고 있다. 프로젝트 수행 기간 동안 비즈니스 이익은 꾸준히 상승한다. 첫 5년 동안에는 누적 재무 가치가 마이너스지만, 6년째부터는 플러스로 전환된다. 즉, 제안한 IT 전략의 전체적인 재무 가치는 긍정적이라고 볼 수 있다.

비즈니스·IT 연계 전략의 맥락에서 전체 기간 동안의 경영 케이스 생성은 중요하다. 이익 창출과 직접적인 연관이 없는 인프라 유형의 프로젝트를 정당화하기 위해서는 완전한 비즈니스 케이스를 만들어야 한다. 하드웨어 인프라와 관계된 전형적인 예로는 데이터 센터, 서버, 스토리지, 네트워크 등이 있다. 소프트웨어의 예로는 미들웨어 컴포넌트, 식별자* 관리 컴포넌트, 네트워크 모니터링 도구 등이 있다.

4.7 제3단계 : 수행 계획

4.7.1 IT 마스터플랜 수립

이 단계에서는 이전의 상위 수준 의사결정을 향후 3~5년 동안의 IT 마스터플랜으로 옮긴다. 이 마스터플랜은 회사를 IT 과도기 동안 이끌게 될 것이다. 이 세 번째 단계는 이전 두 단계와 본질적으로 다르다. 이는 전략 개발이 아닌 세부적이고 수행 가능한 계획의 전략적인 결정 사항을 상세화하는 데 초점을 맞추고 있다. 이 점에서 세 번째 단계는 비즈니스·IT 연계 전략과 엔터프라이즈 아키텍처, 그리

---

* Identifier : 데이터 항목에 이름을 부여해 일시적으로 규정하거나 그 데이터의 특성을 표시하기 위해 사용하는 기호 또는 기호의 집합.

고 프로그램 리더십이 겹쳐지는 영역을 포함한다. 분명한 의미 전달을 위해 우리는 이번 장에서 IT 마스터플랜의 전체 내용을 살펴보기로 하자. 비즈니스·IT 연계 전략과 엔터프라이즈 아키텍처, 프로그램 리더십의 각 장에서 IT 마스터플랜의 관련 부분을 따로 설명하는 방법도 괜찮을 것이다.

IT 마스터플랜의 일반적인 목차는 다음과 같다:

1. 개요 - 문서의 목표와 대상 독자, 문서 작성 과정과 조직 내에서의 상태(예 : 초안 혹은 승인) 등의 간단한 설명

2. 관리자 요약 - 최대 3~4쪽 정도로 비즈니스·IT 연계 전략을 요약한 것으로, 이 부분은 특히 고급 관리자를 위한 내용이다. 여기에는 변화의 필요성과 전략적 방향, 미래의 상황, 일정과 조직 등 마스터플랜의 전체 범위를 모두 담아야 한다.

3. 비즈니스 목표 - IT가 구현기술로 역할을 하는 기업 전략의 요약. 이 부분을 위한 기초 자료는 '비즈니스 전략 분석'(4.5.2장)에서 생성된다.

4. 내부 분석 - '현재' IT의 강점과 약점을 다룬 요약이다. 이 부분의 기초 자료는 'IT의 현재 상황 평가(4.5.3장)'에서 만들었다.

5. 외부 분석 - 현재 회사가 처해 있는 상황과 관련 있는 시장 트렌드와 IT 구현수단을 요약한 것. 이 부분의 기초 자료는 '시장 트렌드와 IT 구현수단 평가'(4.5.1장)에서 만들었다.

6. 변화의 필요성 - 비즈니스 목표와 현재 IT 역량 그리고 이미 결론지은 사항의 도입가능성 분석 요약. 이 부분의 기초 자료는 '도입가능성 분석 수행'과 '결론 도출의 기준선 확립'(4.5.4절과 4.5.5절)에서 만들었다.

7. 비전과 목표 의식 - 경영진에 의해 결정된 향후 3~5년 동안 경영 방침이 될 비전과 목표 의식의 요약이다. 이 부분의 자료는 '비전과 목표 의식을 체계화하라'(4.6.4절)에서 만들었다.

8. 미래의 상황 - 미래 IT의 밑그림을 위한 아키텍처 모델로 제품 아키텍처와 조직 아키텍처, 프로세스 아키텍처, 데이터 아키텍처, 그리고 기술 인프라 아키텍처가 있다. 이 모델들의

근간이 되는 원천 데이터는 '상위 수준의 목표 상황 및 로드맵 확정'(4.6.6절)에서 이미 만들었지만, 이 단계의 모델들은 더욱 구체성을 띠어야 할 것이다.

9. 프로그램 및 프로젝트 포트폴리오 - '현재' 상황에서 '미래' 상황으로 변화하기 위해 기획 단계에서 수행할 모든 프로그램과 프로젝트의 개요. 이는 프로젝트 목표와 활동, 기획과 예산을 빠짐없이 망라하는 프로젝트 헌장을 포함하고 있다. 이 포트폴리오의 근간은 앞서 '상위수준의 목표 상황 및 로드맵 확정' (4.6.6장)에서 생성되지만, 당시의 로드맵은 주요 활동과 이정표만 담고 있기 때문에, 이 단계에서는 훨씬 자세하게 기술하여야 한다.

10. 조직 - 변화의 수행에 책임을 갖는 조직 형태의 기술. 이는 존속 조직 체계(성업중인 비즈니스)와 변경 조직 체계(프로그램과 프로젝트)를 규정한다. 이는 역할 및 책임과 보고 체계, 거버넌스 절차 등으로 구성된다.

11. 비즈니스 케이스 - 마스터플랜과 그 합리화를 위한 전체 비용 및 이익에 관한 요약. 비용과 이익은 이미 '비즈니스 케이스 완성'(4.6.7절)에서 분석된 바 있지만, 각각의 프로젝트에 예산을 편성하고 다년간의 현금 유동성 예측에 따른 준비 사항 추가 등으로 상세화해야 한다.

:: 다른 맥락들과의 공통 부분

위 차례를 자세히 살펴보면 마스터플랜의 초반부(1~7단락)에서는 정보가 비즈니스·IT 연계 전략 프로세스의 첫 두 단계 활동을 직접적으로 따른다는 것을 알 수 있다. 마스터플랜의 후반부(8~11단락)는 세 번째 단계에 해당하는데 첫 두 단계에서 생성된 정보를 활용할 수 있지만 상당한 상세화가 필요하다.

8~11 단락을 구성하기 위해 필요한 상세화는 IT에 의한 비즈니스 변화의 두 가지 다른 맥락에서의 결과물과 많은 부분 겹치는 것을 볼 수 있다. 사실 비즈니스·IT 연계 전략의 세 번째 단계는 이 세 가지 맥락들이 합쳐져서 마스터플랜을 창출하는 시점이다. [그림 42]는 이를 나타낸 것이다.

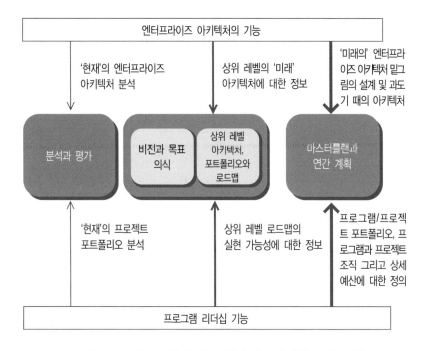

[그림 42] 비즈니스·IT 연계 전략 단계의 세 가지 맥락의 공통 부분

이런 공통 부분 때문에 엔터프라이즈 아키텍처와 프로그램 리더십의 맥락에서 겹쳐지는 활동에 관해서는 논하지 않는다. 대신 다음 장에서 이 두 가지 맥락을 세부적으로 논한다.

4.7.2 연간 IT 계획 수립

IT 마스터플랜은 수년의 기간을 포함하며 해마다 평가하고 수정보완되어야 한다. 한편 연초에 보다 상세한 연간 계획을 이끌어내기 위해서도 마스터플랜이 이용된다. 이 연간 계획은 마스터플랜을 완벽하게 따르면서 더 세부적인 정보를 담는다. 예를 들어 마스터플랜은 프로젝트를 목표에 따라 구분하고 있지만 연간 계획은 연중에 수행될 프로젝트의 세부적인 계획을 포함한다.

4.8 비즈니스·IT 연계 전략의 라이프사이클

비즈니스·IT 연계 전략 계획은 3~5년을 내다보는 전망으로 개발한다. 이는 정보 기술의 미래와 거기에 도달하기 위한 경로를 정의한다. 하지만 현실적으로는 의도한 전략과 실제 적용된 전략 사이의 차이가 항상 존재하게 되는데, 그 원인은 외부 환경의 변화, 새로운 통찰과 실패한 프로젝트 등이 될 수 있다. 비즈니스·IT 연계 전략 계획을 가지는 모든 조직은 불필요한 전략 추구를 피하기 위해 전략을 재검토하기 위한 적절한 메커니즘을 갖춰야 한다. 하지만 비즈니스·IT 연계 전략의 특성상 언제나 근본적인 선택 사항과 전략적 방향(2단계)은 비교적 장기간 동안 안정적이어야 하므로 구체적 계획(3단계)은 주기적인 검토와 보완을 거쳐야 할 수도 있다.

이를 성공적으로 유지관리하기 위한 조건은 비즈니스·IT 연계 전략 계획의 책임 소재를 확실히 하는 것이다. 대개의 경우 계획의 책임자는 초기 계획 개발을 지원했던 경영진이 될 것이다. 책임자가 직접 계획을 유지 관리하는 역할을 하지는 않을 가능성이 크기 때문에, 책임을 위임하는 경우가 많다.

비즈니스·IT 연계 전략 유지관리의 필요성은 캐플런과 노튼(Kaplan/Norton, 2008)에 의해 제시되었는데, 그들은 전략과 운영을 연결하고 전략을 테스트하고 필요한 경우 조정하기도 하는 피드백 루프(feedback loop)를 포함하는 일종의 폐쇄형 순환 경영 시스템을 제안했다.

[그림 43]은 44쪽에서 소개한 접근법을 따르는 비즈니스·IT 연계 전략의 유지관리를 위한 프레임워크이다. 이 모델은 두 가지의 다른 유지관리 주기로 이루어진다. 마스터플랜 유지관리 주기가 아래쪽에 위치하고 있는데, 비록 마스터플랜이 상위 수준의 개념에서 정의되지만, 프로젝트 포트폴리오 수행에서 혼란이 일어날 경우 마스터플랜 자체를 개정해야 하는 상황이 발생할 경우를 염두에 두었기 때문이다. 이러한 유지관리 주기에서 경영진은 우선 마스터플랜을 개정해야 하는

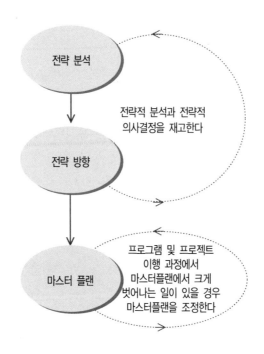

전략 분석

전략적 분석과 전략적
의사결정을 재고한다

전략 방향

프로그램 및 프로젝트
이행 과정에서
마스터플랜에서 크게
벗어나는 일이 있을 경우
마스터플랜을 조정한다

마스터 플랜

[그림 43] 비즈니스·IT 연계 전략 체계화, 모니터링, 유지관리를 위한 프레임워크

시점에 도달했는지 여부를 판단해야 한다. 일반적으로, 경영진은 마스터플랜 개정을 가급적 자제하려 할 것이다. 하지만 만약 마스터플랜이 개정될 경우, 새로운 마스터플랜은 상당한 시간 동안 필연적으로 발생하는 혼란스러운 상황에 잘 적응할 수 있도록 충분히 다듬어져야 할 것이다. 이러한 유지관리 주기는 프로그램 리더십의 맥락에서 변경 통제와 밀접한 관계가 있는데, 이는 6.5.5절에서 상세하게 다룰 예정이다.

두 번째 유지관리 주기는 전략적 분석 및 전략적 방향과 관계가 있다. 경영진은 전략적 분석 및 방향을 둘러싼 근본적인 재고에 초점을 맞춘 정기적(예를 들면 연간) 회의 일정을 계획해야 한다. 전형적인 회의는 개별적인 장소에서 행하며 보통 최소 하루는 필요하다. 회의의 안건은 아래와 같을 수 있다.

Part I : 전략적 분석 관련

- 공식화한 전략적 비즈니스 목표는 여전히 유효한가?
- 추가해야 할 새로운 전략적 비즈니스 목표가 있는가?
- 전략적 비즈니스 목표의 우선 순위는 아직도 타당한가?
- IT 평가 결과는 계속 효력을 갖는가? 아니면 현재 수행중인 프로젝트에 새로운 문제가 나타났는가?
- 최근 새로 등장한 IT 구현수단이 있는가?

Part II : 전략적 방향 관련

- 정의된 전략적 시나리오는 여전히 유효한가?
- 내재된 전제의 타당성은 지속될 수 있는가?
- 의사결정을 위한 기준 프레임워크는 효력을 잃지 않았는가?
- 결론 : 전략적 방향을 재고할 필요가 있는가?

4.9 결론

이제 비즈니스·IT 연계 전략에 관해 다음과 같이 결론을 내리고 평할 수 있다.

- 정보기술에 관한 의사결정은 더욱 빈번하게 요구되며 더 복잡하고 또 비즈니스에 미치는 영향도 커졌다. 결과적으로 조직은 장기적인 정보기술 관련 의사결정에 안정성을 확보하기 위해 보다 성숙한 비즈니스·IT 연계 전략 역량이 필요하다는 것을 절감한다.
- 비즈니스·IT 연계 전략은 정보를 포착하고 통찰을 얻으며 이들을 근본적인 의사결정 및 장기적인 정보기술 확보라는 목표 의식과 비전으로 통합하는 과정이다. 비즈니스·IT 연계 전략 프로세스의 모든 활동은 IT의 비즈니스 가치를 극대화하는 방향으로 이루어지며,

이것은 IT와 비즈니스 프로세스 및 우선순위의 연계를 최적화함으로써 가능하다.

- 비즈니스·IT 연계 전략의 본질은 정보기술의 가능성을 극대화하는 능력이며, 비즈니스 성과를 극대화 할 수 있는 곳에 IT 투자를 하는 것이다. 비즈니스 전략을 IT 전략의 기반으로 사용하는 것만으로는 충분하지 않으며, 오히려 끊임없이 비즈니스 전략을 모색하는 도전이 이뤄져야 한다.

- 비즈니스·IT 연계 전략을 기업 전체의 차원에서 개발하는 것은 비즈니스와 IT가 상호 적응하는 파트너로서 협업할 수 있는 높은 성숙도 수준을 필요로 한다. 즉, 비즈니스 성숙도 모델에서 레벨 3에 해당하는 조직을 뜻한다.

- 비즈니스·IT 연계 전략은 비즈니스와 IT가 근본적으로 택할 사항을 정의하며 또한 엔터프라이즈 아키텍처와 프로그램 리더십을 위한 기본적인 프레임워크로서의 역할을 수행한다.

- 비즈니스·IT 연계 전략 과정은 분석, 평가, 방향설정 체계화와 수행 계획으로 구성되는 세 가지 연속된 단계로 이루어진다.

- '분석 및 평가' 단계에서는 정보를 수집하고 통찰을 키우며 결론을 내릴 베이스라인을 정한다. 분석에는 비즈니스 목표와 정보기술의 현재 상태, 시장서 가용한 IT 구현수단, 그리고 업계 동향 및 모범사례 등이 모두 포함된다.

- '방향설정 체계화' 단계에서는 얻어진 통찰과 결론을 이용해 가능한 전략적 선택 사항들을 개발하고 객관적인 기준을 통해 필수 선택 사항을 식별한다. 이러한 의사결정 과정의 결과를 기반으로 임무와 목표의식 및 전략적 방향을 체계화한다. 이 단계는 잠정적인 상태의 전략적 방향을 확정적으로 발전시키기 위한 점진적 개선과정이라 특징지을 수 있다 (연필로 그린 스케치를 청사진으로 만드는 것과 같다).

- 마지막으로 '수행 계획' 단계에서는, 2단계에서 공식화한 전략을 수행하기 위해 구체적인 계획을 개발한다. 수년(전체기간)을 대상으로 하는 마스터플랜이 나오고 이것으로부터 구체화한 연간 계획들이 도출된다. 이 단계에서 요구되는 수준의 상세화를 위해 엔터프라이즈 아키텍처와 프로그램 리더십의 적극적인 참여가 이루어진다.

엔터프라이즈 아키텍처

:: 전략과 설계의 가교

엔터프라이즈 아키텍처는 IT를 통한 BT에서 매우 중요한 역할을 하며 전략에서 설계로 국면 전환을 이끈다. 5.1 절에서는 간단한 소개와 함께 '엔터프라이즈 아키텍처란 무엇인가?', '필요한 시기는 언제인가?', 그리고 '엔터프라이즈 아키텍처는 어떤 혜택을 제공하는가?' 하는 질문에 답한다. 다음으로 5.2절에서는 세 가지 엔터프라이즈 아키텍처 프레임워크인 자크만(Zachman)과 토가프(TOGAF), 노라(NORA)를 다룬다. 5.3절에서 전형적인 엔터프라이즈 아키텍처 결과물을 설명한 다음, 5.4절 비즈니스 아키텍처와 5.5절 데이터 아키텍처, 5.6절 어플리케이션 아키텍처, 5.7절 기술 인프라 아키텍처의 순서로 이어진다. 5.8절에서 모범 사례와 개선할 점과 함께 엔터프라이즈 아키텍처 프로세스의 체계를 다룬다. 마지막으로 5.9절에서 5장의 주제인 엔터프라이즈 아키텍처의 핵심 메시지를 요약한다.

5.1 엔터프라이즈 아키텍처란?

5.1.1 정의

엔터프라이즈 아키텍처에는 다양한 정의가 있으며, 엔터프라이즈 아키텍처 프레임워크와 방법론은 더 많은 논의를 불러일으키고 있다. 필자의 관점에서 모든 정의나 프레임워크를 아우르는 가장 "뛰어난" 하나가 있는 것은 아니다. 따라서 가장 중요한 문제는 어떤 정의나 프레임워크를 사용하느냐가 아니라, IT를 통한 BT의 맥락에서 엔터프라이즈 아키텍처를 성공적으로 사용하는 방법이다. 5장은 엔터프라이즈 아키텍처를 이해하기 쉬운 실용적인 측면에서 소개할 예정이다.

먼저 아키텍처라는 용어는 두 가지 의미로 사용된다. 한 가지는 청사진이나 표준, 원칙 같은 결과물의 의미로서 사용한다. 다른 하나는 이러한 결과물을 만들어내는 프로세스라는 뜻이다. 결과물로서 유용한 아키텍처 정의는 소프트웨어 위주 시스템의 아키텍처 기술을 위한 권장 사례인 'IEEE 1471'*에 나온다.

시스템의 핵심 구조는 이를 이루는 컴포넌트들로 구현된다. 다시 말해서 각 컴포넌트들의 상호관계와 환경, 이를 지배하는 원칙과 디자인 그리고 기술적 진화의 총화가 시스템의 핵심이다.

가트너는 프로세스의 본질을 강조하면서 엔터프라이즈 아키텍처를 다음과 같이 정의했다(Gartner, 2007).

기업의 미래를 제시하며 그 기술적 발달을 가능하게 만들어주는 핵심 원칙과 모델을 소통하는 가운데 창조하는 노력이야말로 비즈니스 버전을 현실로 바꾸어내는 원동력이다.

로스(Ross)와 웨일(Weill), 로버트슨(Robertson)은 비즈니스 실행의 기초를 다져주는 도구로서의 엔터프라이즈 아키텍처 역할을 강조하는 또 다른 정의를 선보였다.

'엔터프라이즈 아키텍처는 기업 운영 모델의 통합과 표준화 요구 사항을 반영하는 비즈니스 프로세스와 IT 인프라 논리를 체계화한 것이다. 엔터프라이즈 아키텍처는 긴 안목으로 기업의 프로세스, 시스템, 그리고 기술에 접근하면서 각 개별 프로젝트를 실행할 능력 개발을 목표로 한다. 당장의 요구를 즉각적으로 채워달라는 근시안적 태도는 금물이다.'

* Institute of Electrical and Electronics Engineers : 미국 표준 협회(ANSI)에 의해 미국 국가 표준을 개발하도록 인증 받은 전문기구. 1963년 미국에서 전기, 전자, 컴퓨터 공학의 이론과 실체를 향상시키기 위해 설립된 기관이다.

5.1.2 엔터프라이즈 아키텍처의 비전

필자의 관점에서 엔터프라이즈 아키텍처는 두 가지 이유(전략에서 설계로의 전환, 복잡성의 정복) 때문에 IT를 통한 비즈니스 변화에 필수적이다.

:: 주요 역할 : 전략에서 설계로의 전환

먼저 엔터프라이즈 아키텍처는 전략을 설계로 전환시키기 위한 필수적인 요소다. 엔터프라이즈 아키텍처는 하나의 전략이나 하나의 설계가 아니라, 사실 서로를 이어주는 연결고리다. 구성요소와 이들 상호관계 측면에서 대형 시스템의 고수준 체계로서 아키텍처를 바라본다. 아키텍처의 핵심 특징은 구성요소가 높은 수준의 요구조건과 다른 구성요소와의 상호작용만으로 정의된다는 것이다. 하나의 구성요소 내부 구조의 상세한 명세는 분명히 엔터프라이즈 아키텍처의 범위를 벗어난다. 대신 이러한 경우를 설계라 명명한다. 그러므로 상세화의 수준과 내용의 세밀성 측면에서 엔터프라이즈 아키텍처와 설계는 다르다. 엔터프라이즈 아키텍처의 핵심은 출발점으로서의 비즈니스·IT 연계 전략을 이해하고, 프로젝트의 근간이 되는 원칙을 정의해 설계 영역을 줄여서 상세 설계를 진행하고 실제 IT 밑그림을 변경하는 것이다.

:: 보조 역할 : 복잡성의 정복

두 번째로, 엔터프라이즈 아키텍처는 합리적인 비용으로 목적에 맞는 기민하고 견실한 정보기술 솔루션 창조를 목표로 하면서 정보기술에서 필연적인 복잡성을 정복하는데 필요하다. 엔터프라이즈 아키텍처는 표준을 정의하고 원칙을 통제하면서, 현재와 미래, 과도기적 환경의 청사진을 만들고, 아키텍처적인 질문, 이슈, 문제가 발생되는 상황에서 프로젝트를 조언함으로써 수행한다. 어느 정도는 엔터프라이즈 아키텍처에서 표준화와 합리화로 복잡성을 줄이지만, 수백 가지의 어플리케이션으로 구성된 대규모의 구조에서는 피할 수 없이 복잡성이 끼어들게 마련이다. 이것이 바로 엔터프라이즈 아키텍처의 보조적 역할을 요구하는 이유다. 어느 정도 수준의 복잡성이 불가피할 때에는 복잡성을 통제하거나 복잡성에게 통제당하거나 하는 두 가지의 선택만이 있을 뿐이다.

5.1.3 도시계획 분석

엔터프라이즈 아키텍처의 역할을 논하기 위해, 도시계획과의 유사점을 분석한다. 이런 계획은 정부가 도시나 도시의 넓은 일부 지역을 신규 개발이나 재개발하기로 결정하는 상황에서 나온다. 이때의 변혁은 복잡성 측면에서 비즈니스와 IT 사이의 변혁과 여러 모로 닮았다.

- 계획은 상대적으로 오랜 기간에 걸쳐 있다.(다년)
- 계획은 다른 부분의 여러 작업을 포함한다.
- 계획은 일관성을 갖춘 기능적 종료 상황을 도출해야 한다.

도시계획은 결과적으로 지역 개발을 위한 하향식 계획을 도출한다. 이 계획은 해당 지역을 더 작은 부분으로 나누고, 각 부분에 목적을 할당한다. (예 : 공용도로와 주차장, 집, 마을, 시내, 기업과 여가 활동구역). 이러한 하향식 계획방법과 함께 일련의 설계 지침이 만들어진다. 이 지침은 모든 부분에 적용되고 최고 높이의 빌딩, 재료와 색감과 같은 이슈를 상세화한다.

여러 면에서 도시 계획은 엔터프라이즈 아키텍처와 비교된다. 두 가지 모두 고도의 추상화 수준으로 미래 상태를 정의하는 하향식 모델이다. 두 모델은 이질적이고 때로 충돌이 발생할 수 있는 요구 사항을 수용하는 기초적인 선택도 반영하고 있다. 이것은 다양한 관심과 요구 사항을 우선적으로 처리하는 전략적 방향의 결과로 발생한다.

엔터프라이즈 아키텍처 방식을 사용할 때, 도시 계획과의 상당한 유사점이 드러난다. 전체 도시계획은 모든 지역을 더 작은 부분으로 나누고 집과 도로, 주차장과 공원 같은 세부적인 목적을 할당한다. 이 계획은 도시 전체의 비전을 따르는 통일성을 기반으로 도시 각 부분을 만들도록 요구 사항을 명세화한다. 이와 같은 명세서의 전형적인 사례는 수도와 전기, 하수처리 시스템과 같이 공용으로 사용되는 시스템이다. 다른 명세서에서는 재료와 도색 계획 등을 다룬다. 하지만 도시계획은 각 부분의 설계에서 제한적인 조건을 포함하지만, 개별 설계에는 여전히 심사숙고할 여지가 있다. 후자는 도시계획자의 책임이 아니라 실제적으로 건축물을 설계하고 세우는 부동산 개발자가 담당한다. 엔터프라이즈 아키텍처의 비슷한 점은 전체 IT 밑그림을 더 작은 부분으로 나눠 제한 조건을 정의하고 전체 IT 밑그림의 원활한 운영을 보증한다. 하지만 엔터프라이즈 아키텍처에 적용한 조건 안에서 소프트웨어 설계자가 어플리케이션을 설계할 때는 자신의 아이디어를 통합해 넣을 수 있는 자유가 있다.

5.1.4 엔터프라이즈 아키텍처는 언제 필요한가?

복잡성과 변화라는 두 가지 요인이 엔터프라이즈 아키텍처의 요구 사항을 결정짓는다. 정보기술 복잡성의 증가는 구조화한 모델과 표준 원칙을 생성함으로써 복잡성의 통제 요구를 높인다. 게다가 상대적으로 짧은 시간 안에 변화가 급격히 일어나야 하는 상황은 안정적이고 향후에도 적은 변화만 요구되는 상황보다는 더 시급하게 엔터프라이즈 아키텍처를 필요로 한다.

각 조직은 나름의 엔터프라이즈 아키텍처를 가져야 한다. 그러므로 질문은 엔터프라이즈 아키텍처가 필요한지 여부가 아니라 이 방법론 적용에 있어 시간과 비용이 얼마나 소요되는지 그리고 비즈니스 성과의 최적화에 필요한 상세 수준이 어느 정도인지 하는 것이다.

5.1.5 엔터프라이즈 아키텍처의 이익

엔터프라이즈 아키텍처 투자는 분명하고 실제적인 비즈니스 성과에서 그 당위성을 찾을 수 있다. 엔터프라이즈 아키텍처의 이익은 대개 다음과 같다.

- 엔터프라이즈 아키텍처는 의사결정을 위한 지침을 제공할 수 있는 종류의 결과물을 만든다. 첫째, 아키텍처 모델은 조직과 프로세스, 제품, 데이터, 어플리케이션 그리고 기술 인프라 측면에서 나오는 것이 무엇인지 통찰을 제공한다. 이러한 통찰은 현 상황의 강점과 약점을 분석하는 데 필수적이다. 둘째, 아키텍처 모델은 실현 불가능한 아이디어에서 실현 가능한 요소를 분리하는 데 중요한 역할을 한다. 셋째, 아키텍처 모델은 결정을 내려야 하는 시각적인 시나리오나 선택의 상황에 완벽하게 들어맞는다. 잘 만든 그림 하나가 수천 마디의 단어보다 더 많은 것을 보여준다(백 번 듣느니 한 번 보느니만 못 하다. 百聞不如一見!).
- 아키텍처 모델이 '국제 공용어'로 사용되기 때문에, 엔터프라이즈 아키텍처는 비즈니스와 IT가 보다 효과적인 협력을 가능하게 만든다.
- 엔터프라이즈 아키텍처는 높은 수준의 표준화와 원칙 가이드를 의식적으로 사용해 동질적이고 일관된 전망을 이끌어낸다. 이는 비즈니스 프로세스부터 기술 인프라에 이르기까지 비즈니스와 IT의 모든 측면에 적용된다. 동일한 밑그림의 결과는 비즈니스 변화에 보다 기민하게 반응하는 것이다.
- 엔터프라이즈 아키텍처는 개별 프로젝트에서 미래 아키텍처의 자각에 기여함으로써 계속 투자를 이끌어 낸다. 이것은 프로젝트 투자 수익이 아니라 기업 투자 수익에 기반해 결정을 내리게 한다.
- 엔터프라이즈 아키텍처는 프로젝트 사이의 일관성을 유지하기 위한 기초다. 실제로 과다

한 프로젝트와 프로세스, 어플리케이션을 포함하는 복잡한 상황에서 다른 프로젝트도 동일한 프로세나 어플리케이션으로 작업을 할 것이다. 이 엔터프라이즈 아키텍처는 프로젝트와 프로세스, 어플리케이션간의 의존성을 감지하는 수단을 제공하고 이러한 의존성을 관리하기 위한 조정 메커니즘을 제공한다

- 엔터프라이즈 아키텍처는 복잡성을 꿰뚫는 통찰력을 제공하며 합리적 아웃소싱 결정을 위한 기반을 형성한다. 게다가 새로운 소프트웨어와 인프라를 얻기 위한 정보 요구가 가까이에 존재하기 때문에, 보다 간단하고 더욱 효과적인 구매 프로세스를 이끌어낼 수 있다. 예를 들면 개선된 통찰력은 라이선스 비용을 한층 더 효과적으로 통제할 수 있게 한다.

- 엔터프라이즈 아키텍처는 표준화 덕택에 보다 효율적인 IT 운영을 가능하게 하고 소프트웨어 개발을 더 쉽게 만들어주며, 신규 버전의 업그레이드 통제를 더 용이하게 한다.

5.2 엔터프라이즈 아키텍처 프레임워크

5.2.1 구조 프레임워크의 일반적 목적

엔터프라이즈 아키텍처는 비교적 새로운 분야이지만, 현재 사용할 수 있는 이른바 엔터프라이즈 아키텍처 프레임워크라는 것이 이미 다수 존재한다. 그러한 프레임워크의 일반적 정의에는 아키텍처 결과물상의 비전과 이들 결과물을 통해 나와야 하는 프로세스의 비전 두 가지를 포함한다. 5장에서는 세 가지 잘 알려진 프레임워크인 자크만(Zachman)과 토가프(TOGAF), 노라(NORA) 등을 설명할 것이다. 노라의 경우 특정한 수요자(독일 정부)가 대상이지만, 많이 사용된 프레임워크이기에 포함했다.

5.2.2 자크만 프레임워크

현재 알려진 자크만 프레임워크의 기초는 존 자크만이 그의 논문 「IT 아키텍처의 프레임워크(A Framework for Information Systems Architecture)」(1987)를 발표하면서 1987년 초기에 그 토대가 마련됐다. 이 논문은 정보시스템 자원의 투자 통제에 있어 정보 아키텍처가 필수요건은 많이 제공하면서 선택은 보다 적게 제공하는 것에 주목하면서 시작한다. 논문의 후반부는 정보시스템 아키텍처와 같은 것이 현재는 존재하지 않음을 규정한다. 대신 자크만은 추가적이고 상호보완적이며, 특정 목적에 맞는 일련의 정보시스템 아키텍처의 필요성을 강조했다.

최근 알려진 자크만 프레임워크는 사실 6 × 6 매트릭스를 구성하는 아키텍처 결과물 분류다. 36개의 셀은 36가지의 서로 다른 구조 모델을 표현한다. [그림 44]는 이 매트릭스를 나타냈다. 자크만에 따르면, 세로 열의 차원은 기초적인 질의(무엇을, 어떻게, 어디서, 누가, 언제, 왜)를 기반으로 하는 의사소통의 핵심을 표현했다. 가로 행에서 보여주는 차원은 일찍이 고대 그리스 철학자가 가정했던 추상적 아이디어의 구체화 과정에서 빌려온 것이다. 이는 전략가와 관리자, 아키텍트, 엔지니어, 기능인, 노동자의 역할을 모두 포함한다.

자크만 프레임워크의 부가 가치는 아키텍처 결과물 배치를 위한 개념적 프레임워크를 제공하는 것이다. 하지만 36개의 서로 다른 모델 전부는 너무 범위가 커서 엔터프라이즈 아키텍처 자체가 광범위한 작업이 된다. 다양한 환경을 고려할 때 실용적인 접근 방식을 취해야 한다. 프레임워크로 해결하기 힘든 또 다른 문제는 모델들 사이의 관계와 모델을 서로 연결하는 방식이다. 자크만 프레임워크는 '현재 상태(As-is)'와 '미래 전망(To-be)'을 다루는 방법과 전환 아키텍처를 정의하지 않는다. 마지막으로 자크만 프레임워크의 범위는 아키텍처 결과물로 제한하고 아키텍처 프로세스는 다루지 않는다.

	무엇	어떻게	어디	누구	언제	왜	
범위	재고 인식	프로세스 인식	네트워크 인식	조직 인식	시점 인식	동기 인식	전략가
비즈니스	재고 정의	프로세스 정의	네트워크 정의	조직 정의	시점 정의	동기 정의	경영진
시스템	재고 표현	프로세스 표현	네트워크 표현	조직 표현	시점 표현	동기 표현	설계자
기술	재고 설명	프로세스 설명	네트워크 설명	조직 설명	시점 설명	동기 설명	기술자
구성요소	재고 배치	프로세스 배치	네트워크 배치	조직 배치	시점 배치	동기 배치	공학자
운영	재고 생성	프로세스 생성	네트워크 생성	조직 생성	시점 생성	동기 생성	실무자
	재고	프로세스	네트워크	조직	시점	동기	

[그림 44] 자크만(Zachman) 엔터프라이즈 프레임워크(www.Zachmaninternational.com)

5.2.3 TOGAF 프레임워크

TOGAF(Open Group Architecture Framework)는 오픈그룹(Open Group)의 멤버들이 개발했다. 첫 번째 버전은 1995년에 발표되었으며, 이후 새로운 버전이 계속 나왔다.

TOGAF는 아키텍처 프레임워크로서 다양한 IT 아키텍처를 개발하기 위한 도구와 방법론을 포함한다. TOGAF의 가장 중요한 부분은 아키텍처 개발에 포함된 다양한 모습과 단계의 권장 순서를 정의한 ADM(Architecture Development Method)이다. 따라서 TOGAF는 아키텍처 프로세스로서 최상의 것이다. [그림 45]는 ADM에 의해 식별된 단계의 개요를 나타냈다. TOGAF ADM이 특정 다이어그램 기법을 모두 규정하는 것은 아니다. 사용자가 기업의 특정 상황에 알맞다고 느끼는 산출물은 어떤 것이든 사용할 수 있다.

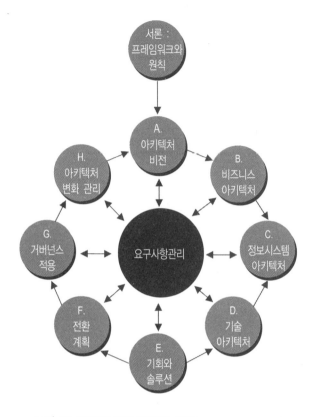

[그림 45] TOGAF 프레임워크의 ADM(www.opengroup.org)

ADM뿐만 아니라, TOGAF에는 두 가지 다른 주요 부분이 포함된다.

- '엔터프라이즈 연속체(enterprise continuum)'는 참조 모델과 ADM 실행에서 관련된 아키텍처 자산을 활용해 참조 모델과 그 맥락을 제공한다.
- 자원 기반(Resource base)은 일련의 지침과 템플릿, 체크리스트, ADM을 지원하는 다른 상세 자료가 있다. 자원 기반이 제공하는 가치 정보의 예는 다음과 같다.
  - 아키텍처 위원회(역할, 책임, 조직, 운영)

- 아키텍처 규정 준수(용어정리, 규정 준수검토)

- 아키텍처 거버넌스(조직, 프로세스)

- 아키텍처 성숙 모델

- 아키텍처 원칙

- 아키텍처 기술 프레임워크

2009년에 오픈그룹은 TOGAF 버전 9를 출시했다. 이 버전은 TOFAG 8에서 발전된 것으로 기존 부분을 좀 더 상세히 다루었으며 새로운 특징으로 표준을 확장했다.

5.2.4 NORA 프레임워크

'NORA(Nederland Overhead Referential Architecture)'는 전자정부 영역의 솔루션을 설계하기 위한 원칙과 모델, 표준을 담고 있다. 이 프레임워크는 정부 기관들 사이의 상호 협력에 집중한다. 목적은 IT의 전략적 사용으로 정부 서비스의 구축을 최적화하는 것이다.

NORA 2.0 문서는 다른 많은 내용도 있지만 [그림 46]에 나타낸 아키텍처 프레임워크를 담고 있다. 이 프레임워크는 3 × 3 매트릭스구조로 행은 '비즈니스 아키텍처'와 '정보 아키텍처', '기술 아키텍처', 그리고 열은 '누가', '무엇을', '어떻게'를 나타낸다. 각 셀은 특정한 아키텍처 모델이다. 예를 들어 비즈니스 아키텍처는 '조직 아키텍처'와 '제품과 서비스 아키텍처', '프로세스 아키텍처' 등으로 구성된다.

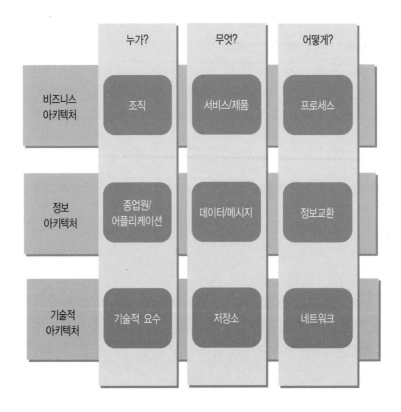

[그림 46] NORA 프레임워크

5.2.5 프레임워크의 평가

세 가지의 프레임워크를 비교할 때, 이들 각각은 아키텍처 결과물의 분류 (자크만)에서 엔터프라이즈 아키텍처(TOGAF)를 위한 프로세스까지 완전히 다른 특성을 가질 수밖에 없다. 하지만 높은 관념적 수준에서, 이들 프레임워크는 해당 프로세스에서 생성할 결과물의 종류를 결정하는 몇몇 공통분모를 공유한다. 그 가운데 하나가 비즈니스와 정보시스템, 기술 인프라 등을 구별하는 일이다.

필자의 관점에서 이러한 프레임워크는 엔터프라이즈 아키텍처를 위한 공통 어휘와 표준화한 접근을 만들기 때문에 부가 가치를 제공한다. 이들 프레임워크 개발은 보다 성숙한 엔터프라이즈 아키텍처의 원칙을 만드는 데 기여한다. 따라서 엔터프라이즈 아키텍처 프레임워크를 사용하되 실용적인 방식을 권장한다.

5.3 엔터프라이즈 아키텍처 결과물

5.3.1 결과물의 표준화

앞 절에서 다양한 프레임워크를 엔터프라이즈 아키텍처를 위해 사용할 수 있지만, 이들은 모두 프로세스에서 몇몇 공통분모를 공유해서 생성할 결과물의 종류를 결정 한다는 사실을 보았다. 분명히 전체 엔터프라이즈 아키텍처를 기술하는 하나의 단독 결과물은 존재하지 않는다. 대신 시스템의 아키텍처는 특정한 측면을 나타내는 서로 다른 결과물의 조합으로 설명된다. 5.3.1절에서는 아키텍처를 기술하는 전형적인 결과물의 종류에 어떤 게 있는지 다룬다. 5.3.2절부터 5.3.5절까지는 결과물의 종류를 결정하는 주요 원칙을 정의한다. 5.3.6절은 지금까지의 설명을 종합하고 전형적인 엔터프라이즈 아키텍처 결과물의 개요를 설명한다. 각 결과물의 종류를 보여주는 구체적인 예는 5.4 ~ 5.7절에서 설명한다.

5.3.2 아키텍처 도메인

엔터프라이즈 아키텍처는 정보기술과 비즈니스적 활용의 여러 측면을 담고 있다. 하지만 정보기술의 모든 면을 담아내고 효과적으로 의사소통하는 단일 모델은 없다. 따라서 정보기술의 서로 다른 측면을 구별하고 각 측면을 위한 별도 모델을 생성하는 것이 모범 사례다. 이러한 측면을 나타내는 데 공통적으로 사용하는 용어가 '도메인' 혹은 '계층'이다. 모든 프레임워크는 적어도 다음의 세 가지 도메인을 식별하지만, 몇몇 프레임워크는 한 도메인을 두 가지 이상의 별도 도메인으로

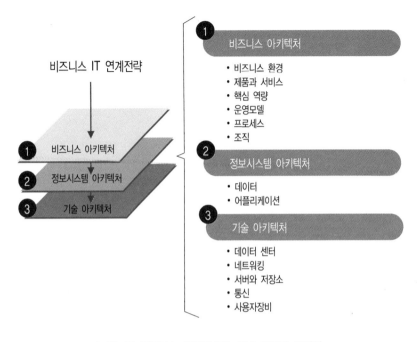

비즈니스 IT 연계전략

① 비즈니스 아키텍처
② 정보시스템 아키텍처
③ 기술 아키텍처

① 비즈니스 아키텍처
- 비즈니스 환경
- 제품과 서비스
- 핵심 역량
- 운영모델
- 프로세스
- 조직

② 정보시스템 아키텍처
- 데이터
- 어플리케이션

③ 기술 아키텍처
- 데이터 센터
- 네트워킹
- 서버와 저장소
- 통신
- 사용자장비

[그림 47] 비즈니스, 정보시스템, 기술 인프라 도메인

분리하기 때문에 더 세부적인 내용을 담는다. 도메인의 집산주의로 필요한 모든 정보를 포함한다면, 굳이 서너 개의 도메인을 사용하는 것은 현실성이 없다고 생각한다. 다음의 세 가지 도메인을 사용해 각각을 더 작은 도메인으로 나눈다.

하지만 정보시스템 아키텍처는 매우 광범위하기 때문에, 데이터 아키텍처(5.5)와 어플리케이션 아키텍처(5.6) 각각에서 연속해서 설명한다. 데이터 아키텍처와 어플리케이션 아키텍처의 결합을 정보시스템 아키텍처라고 한다.

5.3.3 원칙, 모델과 매트릭스

세 가지 다른 도메인을 구별하는 것 외에, 세 가지 다른 결과물의 종류, 즉 원칙, 모델과 매핑*(매트릭스)도 생성한다. 이 절은 이러한 결과물의 종류를 간단히 소

* Mapping : 하나의 값을 다른 값으로, 또는 한 데이터 집합을 다른 데이터 집합으로 번역하거나, 두

개한다. 다음 절은 결과물을 더 상세히 설명하고 예제를 제공한다.

:: 원칙

원칙은 정보기술 자원과 자산의 사용을 통제하는 일반적 규칙과 지침이다. 이것은 의사결정을 하기 위한 기초다. 좋은 아키텍처 원칙은 무엇이 모범 사례인지 아닌지를 명확히 명시한다. 원칙은 조직의 비전을 기술분야에서 해석한 것이다. TOGAF 프레임워크(2009)에 따르면, 좋은 원칙의 특징은 다음과 같다.

- 이해성 - 원칙의 본질을 빠르게 파악하고 이해할 수 있다. 원칙의 의도가 명확하다.
- 확고함 - 원칙은 충분히 믿을 수 있고 정확해야 한다. 복잡하고 잠재적으로 논쟁의 가능성이 있는 상황에서 의사결정을 지원한다.
- 완성도 - 잠재적으로 중요한 모든 원칙을 포괄한다. 인지된 모든 상황을 다룬다.
- 일관성 - 일련의 원칙은 해석의 편차가 없어야 한다. 하나의 원칙만을 고수해서 불가피하게 다른 원칙을 위반하는 모순이 없어야 한다.
- 안정성 - 원칙은 확고해야 하지만, 변화를 수용할 수 있어야 한다.

실제 아키텍처 원칙을 사용할 때, 많은 아키텍처 원칙(80%)이 조직에 딱 맞아떨어지지는 않지만, 일반적인 모범 사례 원칙으로 간주할 수 있다. 엔터프라이즈 아키텍처는 너무 많은 원칙을 제공해서 고민거리를 던져줘서는 안 된다. 그보다 전략적 목표와 관련해서 기업에 맞는 원칙에 집중해야 한다.

원칙의 한 가지 특수한 형태가 표준이다. 표준은 특히 기술 선택에 적용하는

개의 데이터 집합 사이에 1:1 대응 관계를 설정하는 것. 도메인 이름을 인터넷 주소로 번역하는 서버 프로그램의 기능이나 메시지 통신 처리 시스템에서 디렉터리 이름을 발신자/수신자 주소로 옮기는 메시지 전송 시스템도 매핑이다. 흔히 '사상'이라고 옮긴다.

요구 사항과 수립된 정보기술의 기준이다. 예를 들면 '항상 표준을 준수한다!'라는 표현을 원칙이라 할 수 있으며, 원칙의 설명은 표준을 목록화하고 유지하는 문서를 가리킨다. 표준을 정의할 수 있는 전형적인 도메인은 운영체제와 데이터베이스 관리 시스템, 개발 플랫폼, 어플리케이션 통합 프로토콜 등이다. 사용할 수 있는 많은 기술적 옵션을 배제하고 심사숙고해서 한두 가지만 허용하도록 선택함으로써, 결국 일관성 있는 품질을 갖는 밑그림이 이뤄질 수 있게 해야 한다.

:: 모델

모델은 특정한 도메인(예, 프로세스, 데이터, 어플리케이션)과 관련된 복잡한 밑그림을 기술하는데 사용한다. 이들은 표준화한 도식 관례를 준수하는 그래픽 다이어그램의 형식을 띤다. 이런 모델링 기술의 예를 들면 비즈니스 프로세스를 위한 BPMN(Business Process Modeling Notation : 비즈니스 프로세스 모델링 표기법)과 정보시스템을 위한 UML(Unified Modeling Language)이다. 일반적으로 하나의 모델은 개체와 그 개체들 사이의 관계로 구성된다. 사용하는 모델의 도메인에 따라, 개체는 작업이나 활동(프로세스 아키텍처), 데이터 개체(데이터 아키텍처), 어플리케이션(어플리케이션 아키텍처)로 표현할 수 있다. 모델은 아키텍처를 기술하는 강력한 도구로 하나의 다이어그램으로 많은 정보를 전달할 수 있다.

:: 매핑 또는 매트릭스

앞 절에서 비즈니스(조직과 프로세스, 제품)와 정보시스템(데이터와 어플리케이션), 기술 인프라 등의 여러 도메인과 부도메인을 위한 아키텍처 모델을 설명했다. 이런 모델을 사용할 수 있을 때, 모델 사이의 매핑을 생성해서 각 모델 사이의 관계를 정의할 수 있다. 매핑의 논리적인 구조는 한 모델의 행에 해당되는 요소와 다른 모델의 열에 해당되는 요소를 갖는 매트릭스다. 아키텍처 프레임워크에서

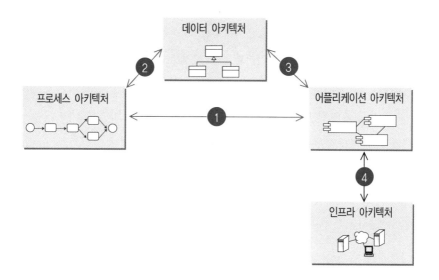

[그림 48] 자주 만들어보는 아키텍처 모델 매핑

별개의 N개 고유한 모델을 구별할 때, 모델간의 N(N-1) 고유 매핑의 이론적 조합이 가능하다. 하지만 실제로는 [그림 48]에 나타낸 것처럼 제한된 수의 매핑만 생성된다.

5.3.4 현재와 미래, 그리고 변형적인 아키텍처

모델은 항상 정적이며, 사진처럼 특정한 시점의 다이어그램이다. 조직이 변화의 한복판에 있다면, 여러 모델—시작점에서 상황 모델('As-is 아키텍처'), 변화의 최종 상황 모델('To-be 아키텍처'), 중간 모델('전이 아키텍처')—을 생성하는 것이 좋은 사례가 될 수 있다. 조직은 하나의 전이 아키텍처에서 다음 아키텍처로 이동함으로써 진화하여 'To-be 아키텍처'에 이른다.

5.3.5 이해관계자, 걱정, 관점(Viewpoint), 견해(View)

앞서 아키텍처 설명을 여러 결과물로 나누고, 각각의 시스템 특정 부분이나 측면을 다루는 원칙을 설명했다. 이를테면 프로세스 모델과 데이터 모델, 어플리케이션 모델, 기술 인프라 모델을 구별했다. 하지만 대개의 경우 단일 모델을 상세하게 이해하기에는 여전히 너무 복잡하다. 동시에 아키텍처 모델은 각기 다른 관심을 가진 이해관계자들이 사용해야 하기에 소통의 측면이 중요하다.

견해와 관점을 소개하는 이유는 전체 아키텍처 모델의 이러한 복잡성 때문이다. 아키텍처 견해는 전체 아키텍처를 대표하고 이는 특별한 걱정이 있는 이해관계자에게 의미가 있다. 대개 견해는 전체 아키텍처 모델에 비해 포함하는 정보가 적다. 전체 아키텍처 모델은 이해관계자의 걱정과 관련된 상세 내용을 포함한다. 관점은 견해를 얻는 전망을 정의한다. 각 견해에는 그 근거가 되는 관점이 있다.

얼마나 많은 견해를 만들 게 하는가 하는 점을 결정해주는 것은 해당 아키텍트의 책임이다. 견해를 많이 만들수록 더 나은 아키텍처를 기술함으로써 다양한 이해관계자와 의사소통을 나눌 수 있다. 하지만 아키텍트는 모든 견해에 일관성을 보장해야 하므로 아키텍처를 기술하는데 더 많은 견해를 추가하는 것은 복잡성을 더할 뿐이다. 그래서 서로 다른 견해를 얼마나 택할 것인가 하는 결정은 현실적인 고려를 통해 제한된다. 견해는 전체 아키텍처 모델이 목적에 딱 맞지 않았을 때만, 만들어야 한다.

TOGAF(2009) 표준에 따르면, 아키텍처 관점과 견해의 개발에서 고려해야 하는 기본 이해관계자들은 다음과 같다.

- 사용자
- 시스템과 소프트웨어 엔지니어
- 운영자, 시스템 관리자, 경영자

- 요청자

5.3.6 통합 : 엔터프라이즈 아키텍처 결과물의 개요

엔터프라이즈 아키텍처 결과물의 개요를 [그림 49]는 세 가지 차원을 결합해 나타냈다. 첫 번째는 세 개의 도메인(비즈니스, 정보시스템, 기술 인프라)을 구별한다. 두 번째는 원칙과 모델을 구별한다. 세 번째는 세 가지 다른 목적(As-is, To-be, 전이)을 보여준다. 우리는 다른 모델 사이의 매핑도 이해하고 있다. 마지막으로 세 번째 차원은 다른 이해관계자로 이뤄진 다른 견해를 표현하고 있다.

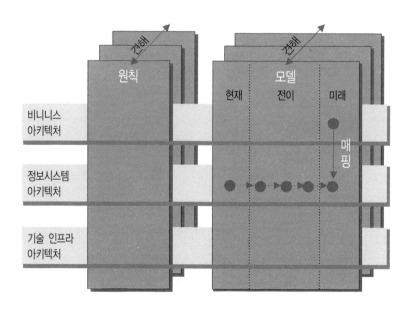

[그림 49] 엔터프라이즈 아키텍처 결과물의 개요

다음 4개의 절에서 이들 아키텍처 결과물을 설명할 것이다. 5.4절에서는 비즈니스 아키텍처 도메인을 다룬다. 정보시스템 아키텍처는 자세히 설명하기 위해 두 개의 절에 걸쳐 다룬다. 데이터 아키텍처는 5.5절에서 논의하고 어플리케이션 아키텍처는 5.6절에서 설명한다. 마지막으로 기술 인프라 구조는 5.7절에서 언급한다.

5.4 비즈니스 아키텍처 영역

5.4.1 비즈니스 아키텍처와의 관련성

비즈니스 아키텍처는 제품, 프로세스와 조직의 측면에서 기업을 어떻게 운영할 것인지 정의한다. [그림 50]은 비즈니스 아키텍처와 이들의 논리적 관계의 구성성분을 나타낸다. 먼저 기업의 비즈니스 환경이라는 모델로 시작한다. 이 모델은 생산자와 고객, 서비스 공급자, 통제 조직과 같은 기업 상호작용 부분을 식별한다. 이후 기업 존재의 기반으로 기업이 시장에 제공하는 제품과 서비스를 정의한다. 다음 단계는 제품과 서비스를 설계하고 생성, 전달하기 위해 필요한 핵심 능력을 다룬다. 운영 모델은 지원 부서와 평가부서, 현업 부서 사이의 활동 분배와 본사와 지점(국가) 사이의 책임 분배, 다른 생산 방식(단순성 vs. 복잡성)을 처리하고 다른 시장에 서비스를 제공하는 방식과 같은 비즈니스를 위한 기본적인 설계 원칙을 규정한다. 마지막으로, 이러한 기본 사항을 완료한 다음, 조직 구조와 프로세스 아키텍처를 구축할 수 있다.

[그림 50] 비즈니스 아키텍처의 구성 성분과 그 관계

IT를 통한 BT의 네 가지 차원(제품, 프로세스, 조직, 기술)을 고려할 때, 비즈니스 아키텍처는 이러한 네 가지 차원 가운데 세 가지를 다룬다. 따라서 비즈니스 아키텍처는 IT를 통한 BT와 매우 밀접한 관련을 가지며 이것의 목적은 제품과 프로세스, 조직에 끼치는 세부 영향도 측면에서 비즈니스·IT 연계 전략을 만들어내는 것이다. 이는 원칙과 모델, 다양한 종류의 청사진을 정의함으로써 가능하다. 전략에서 설계로의 전환은 비즈니스 도메인으로 시작해서 정보시스템 아키텍처를 설계하는 기초를 만들어야 한다. 하지만 비즈니스 아키텍처를 지배하는 원칙이 출발점이 되어야 함은 물론이다.

5.4.2 비즈니스 아키텍처 원칙

일련의 원칙들은 조직과 프로세스, 제품이 설계되고 구조화한 방식을 통제하는 가치와 규칙을 표현한다. 비즈니스 아키텍처 원칙의 두 가지 예는 다음과 같다.

:: 비즈니스 아키텍처 원칙의 예

예제1

원칙   *제품과 서비스는 채널에 독립적이다.*

설명   제품과 서비스는 서로 다른 채널을 통해 제공한다(웹사이트,

전자메일, 전화, 우편, 상점). 제품이나 서비스의 내용은 될 수 있는 한 전달되는 채널에 독립적이어야 한다.

이유 채널 독립적인 제품과 프로세스 정의는 일관성 있는 고객 경험을 보장한다.

예제2

원칙 *비즈니스 연속성*

설명 기업 운영은 시스템이 중단되어도 유지되어야 한다. 시스템 오류를 최소화하기 위해 이중화를 적용한다. 조직의 평가는 IT 시스템을 일시 사용하지 못하는 경우에 비즈니스 수행을 지속시키는가에 맞춰야 한다.

이유 운영은 갈수록 더 IT 시스템에 의존하고 있다. 비즈니스 연속성을 보장하기 위해 시스템 설계와 사용에서 IT 시스템의 신뢰성을 더욱 고려해야 한다.

5.4.3 비즈니스 환경

비즈니스 아키텍처는 기업 환경에서 비즈니스의 위치를 정하는 것에서 시작한다. 그러므로 조직이 참여하는 공급 체인은 각 부분 사이의 정보 흐름과 물리적 제품 흐름, 재정적 흐름과 함께 기업이 상호작용하는 부분을 식별한다. 전형적인 외부 범주는 고객과 공급자, 서비스 제공자, 관리 조직이다. [그림 51]은 하나의 예를 보여준다. 기업은 글로벌 본사와 소매 채널로 구성된다. 세 가지 형태의 소매 채널이 있고 각각은 웹스토어, 숍인숍(shop-in-shop) 스토어, 모노 브랜드 스토어(mono brand store)다. 이들 조직 항목은 생산자와 고객, 논리적 서비스 공급자(유통 센터, 운송)와 상호작용한다.

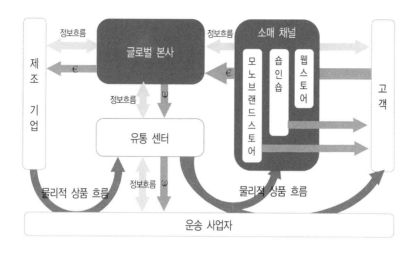

[그림 51] 비즈니스 환경 모델의 예

5.4.4 제품과 서비스

제품과 서비스 아키텍처는 제품의 특성과 높은 수준의 서비스 포트폴리오를 정의한다. 먼저 '제품'과 '서비스'의 차이를 명확히 구분해야 한다. 경제적 거래의 대상은 실제 상품으로 구성되고 상품의 주인이 바뀔 때, 일반적으로 제품이라고 한다. 다른 한편으로 특정한 시간과 장소에서 수행한 활동에 특성을 부여하는 부가가치는 서비스를 말한다. 하지만 많은 경우 경제적 거래는 제품과 서비스 모두를 포함한다. 결국 제품의 배달 역시 하나의 서비스다. 이 두 가지의 본질을 볼 때, 제품과 서비스는 각기 다른 특성을 가지고 있다. 예를 들어 실체가 있는 제품은 생산하고 재고로 넣을 수 있지만, 실체가 없는 서비스는 그럴 수 없다. 결론적으로 제품을 생산하는 기업은 제품 아키텍처와 서비스 아키텍처 모두가 필요하다. 서비스를 제공하는 기업은 서비스 아키텍처가 필요하다. 이 단락의 나머지 부분에서는 제품 아키텍처의 개념을 다룬다. 하지만 이러한 개념은 제품과 서비스 아키텍처에 같이 적용된다.

제품 아키텍처는 제품 포트폴리오를 높은 수준으로 정의하고, 상세화한 기술 명세로부터 개념화한다. 제품 아키텍처의 기초는 비즈니스·IT 연계 전략 단계에서 구축한 제품 전략이다. 제품 아키텍처의 두 가지 중요한 측면은 다른 종류의 제품 수와 개별 제품을 어느 정도 변경할 수 있는가 하는 것이다.

다른 제품 종류의 수 측면에서 기업은 동종 시장의 표준화한 제품부터 다른 시장을 위한 다른 종류의 제품까지 선택할 수 있다. 어떤 선택을 하든, 기업은 항상 표준 구성요소로 그들의 제품을 개발하려고 노력한다.

제품 아키텍처의 두 번째 측면은 개별 제품을 얼마나 주문 제작할 수 있는가 하는 수준이다. 전형적인 실체가 있는 주문 제작 제품의 예는 자동차와 컴퓨터다. 앞서 정의에 따라 실제 서비스인 금융 상품도 주문형 상품의 좋은 예다. 대개 주문 제작이 가능한 제품은 기본 제품이 있고, 기본 제품에서 이미 존재하는 구성요소를 업그레이드할 수 있으며(예컨대 더 힘 좋은 엔진) 추가 기능이나 구성요소로 기본 제품을 확장할 수 있다. 다시 말해 기업은 제품을 조립하는 구성요소를 최대한 표준화하려고 할 것이다. 제한적인 표준화 구성요소로 다양한 사용자 제품을 생산하는 이러한 접근법이 제품 아키텍처의 중요한 측면이다. 5.4절의 마지막에서 프로세스와 조직 아키텍처에 영향을 미치는 제품과 서비스 아키텍처를 어떻게 선택하는지 살펴 본다.

5.4.5 핵심 역량

비즈니스 환경을 정의하고 제품과 서비스 아키텍처를 지정한 다음, 이들 제품/서비스의 생성과 전달에 필요한 역량에 집중한다.

1985년 마이클 포터(Michael Porter)는 이러한 목적을 위해 가치사슬 모델을 사용할 수 있도록 하나의 개념을 소개했다. 포터에 따르면, 가치사슬은 조직의 제품과 서비스에 의해 전달되는 활동의 사슬이다. 각 개별 활동은 하나의 제품이나 서비스에 가치를 더하지만, 사슬에 의해 만들어진 누계 가치는 개별 활동에 의한 가치를 넘어선다. 가치사슬 모델은 조직의 핵심 역량을 정의하고, [그림 52]에 나타낸 것처럼 지원 활동과 주요 활동을 구별한다.

포터는 경쟁력 분석을 위한 프레임워크로서 가치사슬을 제안했다. 그는 우위를 달성하기 위한 하나의 전략은 비용 효율이 높은 활동을 실행하거나 가치사슬 자체의 구성을 개선하는 것이라고 주장했다. 우위를 달성하기 위한 다른 전략은 본질적으로 가치사슬과는 관계 없는 차별화이다.

핵심 역량을 정의에 사용하는 또 다른 형태의 모델을 [그림 53]에서 나타냈다. 이 모델은 고객 응대 역량과 개발 역량, 실행 역량, 그리고 지원 역량 등을 구별한다. 이와 같은 모델은 기업이 기본적인 소싱 결정을 내리고 내부적으로 역량을 개발하거나 아웃소싱할지 결정하기 위해 사용할 수 있다.

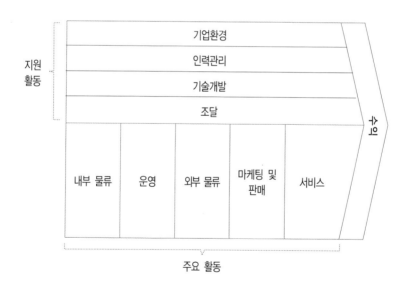

[그림 52] 마이클 포터의 가치사슬

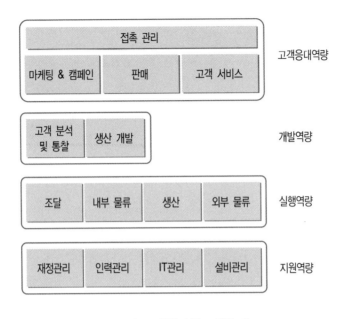

[그림 53] 핵심 역량 모델의 예

5.4.6 운영 모델

기업의 운영 모델 혹은 운영 논리는 비즈니스 구조화에 따라 기본적인 설계 원칙을 정의한다. 이 모델은 프로세스와 책임을 현업 부서와 평가 부서, 지원 부서에 분배하는 방식을 규정하고 이들이 함께 원활하게 일하는 방법을 정의한다.

운영 모델은 책임과 프로세스를 여러 영역에 걸쳐 어떻게 분배할지 정한다. 이것은 중앙에서 수행할 일과, 지역적으로 수행할 일을 구별하는 것이다. 이러한 형태의 결정은 지역 요구 사항을 조정하는 융통성과 경제 규모 사이의 균형 유지를 포함한다. 운영 모델에서 만들어진 기본적인 결정의 예로는 지원 프로세스를 위한 공유 서비스 센터를 세우려는 선택이 있다. 또 다른 예는 지시통합센터(COE : Center Of Excellence)를 만들어 기업 지식과 전문 지식을 한 곳으로 모으는 것이다.

더욱이 운영 모델의 중요한 측면은 기업이 간단한 상품(주문 제작이 아닌) 과 복잡한 상품(특별 고객을 위한 주문 제작이 필요한) 간의 구별을 처리하는 방식에 관한 문제이다. 이 같은 결정은 효율성과 융통성의 균형을 기반으로 한다.

마지막으로 운영 모델은 고객과의 상호작용을 어떻게 체계화할지, 그리고 어느 채널을 사용해 고객에게 서비스할지를 규정한다. 시장 분할은 각 시장 부분에 맞는 최적의 선택을 하기 위한 중요한 수단이다. 시장 분할의 예로는 개인 고객을 위한 인터넷 셀프서비스 사용과 기업 고객 서비스를 위한 지역 사무소 이용을 들 수 있다.

5.4.7 조직 구조

조직 구조는 조직 구성요소와 관계를 정의한다. 이것은 책임과 의무를 부여하고(거버넌스) 기업의 인적 자원, 기업의 지식과 기능의 분배를 위해 사용된다. 조직 구조는 정교한 운영 모델이다. 대개 조직 구조는 다음 세 가지 종류의 관계를 기반으로 한다.

- 라인 - 상급자와 하급자 사이의 직접적 관계
- 기능 - 전문가와 다른 사람 사이의 관계. 전문가는 재정이나 법률 같은 특정 기능 영역에 권한을 가지고 있고, 다른 사람이 기업 정책과 그 영역에서 지침을 따르도록 만들 수 있다.
- 스태프 - 두 사람의 관계로 한 사람이 다른 사람을 지원하고(종종 라인 관리자) 조언하지만 그 사람은 다룰 어떠한 권한도 없다.

조직 아키텍처 원형에는 다른 종류도 있다. 잘 알려진 예는 계층적 조직과 매트릭스 조직이다. 계층적 조직은 확연한 계층과 구성원 사이의 명령 라인이 특징이다. 매트릭스 조직은 각 구성원이 두 가지 다른 계층에서 두 사람의 상급자를 가지

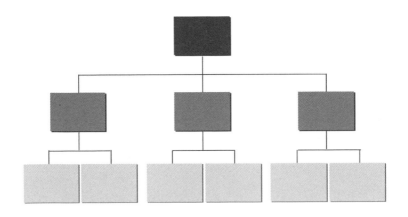

[그림 54] 위계질서 조직 아키텍처의 예

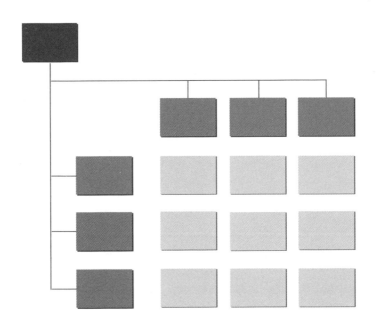

[그림 55] 매트릭스 조직 아키텍처의 예

고 있기 때문에 보다 더 복잡하다. 예를 들면 컨설팅 회사에서 첫 번째 위계질서는 서비스 제공에 따라 구별되지만 두 번째는 고객의 업종에 맞추는 식이다. [그림 54]는 계층적 조직 아키텍처를 나타냈고, [그림 55]는 매트릭스 조직의 예를 보였다.

공식 조직 차트 외에, 핵심 기능과 이에 요구되는 기술을 정의할 수 있다. 조직 아키텍처는 문화와 관리방식, 공유가치에 관한 정보로도 확장할 수 있다.

5.4.8 프로세스

프로세스 아키텍처는 조직에서의 비즈니스 프로세스를 정의한다. 종종 계층 구조처럼 다음의 세 가지 레벨로 정의된다.

- '프로세스 그룹'은 기능적으로 관련된 프로세스의 집합으로 예를 들면 '판매', '회계', '인력 관리' 등이다. 주 프로세스와 지원 혹은 인프라 프로세스를 구별한다.
- 각 프로세스 그룹은 하나 이상의 '프로세스'로 구성되며 각각은 잘 정의된 목표를 가진다. [그림 56]은 프로세스 그룹과 그에 속한 프로세스의 예를 나타냈다.
- '프로세스 모델'은 프로세스의 행동을 명세화하고 가능한 활동 순서를 시각적으로 표현한다. 표준 비즈니스 프로세스 모델 표기법(Business Process Modeling Notation : www.bpmn.org)을 모델링 관례와 드로잉 기술로 사용할 수 있다. [그림 57]은 BPMN 프로세스 모델의 예를 나타냈다.

레벨 1과 2를 갖는 프로세스 아키텍처만 생성해도 거의 모든 상황에서 충분하다. 이것은 조직에게 모든 프로세스를 보여주는 하나의 계층적 차트를 제공한다. 이 프로세스 아키텍처는 정보계획을 위해 사용할 수 있다. 레벨 3(흐름 모델)의 상세 프로세스 모델은 프로젝트에서 요청할 때 나중에 추가할 수 있다.

기업이 프로세스 아키텍처를 정의하기 원할 때, 표준화한 산업 프로세스 아키텍처에서 혜택을 얻을 수 있다. 이들 참조 아키텍처는 조직의 활성화와 가치 있는 모범 사례를 위한 원천으로 사용할 수 있다. 처음부터 전체 프로세스 아키텍처를 개발하는 것보다 기업의 특수 상황에 따라 참조 모델을 수정하는 것이 더 쉽다.

A. 전략계획		B. 마케팅과 고객 관리	C. 미디어 레벨 계획 관리	D. 제품 소싱과 기획	
A-010 기업 전략 개발	A-070 고객 관리 전략 개발	B-010 고객 데이터 수합과 검증 수행	C-010 미디어 방향 개발	D-010 재정/재고 예산과 초기 계획 마감	D-070 제품 개발 / 시제품 검토 지원
A-020 공급업체 전략개발	A-080 인프라 전략 개발	B-020 고객 분할 수행	C-020 창의적 방향 / 계획 개발	D-020 라인 전략	D-080 종합적 분류
A-030 기업 브랜드 개발과 제휴	A-090 물류 전략 개발	B-030 고객 경험 관리	C-030 미디어 모델 개발	D-030 원천 제품(생산 혹은 구입)	D-090 라인 가동 전략 개발
A-040 전략적 계획 개발		B-040 홍보 캠페인 계획과 수행	C-040 미디어 재정 / 판촉 계획 개발	D-040 공급업체 선택 관리	D-100 라인 편집과 가동
A-050 판촉 전략 개발		B-050 마케팅 프로그램 계획과 수행		D-050 공급업체와의 협력기간 협의	D-110 가격 관리
A-060 브랜드 전략 개발		B-060 광고 계획과 수행		D-060 공급업체 제품 선택 프로세스 관리	

[그림 56] 프로세스 그룹과 프로세스(레벨 1과 2)의 예

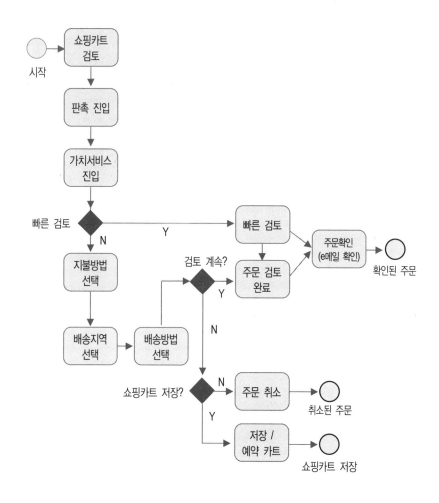

[그림 57] 흐름 모델(BPMN) 레벨 3의 예

:: 어플리케이션 범위

프로세스 아키텍처는 비즈니스 아키텍처에서 가장 중요하고 자주 적용된 모델 중 하나다. 이것은 다음과 같은 서로 다른 목적을 위해 사용한다.

- 비즈니스 프로세스 재설계 - 프로세스 모델은 'As-is' 상황을 위해 생성하며, 분석과 비즈니스 프로세스 재설계의 기본이다. 비즈니스 프로세스 재설계의 목적은 보다 나은 프로세스 수행을 위해서다. 대개 기업은 낮은 비용과 높은 유연성, 더 짧은 시간, 그리고 높은 품질을 원한다. 다른 측면을 악화시키지 않으면서 한 측면을 개선하는 일은 도전이 아닐 수 없다. 이런 시도는 이루기 어려우며 기업은 예를 들어 비용과 처리시간 사이의 균형 유시라는 문제에 직면한다. 프로세스를 개선하는데 사용하는 전형적인 기준은 다음과 같다.
  - 작업간의 처리시간을 보다 줄이기 위해 순차적 경로 선택방식을 병렬적 경로 선택 방식으로 대체하라
  - 어떤 이유로든지 제외된 경우, 시간 낭비를 피하기 위해 신속한 의사결정으로 프로세스 시작점으로 이동하라
  - 단순, 보통, 복잡한 경우를 구별하고, 조건 경로(선별)를 적용해 각 경우를 가장 효율적으로 처리하는 활동으로 전달하라.
  - 다수의 작은 작업을 하나의 큰 작업으로 통합시켜 작업 사이의 이관 비용을 제거하라.

- 핵심 성과 지표(Key Performance Indicators) - 프로세스 모델은 다음과 같은 핵심 성과 지표를 정의하는 토대가 될 수 있다.
  - 평균 처리 시간
  - 평균 대기 시간
  - 확실한 완료 상태로 프로세스를 끝내는 비율
  - 프로세스의 전체 비용

이들 핵심 성과 지표는 미래 상황을 위한 목표로 정의할 수 있다. 이러한 지표 정의가 완료되면, 지표는 정보시스템 아키텍처를 생성하는 다음 단계를 위한 가치

있는 입력이 될 수 있다. 이후 핵심 성과 지표는 솔루션이 기대한 결과를 가져오는 지 여부를 확인하기 위한 객관적 기준으로 사용할 수 있다.

- 어플리케이션 범위 - [그림 56]에서 나타낸 프로세스 맵은 기업에서 비즈니스 프로세스를 둘러싼 공통의 이해를 제공하는데 매우 효과적이다. 실제로 이러한 방법은 목적의 범위를 정하는 데 매우 효과적이다. 예를 들면 새로운 ERP시스템을 선택해야 할 때, 첫 번째 단계 가운데 하나는 새로운 시스템이 지원해야 하는 프로세스의 범위를 정하는 것이다. 범위를 정하기 위한 방식으로는 프로세스 맵의 개별 프로세스에 칼라 코드 부여를 꼽을 수 있다. 이것은 새로운 ERP시스템이 목표로 하는 범위를 분명히 함으로써 이해관계자 사이의 오해를 차단할 수 있다.

5.5 데이터 아키텍처 영역

5.5.1 데이터 아키텍처의 타당성

현대 조직에서, 기업 데이터는 관리해야 하는 중요한 자산이 되었다. 제품과 프로세스의 품질은 기업 데이터에 전적으로 의존한다. 하지만 실제로, 조직은 정보 홍수와 정보의 빈약한 이용으로 고민하고 있다. 이러한 상황을 개선하기 위해 조직은 언제나 어디서나 이용할 수 있는 높은 품질(완성도, 정확도)로 표준화한 데이터를 필요로 한다. 데이터 아키텍처는 데이터를 자산으로 관리하고 이러한 목적을 달성하기 위한 근간이다. 이것은 데이터 아키텍처 원칙(5.5.2)과 데이터 모델(5.5.3), 정보 생태계(5.5.4)를 포함한다.

5.5.2 데이터 아키텍처 원칙

데이터 아키텍처 원칙은 데이터가 사용되는 방식을 통제하고, 데이터 밑그림과 생태계의 기초가 되는 설계 선택의 근거다.

데이터 구조 원칙의 예는 아래에 나타냈다.

:: **데이터 아키텍처 원칙에 대한 예제**

예제1

원칙   *데이터는 자산으로 관리한다.*

설명   정보시스템은 데이터 품질을 최대화하기 위해 그리고 오래되고 부정확하거나 일관성 없는 데이터를 방지하기 위한 목적으로 설계된다. 포괄적인 메타데이터*가 제공되고, 시스템은 데이터 분석과 보고서를 위한 적절한 기능을 제공한다.

이유   데이터 품질 보장

예제2

원칙   *각 정보 개체 하나의 확실한 출처*

설명   주 목적은 모든 데이터를 한 번만 저장하는 것이다. 하지만 적용 이슈로 말미암아 다른 위치에 동일한 데이터를 이중으로 저장하도록 요구할 수 있다. 이러한 상황이 일어난다면, 하나의 데이터 소스를 원본 소스로서 지시할 것이고, 모든 생성, 변경, 삭제 작업은 이 소스에만 적용한다. 이 원본 데이터 소스의 모든 변화는 다른 모든 데이터 소스로 전파되고, 다른 데

이터 소스는 어떤 식으로든 데이터 변경을 허용하지 않는다.

이유　데이터 일관성 보장

5.5.3 데이터 모델

데이터 모델은 비즈니스 프로세스를 지원하는 필수적인 주요 데이터 요소(예, '고객', '주문', '송장')를 정의한다. 데이터 모델링은 데이터베이스의 설계나 일종의 다른 물리적 데이터 저장소가 아니다. 데이터 모델은 파일 또는 데이터베이스에서 물리적으로 저장되는 방식에 의존하는 것이 아니라 논리적 수준의 데이터를 정의한다. 데이터 모델의 목적은 이중성을 띤다.

- 데이터 모델은 소프트웨어와 데이터베이스 설계와 같은 프로젝트 산출물과 다른 모든 아키텍처 결과물에서 데이터를 참조하는 공용어로 사용할 수 있다. 이것은 특정 데이터 개체를 참조하는 모든 사람들이 같은 의미로 사용하도록 보장한다.
- 데이터 모델은 어플리케이션 범위지정을 위해 사용할 수 있다. 보통 각 데이터 개체는 원본 소스인 하나의 어플리케이션을 가지고 있으므로, 원본 소스가 되는 데이터 개체를 정의함으로써 어플리케이션의 범위를 정할 수 있다. 예를 들면 데이터 개체인 '고객'과 '수취 계정'은 서로 밀접한 관련이 있지만, 어플리케이션 범위는 고객 데이터의 바탕이 되는 CRM 어플리케이션과 수취 계정 데이터의 근간이 되는 재무 어플리케이션을 정의할 수 있다.

---

* Metadata : '초월' 또는 '한층 높은 논리성'을 가리키는 '메타Meta'라는 접두사가 붙은 '메타데이터'는 데이터가 어떤 구조를 하고 있는지, 또 어디에 있는지 하는 정보를 다루는 것이다. 도서관의 도서 목록이 메타데이터의 좋은 예이다.

데이터 모델링을 위해 다양한 명세서 기법을 사용할 수 있다. 이 가운데는 OMG(Object Management Group-www.omg.org)에서 표준화한 소프트웨어 엔지니어링 분야의 범용 시각 모델링 언어인 UML(Unified Modeling Language)이 있다. UML 표준은 구조 다이어그램과 행위 다이어그램 두 가지를 포함하는 멀티 모델링 기술로 이뤄졌다. 대표적인 구조 다이어그램은 클래스 다이어그램과 컴포넌트 다이어그램, 배치 다이어그램, 그리고 패키지 다이어그램이다. 행위 다이어그램으로는 액티비티(활동) 다이어그램, 사용 용례 다이어그램, 순차 다이어그램이 있다.

논리 데이터 모델은 UML 클래스 다이어그램 혹은 ERD(Entity-Relationship Diagram : 실체 관계 다이어그램)로 설계할 수 있다. [그림 58]은 UML 클래스 다이어그램의 예를 나타냈다. 데이터 모델의 전형적인 부분은 다음과 같다.

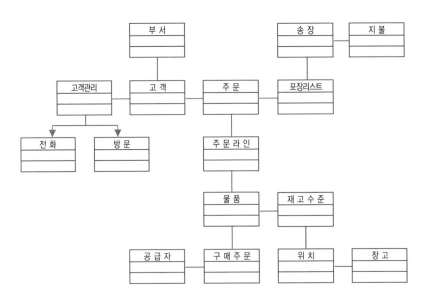

[그림 58] 데이터 아키텍처의 일부로서 UML 클래스 다이어그램

- 최상위 엔터티(예, '고객', '주문', '송장') 주요 데이터 개체의 이해를 제공.
- 관계 비즈니스와 연관되는 핵심 엔터티와 의미 있는 관계에 집중.
- 무결성 규칙과 도메인 - 논리 데이터 모델에서 쉽게 드러나지 않는 세부 규칙은 문서화가 필요함 (예, 엔터티 X는 엔터티 Z의 속성 A가 정의될 때만 생성된다.)
- 주요 SIZE, 엔터티의 수명주기와 같은 측정기준도 수집해야 한다.

처음부터 논리 데이터 모델 전체를 생성하는 일은 많은 노력이 필요하다. 그러므로 첫 번째 버전을 데이터 개체들과 이들 개체 사이의 관계만 보여주는 고수준 데이터 모델로 제한하는 것이 좋다. 속성과 무결점 규칙의 세부 내용은 다음에 이어지는 버전에서 단계적으로 추가할 수 있다.

5.5.4 정보 생태계

데이터 아키텍처의 또 다른 요소는 원천 데이터와 변환, 통합과 보고, 분석을 포함하는 인프라인 정보 생태계다. [그림 59]는 고수준의 정보 생태계의 한 예다. 전형적인 정보 생태계의 요소는 다음과 같다.

- ETL(Extract/Transform/Load : 추출/변환/로딩) 솔루션 - 시기에 알맞게 이종(異種)의 플랫폼에서 대규모의 원천 정보 이동.
- 데이터 웨어하우스/데이터 마트 - 정보를 활용해 이해도를 높여 의사결정 촉진.
- 비즈니스 인텔리전스(business intelligence, BI) - 업무 성과를 보고하고 관찰하고, 측정하는 행위.
- 분석/데이터 마이닝(Data Mining : 정보 발굴) - 데이터에서 실행 가능한 패턴/경향을 찾아내는 수학적 알고리즘의 사용.

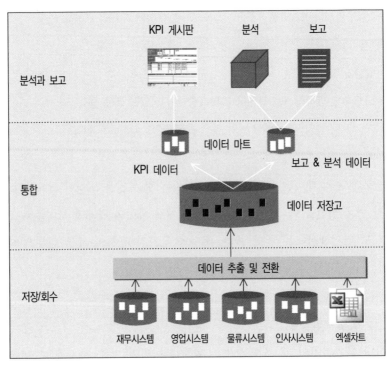

[그림 59] 정보 생태계의 예

이들 아키텍처 모델뿐만 아니라, 다음과 같은 다양한 정책과 절차들을 정의해야 한다.

- 데이터 거버넌스 - 거버넌스는 데이터의 전체적인 관리를 안내하는 규칙과 정책, 방법, 역할을 포함한다. 거버넌스는 비즈니스적인 목적을 충족시키는 동시에, 규정 준수 요구 사항을 만족시키기 위한 기업 데이터 표준에 기반해 데이터가 정확성과 일관성을 갖도록 보장하는 가이드 라인을 제공한다.
- 마스터 데이터 관리(Master Data Management, MDM) - 마스터 데이터는 다수의 비즈니스 프로세스와 IT 시스템에 의해 사용되는 핵심 데이터 엔터티를 포함한다. 마스터 데이터는

기본적인 비즈니스 데이터로 정의할 수 있는데, 비즈니스 데이터는 일반적으로 다수의 어플리케이션에 걸쳐 사용되고 수명이 길다.

- 데이터 품질 관리 - 데이터 품질 관리는 기업의 기술적 요구 사항과 비즈니스 기능을 만족시키고 신뢰할 수 있는 데이터를 제공하는 기능이다. 데이터 품질은 보통 정확성과 일관성, 적합성, 무결점, 접근성과 사용편의성 측면에서 측정한다.
- 데이터 보안 - 데이터 보안은 전반적인 기업의 보안 정책과 같은 선 위에서 데이터의 회수, 저장, 용량, 접근을 효과적으로 관리할 수 있는 정책, 절차, 기술을 다루는 것이다.

5.6 어플리케이션 아키텍처 영역

5.6.1 어플리케이션 아키텍처의 타당성

비즈니스 프로세스의 효율성과 유효성은 이를 실행하는데 필요한 자원의 품질에 크게 의존한다. 요즘의 조직에서, 이러한 자원들 가운데 하나가 바로 컴퓨터 어플리케이션이다. 큰 규모의 조직은 수백 개의 어플리케이션 밑그림으로 구성되는 동시에 이러한 복잡한 어플리케이션 밑그림을 관리할 수 있는 도구가 필요하다. 어플리케이션 규모에 맞는 도구를 제공함으로써 어플리케이션 아키텍처에 부가가치를 제공하는데 이는 앞서 상술한 비즈니스 아키텍처에 가장 잘 맞는 어플리케이션 아키텍처를 찾는 목적에도 부합한다.

5.6.2. 어플리케이션 아키텍처 원칙

어플리케이션 아키텍처 원칙은 어플리케이션을 설계하고 배포하는 방식을 통제한다. 이런 원칙들이 어플리케이션 밑그림의 기초가 되는 설계 선택 사항의 배후 근거다. 아래에 어플리케이션 아키텍처 원칙의 예를 나타냈다.

:: 어플리케이션 아키텍처 원칙의 예

예제 1

원칙 : *기업 전반에 어플리케이션 배포*

설명 : 동일한 비즈니스 기능이 기업의 다른 조직 단위에 존재한다면, 각 조직 단위에 존재하는 여러 개의 중복된 어플리케이션보다 기업의 표준 어플리케이션을 우선해 적용한다.

이유 : 어플리케이션 표준화는 동종의 어플리케이션 밑그림에 기여하고(민첩성), 자산 효율성을 높이며(경제 규모), 데이터베이스 충돌을 방지한다(데이터 품질).

예제 2

원칙 : *표준 패키지 수정의 최소화*

설명 : 표준 소프트웨어 패키지를 가능한 우선적으로 적용해야 한다. 표준 패키지 수정은 새로운 버전의 표준 패키지가 설치될 때 기존 버전에서 보존이 필요한 경우만 허용한다.

이유 : 표준 패키지의 유지보수성.

예제 3

원칙 : *느슨하게 결합된 인터페이스*

설명 : 어플리케이션의 통합은 느슨한 결합 개념으로 이뤄진다. 통합은 잘 정의된 인터페이스를 통해서 이뤄지고 이 인터페이스를 갖는 어플리케이션은 내부 구조 및 다른 어플리케이션의 동작과 완전히 독립적이다.

이유 : 어플리케이션 밑그림의 유연성

5.6.3 어플리케이션 아키텍처 모델

한 조직의 어플리케이션 밑그림을 하나의 시스템으로서 고려할 때 어플리케이션 아키텍처는 인터페이스에 의해 연결된 컴포넌트라는 면에서 시스템의 조직을 고수준으로 정의한다. 이런 어플리케이션 아키텍처를 정의하는데 사용할 수 있는 기술은 다양하다. 이 절에서는 이러한 기술들 가운데 일부를 설명한다.

하지만 먼저 '어플리케이션이란 무언인가?'라는 질문에 대답해야만 한다. 모든 어플리케이션은 소프트웨어이지만 모든 소프트웨어가 어플리케이션인 것은 아니다. 이러한 접근법으로 보면 어플리케이션이란 '직접적으로 비즈니스 프로세스를 지원하고 비즈니스 논리를 구현하고 비즈니스 데이터를 변환하는 소프트웨어' 라고 정의할 수 있다. 이 정의는 운영체제와 데이터 베이스 관리 시스템, 개발 환경, 서버, 미들웨어, 방화벽과 같은 모든 인프라 소프트웨어는 제외한다. 즉, 이런 종류의 인프라 소프트웨어는 인프라 아키텍처의 일부분이다. 이 정의는 워드와 스프레드시트, 그리기 도구 등의 모든 종류의 사무 자동화 소프트웨어도 제외한다. 하지만 이 정의가 스프레드 시트를 도구로 활용해 어플리케이션을 개발하는 플랫폼으로 사용할 수 없다는 것을 의미하지는 않는다. 스프레드 시트 자체는 어플리케이션으로 고려 할 수 없다는 것이다.

'어플리케이션'이라는 정의가 제한적이기는 하지만, 어플리케이션 아키텍처는 여전히 개념적인 차원에서부터 기술적인 차원에 이르기까지 다양한 관념적 수준을 가질 수 있다. 비록 관념적 수준이 연속성을 띠지만, 두 가지 주요한 어플리케이션 아키텍처 타입으로 분류할 수 있다.

- 개념 어플리케이션 아키텍처는 고수준의 관념성을 가지고 있고, 의사 결정과 통찰력을 얻는데 사용한다. 이것은 기술을 아는 이해관계자와, 기술을 잘 모르는 이해관계자 모두를 대상으로 한다. 따라서 간단한 'box-and-line' 그리기 기법을 사용하는데, 각 상자는

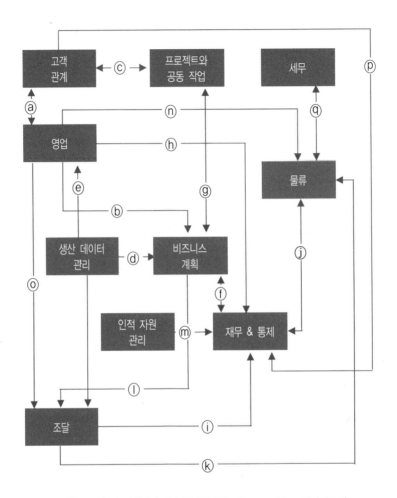

[그림 60] 개념 어플리케이션 아키텍처의 예(box-and-line 다이어그램)

최종 사용자가 인지하는 어플리케이션을 나타낸다. 이는 개념 어플리케이션 아키텍처가

기술적 세부 구현에서 관념화했다는 것을 의미한다. 각 비즈니스 어플리케이션은 여러

개의 패키지 프로그램으로 구성되어 있더라도 하나의 Box로 표현한다. Box 사이의 선은

일종의 어플리케이션 간 인터페이스를 의미하지만 이 그림에서 인터페이스 종류를 구분

하지는 않는다. 어플리케이션을 나타내는 Box들은 프로세스 그룹과 기술 플랫폼, 비즈니

스 단위 등의 다양한 종류의 정보를 나타내기 위해 종종 색상으로 나타낸다. [그림 60]에서 개념 어플리케이션 아키텍처의 한 예를 보였다.

- 논리 어플리케이션 아키텍처는 좀 더 구체적이고 엔지니어링 목적으로 사용한다. 사용자는 설계자와 개발자 같은 기술 스태프가 주요 대상이다. 최종 사용자가 알도록 어플리케이션을 모델링 하는 것이 아니라, 실행 프로그램과 서블릿*, 자바 빈** 등의 좀 더 기술적인 차원에서 구별되는 소프트웨어 컴포넌트로 모델링 한다. 예를 들어 어플리케이션이 N-티어(N-Tier)*** 아키텍처를 가진다고 하면, 논리 어플리케이션 아키텍처는 다른 컴포넌

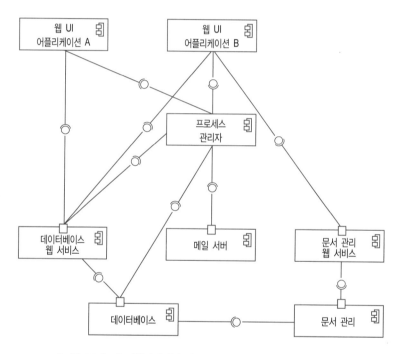

[그림 61] 논리 어플리케이션 아키텍처의 예 (UML 컴포넌트 모델)

* Servlet : 서버에서 수행되는 소형 프로그램. 자바 서버 프로그램이 그 좋은 예이다.
** Java Bean : 자바 안에서 쓰는 소프트웨어 컴포넌트.
*** N-Tier Server : 분산 네트워크에서 서버 모델에 미들 티어(Middle Tier)를 추가한 어플리케이션 프로그램.

트들을 모델링 할 것이다. 분명한 것은 단순한 'box-and-line' 다이어그램은 이러한 목적에 잘 맞지 않는다는 것이다. 따라서 UML (특별히 컴포넌트 모델과 배포 모델)같은 구조화한 모델링 언어를 이용해 사용한다. [그림 61]은 논리 어플리케이션 아키텍처를 표현하기 위해 사용한 UML 컴포넌트 모델을 나타낸 것이다.

:: 전이 아키텍처

5장 앞부분에서 'As-is'모습을 'To-be'모습으로 단계적으로 발전시키는 '전이 아키텍처'의 개념을 다뤘다. 어플리케이션 도메인에서 전이 아키텍처는 아주 중요하다. 이 아키텍처는 새로운 어플리케이션이 운영에 들어가고 레거시 어플리케이션이 중지되며, 새로운 인터페이스가 생성될 시기를 보여준다. 전이 아키텍처는 개별 변경 사이의 종속성을 나타내는데 아주 유용하다.

[그림 62]와 [그림 63], [그림 64], [그림 65]는 일련의 전이 어플리케이션 아키텍처를 각각 나타냈다. 이들 다이어그램은 레거시 어플리케이션(패키지 소프트웨어와 자체 제작 소프트웨어)로 대표되는 'As-is' 어플리케이션 모습에서 보다 적합한 'To-be' 모습으로 전이하는 네 가지 연속적인 상태를 정의한다. 이 'To-be' 어플리케이션 모습은 어플리케이션 합리성과 최신 어플리케이션으로 레거시 어플리케이션(패키지 소프트웨어와 자체 제작 소프트웨어)을 대체함으로써 달성한다. 각 상자는 최종 사용자가 인지하는 어플리케이션을 나타낸다. 아키텍처 표준을 따르는 어플리케이션은 하얀 배경으로 그리고 '레거시'어플리케이션은 회색 배경으로 그린다. [그림 62]의 첫 번째 다이어그램은 'As-is' 모습을 나타낸다. 다음 세 개의 다이어그램은 연속적인 상태를 나타낸다. 어플리케이션 밑그림에서 처음으로 나타나는 어플리케이션이나 인터페이스는 굵은 선으로 나타냈다. 이러한 다이어그램은 어플리케이션과 인터페이스가 등장하고 사라지는 것을 분명히 볼 수 있기 때문에 기술을 모르는 이해관계자와 소통하는데 적합하다.

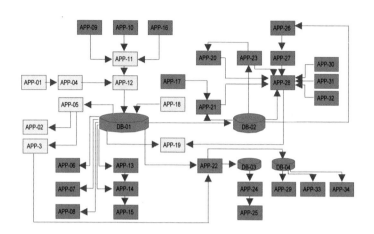

[그림 62] 전이 아키텍처의 예 (상태 0)

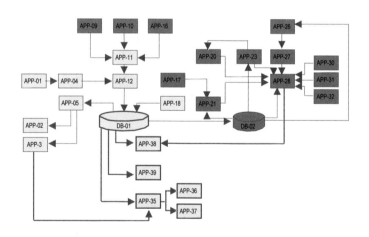

[그림 63] 전이 아키텍처의 예 (상태 1)

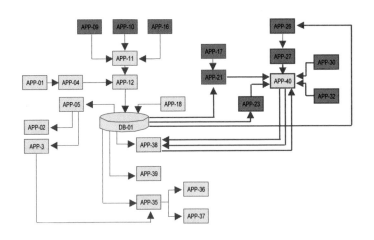

[그림 64] 전이 아키텍처의 예 (상태 2)

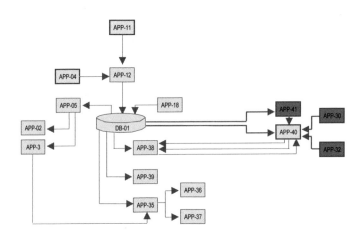

[그림 65] 전이 아키텍처의 예 (상태 3)

:: 정적 및 동적 모델

지금까지 보여준 모델은 정적 모델에 해당한다. 즉 소프트웨어 컴포넌트와 인터페이스 같은 구조적 요소를 주로 나타냈다. 정적 모델은 인터페이스가 존재하는 위치를 정의할 수 있지만 인터페이스 호출이 일어나는 순서 정의와 같은 동적 어플리케이션 동작을 정의하지는 못한다. 어플리케이션의 밑그림이 복잡한 상호작용 패턴을 갖는다면, 이들 상호작용 프로토콜을 동적 모델로 정의할 수 있다. 일반적인 기술로는 UML 시퀀스 다이어그램과 UML 상태 차트가 있다. [그림 66]은 UML 시퀀스 다이어그램의 예를 나타냈다. 이 예는 사용자의 온라인 상품 주문을 구현하기 위한 금융관련 패키지와 CRM 패키지, 그리고 웹 어플리케이션 사이의 상호작용을 보여주고 있다. 수직선은 세 개의 소프트웨어 패키지를 나타내고 수평선은 패키지들 사이의 호출을 의미한다. 화살표의 수직선상의 위치는 인터페이스

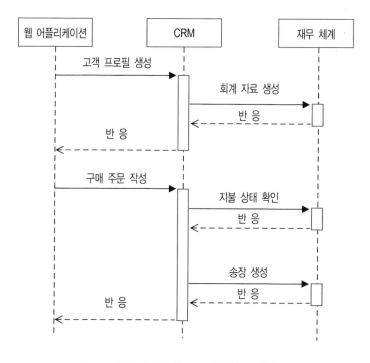

[그림 66] 동적 모델의 예 (UML 시퀀스 다이어그램)

호출이 일어나는 순서를 의미한다. 순서상의 첫 번째 인터페이스 호출은 다이어그램 최상단에 위치하고 마지막 호출은 가장 아래에 위치한다.

여기서 주목할 것은 앞서 설명했던 동적 모델은 어플리케이션 사이의 상호작용에 관련된 중요한 의사결정을 나타내기 위한 엔터프라이즈 아키텍처의 일부로만 존재해야 한다는 점이다. 자세한 인터페이스 설명은 엔터프라이즈 아키텍처의 범위가 아니다. 따라서 동적 모델을 엔터프라이즈 아키텍처에 사용한다면, 그것은 컨셉트로서의 성격을 갖는 것이며, 그 어떤 기술적인 세밀함과는 거리가 멀다.

5.6.4. 어플리케이션 합리성

복잡성의 감소나 합리성은 엔터프라이즈 아키텍처에서 중요한 주제다. 통합과 표준화 같은 기술을 통해서 복잡성을 줄이려는 시도는 계속 있어왔다. 거의 동일한 기능 요구 사항에 맞추려는 다양한 기술 솔루션들을 하나의 표준 솔루션으로 대체하려고 할 때 표준화라는 단어를 사용한다. 예를 들어 회사에서 재무와 관련된 십여 개의 프로그램을 하나의 표준 재무 어플리케이션으로 바꾸는 것이다. 통합이라는 용어는 상대적으로 작은 기술 솔루션들의 수를 넓은 기능 범위를 가진 하나의 더 큰 솔루션으로 대체할 때 사용한다. 예를 들어 재고와 판매, 재무, 물류, 그리고 조달 등을 각각 다루는 별도의 어플리케이션을 통합 ERP 슈트*로 바꾸는 경우가 이에 해당한다. 두 가지 접근법 모두 IT 밑그림에서 수많은 다른 기술과 솔루션들을 줄일 수 있다. 합리성의 혜택은 다음과 같다.

- 전략적 민첩성 개선 - 합리화한 어플리케이션 밑그림은 전략적 방향성의 주요 변화에서 효과적으로 예측할 수 있는 능력을 향상시킨다.

---

* Suite : 여러 기능의 솔루션을 하나의 통합 패키지로 만든 어플리케이션. 그러니까 'ERP Suite'는 전사적 자원관리 통합 패키지이다.

- 운영 유연성 개선 - 합리화한 어플리케이션 밑그림은 운영 환경의 변화를 효과적으로 수용할 수 있는 능력을 향상시킨다. 전형적인 예로는 새로운 공급자와의 연결과 수요의 변동을 들 수 있다.
- 비용 절감 - 합리화한 어플리케이션 밑그림은 경제 규모 면에서도 더 나은 이득을 볼 수 있다. 선호하는 공급자를 제한해 집중할 수 있기 때문이다.

[그림 67]은 표준화와 통합의 개념을 나타냈다. 이 다이어그램은 프로세스와 어플리케이션, 그리고 기술적인 플랫폼이라는 세 가지 차원의 IT 밑그림을 보여준다. 적절한 통제가 없으면, 조직은 온갖 변형된 비즈니스 프로세스와 거의 동일한 기술 플랫폼 역할을 하는 많은 어플리케이션의 개발에 매달리는 성향이 있다. 이를 아래와 같이 아래 A, B, C, D로 나눠 설명해보자.

A : **하나의 프로세스를 다른 어플리케이션에서도 지원한다.** 이런 현상이 발생하는 일반적인 상황은 금융과 고객 관리 그리고 프로젝트 회계와 같은 일반적인 프로세스를 조직 단위에서 자체 독점 솔루션을 자유롭게 개발해서 사용할 때 발생한다. 거대한 조직의 경우 종종 거의 동일한 일을 하는 수십 개의 어플리케이션을 동시에 사용한다. 이런 현상의 대처 방법은 그 분야에서 "챔피언"으로 선택된 하나 또는 몇 개의 우수한 프로그램을 선택해 표준화하는 것이다.

B : **동일한 프로세스가 조금씩 형태만 달리해 동시다발적으로 존재한다.** 이런 현상은 다국적 기업이 각 나라의 조직에게 자신의 고유 비즈니스 프로세스를 사용하면서 상황에 맞게 바꾸도록 허용할 때 발생한다. 이 현상의 결과는 조금씩 다른 비즈니스 프로세스로 말미암아 다양한 소프트웨어 솔루션이 난립한다는 점이다. 해결책은 해당 비즈니스 프로세스를 표준화해서, 예를 들면 각 나라의 조직이 하나의 표준 비즈니스 프로세스를 따라 일하게 하는

것이다. 이렇게 하면 표준 소프트웨어 솔루션 사용이 촉진되기도 한다.

C: **다양한 종류의 기술 플랫폼이 공존한다.** 기술 플랫폼은 다양한 하드웨어 브랜드와 종류, 네트워크 프로토콜, 운영 체제, 데이터베이스 관리 시스템, 어플리케이션 서버, 그리고 미들웨어 기술의 혼합이다. 최악의 시나리오는 한 회사가 다종의 기술을 동시에 쓸 뿐만 아니라 각 기술의 다양한 버전을 혼합해서 사용하는 경우다(예, 십여 가지 버전의 유닉스 운영 체제). 이런 다양성은 기술 표준의 수를 늘리는 일련의 합병, 인수 과정과 IT 표준화의 결핍 때문에 생겨난 것이다. 이 현상의 대처 방법은 기술 플랫폼의 수를 제한하고 각 기술마다 두 개의 다른 버전 만 허용하는 것이다.

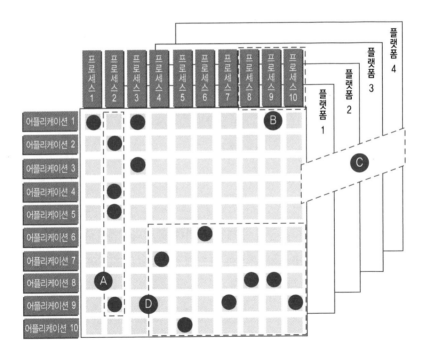

[그림 67] 합리화 이전의 프로세스/어플리케이션 매트릭스의 예

D : **다수의 작은 어플리케이션으로 하나의 프로세스 그룹을 지원한다.** 이 현상
은 아주 제한된 범위 내에서 일련의 개별적인 선택으로 어플리케이션 밑그
림이 점차 넓어지면서 발생한다. 이런 현상의 결과는 어플리케이션이 서로
잘 연결되지 않고 기능이 많이 중첩된 상태가 된다. 해결책은 각각의 어플
리케이션을 프로세스 그룹을 위해 하나의 통합 솔루션으로 대체하는 것이
다. 이러한 통합 솔루션의 일반적인 예가 ERP와 CRM 시스템이다.

[그림 68]은 정보기술 밑그림이 합리화 진행 이후에 어떤 모습을 갖는지 나타
낸 것이다. 많은 어플리케이션은 프로세스 2에서는 표준화로 하나의 어플리케이
션으로 줄었고, 프로세스 4~10에서는 이행으로 말미암아 하나의 통합 어플리케이
션으로 그 수가 줄었다. 같은 동작을 하는 아주 유사한 프로세스 8~10은 하나의
프로세스 8로 표준화를 이뤘다. 결과적으로 많은 기술 플랫폼은 네 개에서 두 개
로 줄었다.

어플리케이션 합리화를 설명하는데 사용한 다이어그램은 두 가지 다른 아키텍
처를 매핑하는 좋은 예다. 이런 경우 프로세스 아키텍처와 어플리케이션 아키텍처

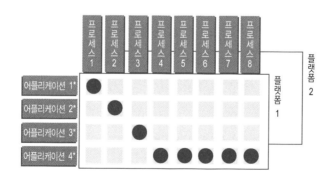

[그림 68] 합리화 이후 프로세스/어플리케이션 매트릭스의 예

사이의 매핑이라고 할 수 있다. 매핑은 한 아키텍처 모델의 개체가 또 다른 아키텍처 모델의 개체들과 관련되는 매트릭스 형태의 구조다. 어플리케이션 아키텍처와 프로세스 아키텍처 사이의 매핑은 프로세스를 어플리케이션에 연결한다. 프로세스 x와 어플리케이션 y 사이의 관계가 가지는 의미는 '프로세스 x 는 어플리케이션 y의 지원을 받는다' 하는 것이다.

5.6.5 어플리케이션 범위 정의와 인터페이스 계획

다른 형태의 매핑은 어플리케이션 아키텍처와 데이터 개체를 어플리케이션에 연결하는 데이터 아키텍처 사이의 매핑이다. [그림 69]는 그 예다.

어플리케이션 x와 데이터 개체 y 사이의 관계가 의미하는 것은 '어플리케이션 x는 데이터 개체 y에 속하는 데이터의 단일 원본 소스다' 이다. [그림 69]의 예에서 '고객' 개체의 원본 소스는 CRM 어플리케이션이다. 이것은 고객의 정보가 필요한 모든 정보시스템은 실시간으로 CRM 시스템을 통해 고객 정보를 받거나 또는 중복 데이터 소스를 사용한다면, 이 중복 데이터 소스는 CRM 시스템과 동기화를 유지해야 한다.

어플리케이션과 데이터 아키텍처 매핑은 두 개의 데이터 개체 사이의 논리적 관계를 식별하는 데도 사용한다. 각 원본 소스는 두 개의 다른 시스템이다. [그림 69]의 예에서 데이터 개체인 '고객'과 '수취 계정'은 논리적 관계를 가진다(모든 '고객'은 정확히 하나의 '수취 계정'을 가지고 모든 '수취 계정'은 정확히 하나의 '고객'을 가진다.) 하지만 두 개의 데이터 개체 모두 두 개의 다른 시스템에 의해 통제되기 때문에 고객과 '계정 테이블'의 무결점을 유지하기 위해 어플리케이션의 논리가 필요하다. 예를 들어 새로운 '고객'이 CRM 시스템 안에 생성되었을 때 자동적으로 새로운 '수취 계정'을 생성하기 위한 재무 시스템을 필요로 한다는 논리이다. 마찬가지로 재무 시스템은 수작업으로 만들어진 "수취 계정"은 허용하지 않아야 할 것이다.

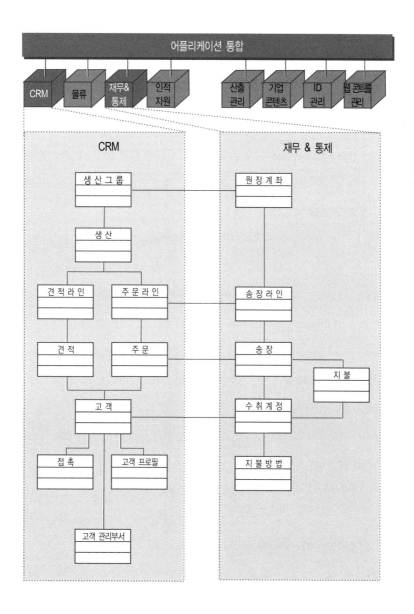

[그림 69] 어플리케이션과 데이터 아키텍처 모델 사이의 매핑 예

5.7 기술 인프라 아키텍처

5.7.1 기술 인프라의 범위

정보기술의 기술 인프라는 다음의 요소를 다룬다.

- 데이터 센터 - 데이터 센터와 주 장비실(MERs), 위성 통신 장비실(SERs) 등의 지리적 위치. 바닥 면적과 데이터 센터 레이아웃, 공조, 주 전원과 비상 전원 공급 시스템, 접근 제어, 방화 시스템 등.
- 네트워크 - 광대역 네트워크(WAN)와 근거리 통신망(LAN), 네트워크 프로토콜, 대역폭, 대기시간, 물리적 네트워크 아키텍처(스위치, 케이블), 논리적 네트워크 아키텍처(VLANs), 네트워크 보안, 프록시 서버, 방화벽, 비무장 지대(DMZ), 무선 네트워킹, RFID(Radio Frequency Identification System : 무선 식별 시스템) 등.
- 서버 - 서버 구성요소(CPU, memory), 서버 통합(블레이드 서버), 서버 가상화, 운영 체제.
- 저장장치 - SAN(Storage Area Networks), 백업 시스템, 데이터베이스 관리 시스템, 정보 수명주기 관리(ILM)
- 통신 - 인터넷 전화(VoIP)와 이동 전화, WLAN을 통한 음성 전화, 호출 장치, 통신과 데스크톱간의 융합.
- 클라이언트 장비 - 개인용 컴퓨터와 노트북, 경량 클라이언트 장치, PDA, 프린터 등.

5.7.2 기술 인프라 아키텍처 원칙

기술 인프라 아키텍처의 원칙은 기술 인프라 아키텍처를 설계하고 배포하는 방식을 통제한다. 이 원칙들은 기술 인프라 아키텍처를 위해 근본적인 설계 선택 사항의 배후 근거다. 다음은 이와 같은 원칙의 예를 보여준다.

:: 인프라 아키텍처 원칙의 예

예제 1

원칙 : *인프라는 개방형 표준을 따른다.*

설명 : 인프라 구성요소는 시장의 주요 공급자가 지원하는 개방형 표준을 따라야 한다.

이유 : 최적의 연결성과 이동성

예제 2

원칙 : *통합과 가상화*

설명 : 기술 인프라는 서버와 저장소, 그리고 네트워킹의 통합과 가상화를 사용한다.

이유 : 자산의 효율성과 빠른 출시

예제 3

원칙 : *각 인프라 구성요소는 품질 속성을 따른다.*

설명 : 인프라 서비스는 비즈니스와 연결되는 품질 속성을 가진다. 그 예로 가용성과 성능, 보안성 등이 있다. 서비스가 다른 품질 속성을 가진다면(예, 99.9% 가용성과 95% 가용성) 그때는 다른 인프라 구성요소가 사용될 것이다. 각 인프라 구성요소는 품질 특성 관점으로 보았을 때 동종의 서비스 집합을 제공한다.

이유 : 합의된 품질 수준 보증

이런 원칙과 더불어, 기술 인프라를 평가하는 품질 특성을 정의해야 한다.

- 가용성 - 가용성과 회복을 위한 아키텍처. 아키텍처 내에 단일 장애 지점을 최소화하거나 제거하고 시스템이 내결함성이 있음을 보장해 시스템 오류에도 운영이 유지되도록 한다.
- 성능 - 모든 수준(어플리케이션, 데이터, 인프라)에 걸친 성능과 확장을 위한 엔지니어링. 이상적으로 시스템은 인프라를 추가하여 용량을 늘리기 전에 성능을 고려해 설계해야 한다.
- 단순성/기술적 다양성의 통제 - 공급자가 바뀌는 동안에도 쉽게 시스템을 교체하고 업그레이드할 수 있는 인프라 체계 구축. 기술적 다양성을 최소화해 전문 지식을 유지 관리하는 비용과 복수의 처리 환경들 사이의 상호 접속을 줄인다.
- 신뢰성 - 오랫동안 중단 없이 가동할 수 있는 엔지니어링 시스템.
- 관리 효율성 - 관리가 용이하도록 측정 지표 수집을 보증함으로써 언제 어떤 일이 일어났는지 알 수 있다.
- 보안 - 필수 보안 수준을 가지고 있고, 외부 보안 솔루션 구성요소의 사용에 최적화한 엔지니어링 시스템

5.7.3 기술적 인프라 표준

엔터프라이즈 아키텍처 관점에서 표준은 기준이나 정보기술을 위한 요구 사항을 수립한다. 대개 표준은 일정한 기술 명세서와 기술 범주를 수립하는 공식 문서다. 이러한 기술 명세서는 패키지 선택과 같은 기술 선택에 아주 중요한데, 아키텍트는 적용 가능한 표준이 요구 사항 명세서에 반영되어 있는지 검증해야 한다.

표준은 하드웨어와 소프트웨어에 모두 적용한다. 표준을 적용하는 하드웨어 장치로는 서버와 저장 시스템, 워크스테이션과 네트워크 구성요소가 있다. 표준을 적용하는 소프트웨어로는 운영 체제와 데이터베이스 관리 시스템, 미들웨어에서 개발 플랫폼과 어플리케이션 서버에 이르기까지 모든 것을 포함한다.

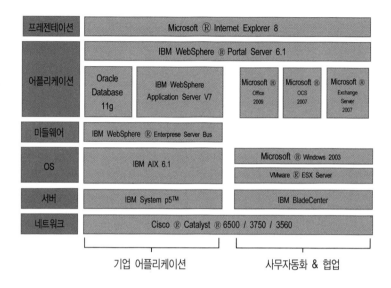

프레젠테이션	Microsoft ® Internet Explorer 8					
어플리케이션	IBM WebSphere ® Portal Server 6.1					
	Oracle Database 11g	IBM WebSphere Application Server V7		Microsoft ® Office 2009	Microsoft ® OCS 2007	Microsoft ® Exchange Server 2007
미들웨어	IBM WebSphere ® Enterprise Server Bus					
OS	IBM AIX 6.1			Microsoft ® Windows 2003		
				VMware ® ESX Server		
서버	IBM System p5™			IBM BladeCenter		
네트워크	Cisco ® Catalyst ® 6500 / 3750 / 3560					

기업 어플리케이션   사무자동화 & 협업

[그림 70] 조직의 주요 IT 표준 예

표준이 여러 도메인에 응집된다면 표준은 더 잘 관리해야 한다. 예를 들어 대규모 비즈니스 어플리케이션에 사용하는 인프라와 사무 자동화를 위한 인프라는 구별해야 한다. [그림 70]은 조직의 주요 표준을 시각화한 것이다.

5.7.4 기술적 인프라 아키텍처 모델

인프라 아키텍처 모델은 그 특성상 오히려 기술 다이어그램에 가깝다.

[그림 71]은 네트워크 아키텍처 다이어그램의 단순한 예다. 이러한 기술적 특성 때문에 기술 인프라 모델의 상세한 설명은 이 책에서 모두 다룰 수 없다.

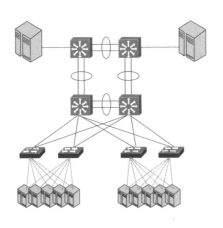

[그림 71] 네트워크 아키텍처 모델의 예

5.8 엔터프라이즈 아키텍처 기능의 조직화

5.8.1 역할과 책임

아키텍처의 본질은 전략을 설계로 변환하고 복잡성을 극복하는 것이다. 이것은 응집성과 유연성, 그리고 지속 가능한 IT 밑그림을 만드는 것이지만 개별 프로젝트가 아키텍처 원칙과 모델을 모두 지켜나갈 때만 가능하다. 따라서 아키텍처의 특징은 거시적 관점에서 이를 경험하지만, 각 프로젝트 단위라고 할 수 있는 미시적 관점에서 아키텍처가 부담으로 느껴진다. 결과적으로 엔터프라이즈 아키텍처를 담당하는 조직이 필요하고 아키텍처 지침을 강제하는 권한을 주어야 한다. 이 조직을 '아키텍처 보드(Architecture board)'라 한다.

'아키텍처 기능을 어떻게 조직화해야 하는가?'라는 질문은 정보 관리는 기술 도메인에서 비즈니스 도메인으로 옮겨가고 있음을 언급한 마스(Maes : 2003, 2007)의 관점과 깊은 연관이 있다. 이는 아키텍처가 더 이상 IT 부서의 우선 과제만은 아니며 비즈니스와 IT가 함께 노력해야 한다는 것을 뜻한다.

또 다른 주목 해야 할 점은 성숙도 수준과의 관계다. 일반적인 규칙으로 보면 엔터프라이즈 아키텍처 구조는 성숙도 수준이 높아질 수록 더 중요해진다. 레벨 3 조직(시스템 레벨)은 기업의 엔터프라이즈 아키텍처 기능이 없이는 존재할 수 없다. 엔터프라이즈 아키텍처 중요성의 증가는 책임 있는 실체로서 헌장에 반영되어야 한다. 조직의 성숙도가 높아질수록, 더 많은 책임과 권한이 아키텍처 보드에 부여된다. 엔터프라이즈 아키텍처 조직에서 아키텍처 보드와 아키텍처 팀을 구별해야 한다.

:: 아키텍처 보드

아키텍처 보드는 엔터프라이즈 아키텍처와 연관된 목적을 이루기 위한 책임과 의무를 갖는다. 이것은 아키텍처 결과물 승인을 담당하는 관리 그룹으로, 엔터프라이즈 아키텍처의 유지 보수를 감독하고 아키텍처 규정 준수의 집행을 보증한다. 대부분의 회사에서 CIO나 IT 관리자는 아키텍처 활동의 초기 스폰서다. 하지만 엔터프라이즈 아키텍처는 비즈니스 도메인뿐만 아니라 IT 도메인도 포괄하기 때문에, 아키텍처 보드에는 임원진 또한 필요하다. 아키텍처 보드는 일상적인 운영 활동을 아키텍처 팀의 멤버에게 위임한다.

:: 아키텍처 팀

아키텍처 팀은 엔터프라이즈 아키텍처의 기능의 일상적인 활동을 담당한다. 팀은 원칙과 아키텍처 모델이 참고해야 할 지침을 정의하고 관리하며, 프로젝트 계획과 설계를 재검토하고 아키텍처 이슈를 비즈니스 입장에서 충고한다. 아키텍처 팀은 엔터프라이즈 아키텍처에서 다른 도메인을 위한 개별 아키텍트들로 구성되고, 리드 아키텍트가 이 조직을 이끈다. 대개 아키텍처 팀은 비즈니스 아키텍트(BA)와 데이터 아키텍트(DA), 어플리케이션 아키텍트(AA), 그리고 기술 인프라 아키텍트(TA)가 필요하다. 아키텍처 팀은 아키텍처 보드의 책임 아래 운영되며 다음의 업무를 수행한다.

- 고수준의 아키텍처 모델을 개발하고 검증하기 위해 비즈니스·IT 연계 전략 프로세스에 참여한다. 비즈니스·IT 연계 전략 프로세스에서 자문 역할을 수행한다.
- 아키텍처 원칙을 안내하는 지침을 정의한다.
- 미래의 시스템 상태와 전이 단계를 위한 아키텍처 모델(조직과 프로세스, 데이터, 어플리케이션, 기술 인프라)을 정의한다.
- 비즈니스 요구 사항이 사업자와 고객이라는 양 끝을 이어주는 정보기술 솔루션으로 전환되도록 비즈니스를 조언한다.
- 아이디어의 사업적 타당성을 검토하고 실행 가능성을 증가시킬 수 있는 제안을 하도록 조언한다.
- 미래 상태의 아키텍처에 필요한 (인프라) 서비스를 위한 프로젝트에 착수한다(예, 어플리케이션 통합 소프트웨어).
- 'To-be' 아키텍처 밑그림과 전이 로드맵에 관해 프로젝트의 포트폴리오를 한발 앞서 내다보고 분석한다. 기존 프로젝트 범위에 없는 변경 요구를 식별한다.

성공적인 엔터프라이즈 아키텍트는 특정한 기술을 가진 전문 분야와 역량을 결집할 수 있어야 한다. 기술 분야에 치중할 수밖에 없는 아키텍처일지라도 갈수록 비즈니스 부문 요구를 소화할 수 있는 소양을 키워가는 것은 중요하다. 정보관리가 기술 도메인에서 비즈니스 도메인으로 옮겨가고 있는 것 역시 같은 맥락에서 이해해야 한다. 여기에 분명한 예를 보여준 사람은 마스(Maes, 2007)였다. 2.3.3절에서 설명한 CIO 역할의 변화와 아키텍트 이동도 이런 흐름과 나란히 가고 있다.

엔터프라이즈 아키텍트의 특징은 다음과 같다.

- 비즈니스를 깊이 이해하며 믿을 만한 조언자로 인정받는다.
- 비즈니스 현안에 창의적인 솔루션과 함께 대안을 제시할 줄 안다.
- 비즈니스와 정보기술의 조화를 꾀하며 조율할 줄 안다.
- 기술적 선택을 놓고 비즈니스 결론을 이끌어내며 이를 소통할 줄 안다.
- 비즈니스 요구 사항을 생산자와 고객 사이를 매끄럽게 이어주는 IT 솔루션으로 바꾸어낼 수 있다.
- 주요 (기술적) 결정에 따른 위험을 식별한다.
- 표준과 모범 사례의 사용을 촉진하고 장려한다.
- 의견 충돌을 다룰 수 있어야 한다.
- 제한된 정보와 불확실성에도 결정을 내릴 수 있어야 한다.
- 협업을 추구한다.

5.8.2 최고 사례와 그 교훈

엔터프라이즈 아키텍처가 반드시 좋은 평판을 받아야 하는 것은 아니다. 일반인들은 엔터프라이즈 아키텍처를 두고 시간만 낭비하며 비용만 잡아먹는 데 비해 결과는 보잘것없다고 생각한다(반대의 사실을 증명하는 문서는 거들떠보지도 않는다). 이런 오해는 대개 기업이 엔터프라이즈 아키텍처를 구현하는 과정에서 저지른 실수 때문에 빚어진다. 다음은 이런 실수를 피할 수 있는 현장의 최고 사례다.

- **IT 스폰서와 마찬가지로 비즈니스 스폰서도 찾아라!** 아키텍처 팀의 성공은 비즈니스 파트의 수용 여부에 전적으로 좌우된다. 아키텍처 팀은 대개 CIO/IT 경영자의 지원을 받는다. 비즈니스 파트의 동의를 확보하기 위해서는 아키텍처 팀에 적극적인 지원을 해줄 비즈니스 임원을 찾는 게 바람직하다.

- **'To-be' 모델에 우선권을 주어라!** 엔터프라이즈 아키텍처 팀은 대개 일을 시작함에 있어 아주 상세하게 규정된 현재의 아키텍처 모델에만 매달리는 경향을 보여준다. 그러나 연구 결과에 따르면 경영진이나 다른 이해관계자들은 현재의 문서 상태를 별 쓸모가 없다고 여긴다. 바로 그래서 미래의 아키텍처에 초점을 맞추고 역량을 집중하는 게 중요하다. 현재 상태의 분석은 미래의 상황과 거기로 넘어갈 경로를 찾는 선에서 이뤄지는 것만으로 충분하다.

- **제한된 범위 안에서 시작하라!** 만들 수 있는 모델의 수와 그 상세 수준은 끝이 없다. 눈에 보이는 모든 것을 모델링 하려 하지 말고 꼭 필요한 것에 초점을 맞춰야 한다. 조직을 위해 무엇이 실제 중요한지 결정하고 그 영역에서 시기 적절한 결과를 제공하자. 아키텍처 프레임워크를 사용한다면, 항상 기억해야 할 점은 일련의 아키텍처 결과물을 완성하는 게 궁극적 목표는 아니라는 것이다. 방법은 언제나 의사 결정과 이의 일관된 수행이라는 주된 목적에 따라야 하는 것일 뿐이다.

- **마감 날짜와 발표 일을 확정하라!** 엔터프라이즈 아키텍처 프로젝트의 결과는 이를 실전에 투입하기 전까지는 아무런 쓸모가 없다. 발표 일에는 프로젝트 관리자와 프로젝트 아키텍처, 소프트웨어 설계자와 같은 이해관계자들을 위해 산출물들이 게시되어야 한다. 아키텍처가 저지르는 전형적인 실수는 '거의 다 됐다'고 하면서 성과물에 계속 매달리는 것이다. 완성도를 높이고자 하는 심정은 충분히 이해가 되나 이런 식으로는 프로젝트가 진척될 수 없다. '거의 다 된 것'을 가지고 할 수 있는 것은 아무것도 없기 때문이다. 이런 실수를 피할 방법은 프로젝트 마감일과 발표 날짜를 확정하는 것이다. 이번 버전은 다음의 더 나은 버전으로 대체될 것이라고 사람들이 이해하는 선에서 갈무리가 되어야 프로젝트는 앞으로 나아갈 수 있다.

- **첫 번째 산출물을 빨리 테스트 하라!** 첫 번째 아키텍처 결과물이 발표될 때가 구현 프로젝트에서 이를 테스트할 적기다. 어디에 문제가 있는지 파악을 해야 늘어날 고통을 미연에 방지할 수 있으며, 아키텍처 팀으로 하여금 짧은 시간 내에 향상된 다음

버전을 내놓을 수 있기 때문이다.

- **경찰처럼 행동하지 않도록 하라!** 엔터프라이즈 아키텍처는 채찍보다 당근을 써야 한다. 아키텍처 기능의 성공은 비즈니스 파트와의 협업이 얼마나 잘 이루어지느냐 하는 것에 달려 있다. 경찰처럼 고압적인 자세로 독촉하고 감독해서는 단기간의 효과는 볼 수 있을지 모르나 장기적으로 더 많은 폐해를 낳는다. 강제보다는 설득이 더욱 효과적임을 명심하자.

- **뛰어난 프로그래머가 항상 좋은 어플리케이션 아키텍트는 아니다.** 기업은 대개 아키텍트를 기존 인력에서 충원하는 경향이 있다. 그러나 프로그램 전문가가 좋은 아키텍트일 것이라는 생각은 그다지 근거 없는 선입견일 따름이다. 아키텍트는 특정 기술만이 아니라 의사소통 능력과 설득력, 리더십, 넓은 안목 등의 능력을 필요로 한다. 기술에 관한 기본 이해만 갖추고 있다면, 지금 열거한 능력을 두루 살펴야 한다.

5.8.3 아키텍처 기능 설정 단계

[그림 72]는 기존에 엔터프라이즈 아키텍처가 없던 기업이 이에 접근하는 방식을 나타내본 것이다.

시작 단계의 목적은 실행 가능한 아키텍처 기능에 필요한 조건을 생성하는 것이다. 이 단계에서 전형적인 활동은 다음과 같다.

- 목적과 아키텍처 보드와 아키텍처 팀의 책임을 헌장에 정의한다(거버넌스).
- 지식과 능력, 기술이 드러난 프로필에 따라 아키텍처 보드와 아키텍처 팀의 멤버를 선정한다.
- 사용 가능한 아키텍처 프레임워크 표준을 평가하고 기업의 특정 요구 사항에 맞는 프레임워크를 선택한다.

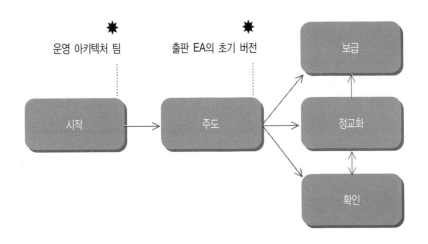

[그림 72] 엔터프라이즈 아키텍처 프로세스의 단계

- 아키텍처 팀 멤버에게 훈련 기회를 제공한다.
- 산출물에 우선 순위를 매기고 발표할 첫 번째 엔터프라이즈 아키텍처 버전의 범위를 정한다. 대부분의 경우 첫 번째 표준 집합과 원칙 그리고 'To-be' 어플리케이션 모습의 첫 번째 버전이 우선 순위가 높은 산출물의 일부분이 된다.
- 다음 단계를 위해 상위 수준의 계획을 세운다. 최소한 엔터프라이즈 아키텍처의 첫 번째 버전 발표를 위한 일정표를 세워야 한다.

주도 단계는 엔터프라이즈 아키텍처의 첫 번째 버전 개발과 공식 출시와 발표를 목표로 한다.

- 정책과 표준 그리고 모든 기존 어플리케이션 목록과 같은 관련된 문서 전체 목록을 제공한다.

- 전략적 목적과 상위 수준의 목표 상태를 포함하는 비즈니스·IT연계 전략을 구상한다.
- 엔터프라이즈 아키텍처를 어떻게 개발하고 유지 관리할 것인지, 프로젝트에서 어떻게 사용하는지 정의하는 엔터프라이즈 아키텍처 절차를 정한다.
- 시작 단계에서 규정한 우선 순위에 따라 높은 우선 순위를 갖는 산출물의 첫 번째 버전을 개발한다.
- 결과물을 이해관계자들에게 발표하는 채널을 결정한다(예, 프린트 또는 인트라넷).
- 첫 번째 버전을 마무리 짓고 발표한다.

보급 단계는 조직에서 엔터프라이즈 아키텍처 중요성의 인지도를 만들어내고 엔터프라이즈 아키텍처를 어떻게 사용할지 비즈니스를 조언하는 과정이다.

- 엔터프라이즈 아키텍처를 설명하고 홍보한다(예, 비즈니스 대표자와 프로젝트 팀원 대상)
- 엔터프라이즈 아키텍처를 사용해 창조적인 솔루션의 비즈니스와 비즈니스 이슈의 대안을 조언한다.
- 엔터프라이즈 아키텍처를 사용해 잠재적 결정과 관련된 위험성을 비즈니스에 조언한다.
- 표준과 모범 사례를 장려하고 촉진한다.

정교화 단계는 원칙과 모델을 정제하는 과정이다. 첫 번째 버전에서 발생하지 않은 모든 아키텍처 결과물은 이 단계에서 개발된다.

- 버전 1에서 만들지 못한 산출물을 모두 생성한다.
- 산출물을 위해 지속적인 정제 과정을 착수하고, 출시 일정에 따라 구조화한 변경 통제 프로세스로 관리한다.

확인 단계는 엔터프라이즈 아키텍처 원칙과 모델을 가지고 프로젝트 산출물을 검증하는 과정이다. 엔터프라이즈 아키텍처와 상호작용하는 프로젝트 수명주기의 일반적인 주제는 다음과 같다.

- 엔터프라이즈 아키텍처에 의해 통제되는 부분을 식별하기 위해 프로젝트 헌장을 검토한다. 초기에 프로젝트 팀에 이들 종속성을 알려준다.
- 프로젝트 시작 아키텍처가 미리 정의된 아키텍처 원칙과 모델을 잘 따르고 있는지 검증한다.
- 엔터프라이즈 아키텍처에 영향을 줄 수 있는 주요 결정들에 관한 보고서를 검토한다(예를 들면 지연이 발생한 하나의 프로젝트 때문에 전이 아키텍처에 변경이 필요할 수도 있다).

5.9 결론

이제 결론을 끌어내고 엔터프라이즈 아키텍처에 관해 다음과 같은 관찰 결과를 얻을 수 있다.

- 엔터프라이즈 아키텍처의 주요 역할은 전략을 설계로 전환하는 것이다. 엔터프라이즈 아키텍처는 비즈니스·IT연계 전략을 출발점으로 해서, 원칙에 준한 지침을 정해 설계 공간을 줄임으로써 결국 상세 설계를 만들고 실제로 IT 모습을 변화시키는 프로젝트의 출발점으로 역할한다.
- 엔터프라이즈 아키텍처의 중요성은 조직의 성숙도 수준과 함께 증가한다. 레벨 3 조직(시스템 수준)은 성숙한 기업 엔터프라이즈 아키텍처 기능을 필요로 한다.
- 엔터프라이즈 아키텍처가 제공하는 이익은 다음과 같다. 더욱 일관된 IT 모습과 IT 밑그림

의 보다 나은 통제, 변화에 대응하는 민첩성의 개선과 투자의 빠른 회수 그리고 투자 중단의 방지, 합리적인 소싱 결정과 보다 효과적인 구매 프로세스 등이다.

- 비즈니스, 정보시스템(데이터, 어플리케이션), 그리고 기술 인프라 같은 엔터프라이즈 아키텍처에서 서로 다른 도메인을 구별하는 것은 좋은 습관이다.

- 엔터프라이즈 아키텍처는 다른 종류의 결과물을 만들어낸다. 원칙은 정보기술과 자산의 사용을 통제하는 일반 규칙과 지침이다. 모델은 특정한 도메인과 연관된 복잡한 조망을 설명하는데 사용한다(예 : 프로세스와 어플리케이션, 데이터). 모델은 'As-is'와 'To-be' 상황과 'As-is'와 'To-be' 사이의 안정 상태를 정의하는 데 사용한다. 매핑은 다른 모델의 엔터티 사이의 논리적 관계를 정의한다 (예, 프로세스와 어플리케이션).

- 비즈니스 아키텍처는 기업이 조직, 프로세스와 생산품의 관점에서 어떻게 운영하는지를 규정한다. IT 기반 BT에서 비즈니스 아키텍처가 갖는 비중은 비즈니스의 전략 목표를 IT 아키텍처를 기반으로 한 비즈니스 청사진에 적절히 심어준다는 데 있다.

- 조직은 정보의 과다한 홍수와 지나치게 적은 사용에 시달린다. 데이터 아키텍처의 목적은 데이터를 기업 자산으로 관리하기 위한 토대를 제공하는 것이다. 이 토대는 데이터 원칙과 데이터 모델, 그리고 정보 생태계까지 포괄해야 한다.

- 비즈니스 프로세스의 효율과 유효성은 비즈니스 프로세스를 지원하는 어플리케이션 밑그림의 품질에 상당히 의존한다. 어플리케이션 아키텍처는 비즈니스 아키텍처의 요구 사항에 가장 잘 맞는 어플리케이션 밑그림을 찾기 위한 목적과 함께 어플리케이션 밑그림을 분석하는 수단이자 근거다. 어플리케이션의 합리적인 운영이야말로 어플리케이션 아키텍처에 근접하게 연계되는 생명이다.

- 기술 인프라 아키텍처는 비즈니스 아키텍처에서 파생된 서비스 수준을 제공하는 어플리케이션 밑그림의 플랫폼을 정의한다. 전형적인 품질 특성은 가용성과 성능, 신뢰성, 관리 용이성, 보안이다.

- 정보관리가 기술 도메인에서 비즈니스 도메인으로 옮겨감에 따라(마스, 2007), 아키텍트

의 역할도 이에 따라 변한다. 엔터프라이즈 아키텍트는 비즈니스와 시장을 보는 깊은 이해를 필요로 한다.

- 엔터프라이즈 아키텍처의 비중은 더 이상 IT 부서에만 주어져 있지 않다. 비즈니스 아키텍처의 우선권을 비즈니스 부서가 갖고, 기술 인프라의 우선권은 IT 부서가 갖는 대신, 정보시스템 아키텍처를 비즈니스와 IT가 책임을 공유하는 쪽으로 변화해야 한다.

프로그램
리더십

:: 성공적인 실행 체계

6장은 IT를 통한 성공적인 BT를 위한 변화 요구를 전달하는 수단으로 프로그램*과 프로그램 리더십을 다룬다. 6.1절은 변화의 속도가 빠른 탓에 이러한 변화를 통제하는 능력이 오늘날 비즈니스에 중시되고 있음을 설명한다. 6.2절은 조직에서 거버넌스 구조의 개발이 의미하는 바를 다룬다. 6.3절은 프로그램과 프로젝트의 차이점을 다룬다. 6.4절은 프로그램과 프로젝트 포트폴리오 관리에 필요한 기술은 어떤 것이 있는지 보여줄 것이다. 실제 프로그램 수행에 관련된 설명은 6.5절에서 논의한다. 프로그램 리더십 프로세스의 성숙도 모델은 6.6절에서 다룬다. 6.7절은 프로그램의 조직을 설명한다. 마지막으로 6.8절은 6장의 핵심 메시지를 요약한다.

6.1 변화의 가속

조직은 안팎으로 변화의 요구에 직면하고 있다. 외적인 요구로는 글로벌화, 갈수록 심해지는 경쟁, 새로운 법 제정, 기술 혁신, M&A 등이 있다. 조직 내부에서도 성장, 비용 절감, 생산 프로세스와 제품 혁신, 규정 준수, 발 빠른 출시 등의 압박이 끊임없이 일어난다. 그러나 이런 변화 요구를 전략적으로 접근하면, 조직의 변화를 이끄는 원동력으로 삼을 수 있다.

변화의 동인은 항상 존재했지만 지난 십 년 동안 변화의 속도는 몰라볼 정도로 빨라졌다. 우리는 그 동안 비교적 안정적이던 조직조차 끊임없이 변화해야만 환경에 적응할 수 있다는 것이 전혀 이상할 것이 없는 일반적인 상황으로 바뀌는 과정을 보아왔다. 그 결과 변화의 주도와 기존 관심의 지속 사이의 전통적인 균형이 뿌리부터 철저히 흔들리고 있다.

* Programme : 광의로 진행 계획이나 순서를 뜻함.

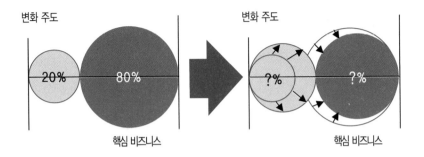

[그림 73] 조직 내 변화의 중요성 증가

갈수록 복잡해지면서 빨라지는 변화는 조직에 많은 압력을 가한다. 변화를 주도하려는 노력은 조직의 부족한 인적 자원을 충당할 것과 IT 밑그림의 변화를 수용할 능력을 요구한다. 변화에 맞추려는 예산이 조직의 전체 예산에 상당한 부담으로 작용하면서 재정상태에 직접적인 영향을 끼친다. 변화에 수반되는 리스크는 변화 계획 자체에만 국한하지 않으며, 조직 전체에 영향을 미친다. 결론적으로 말해서 변화를 관리할 성숙한 방법론이 필요하다.

6.2 의사소통 단절과 관리 소홀

날로 복잡해지고 빨라지는 변화를 따라잡기 위해 대개 조직들은 전통적인 프로젝트 관리 방법에서 프로그램 리더십 접근법으로 옮겨가고 있다. 이는 점진적인 이동이라기보다는 '성장통'을 안겨주는 몇 가지 주요 단계를 거치며 비약적으로 이루어진다. '성장통'의 예로는 프로젝트 내부에서 벌어지는 중복과 생략, 비즈니스 전략과의 빈약한 연계, 다른 계획과의 접목 실패, 자원의 효율적인 배분이 이뤄지지 않은 데 따른 주도권 확보 실패 등을 꼽을 수 있다.

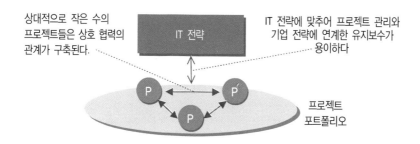

상대적으로 작은 수의
프로젝트들은 상호 협력의
관계가 구축된다.

IT 전략

IT 전략에 맞추어 프로젝트 관리와
기업 전략에 연계한 유지보수가
용이하다

프로젝트
포트폴리오

[그림 74] 단순한 환경 속 협력 메커니즘

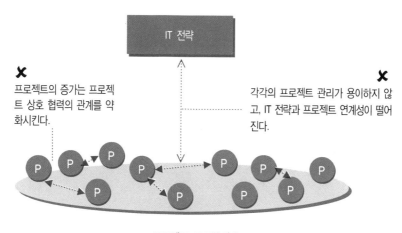

IT 전략

프로젝트의 증가는 프로젝
트 상호 협력의 관계를 약
화시킨다.

각각의 프로젝트 관리가 용이하지 않
고, IT 전략과 프로젝트 연계성이 떨어
진다.

프로젝트 포트폴리오

[그림 75] 복잡한 환경 속 협력 메커니즘 단절

전형적인 성장 경로는 변화의 필요성을 명확히 표명하는 비즈니스 전략을 수립
하는 것으로 시작한다. 프로젝트가 식별되면, 프로젝트 팀이 만들어지고 필요한
작업을 진행한다. 프로젝트의 수를 관리할 수 있을 때, 경영은 전체 비즈니스·IT

연계 전략과 프로젝트 목표를 고려할 여유를 얻는다. 프로젝트 관리자는 비즈니스와 IT 양쪽 모두를 고려해 프로젝트를 조정한다.

프로젝트의 수와 규모의 증가에 따라, 조정 메커니즘은 더이상 효력을 발휘하지 못한다. 비즈니스·IT 연계 전략에 모든 프로젝트를 접목하는 것은 관리의 복잡성을 너무 높일 뿐만 아니라 두 분야의 역학관계 조정이 충분히 이루어지지 못하게 만든다. 하지만 다른 조정 메커니즘이 그 자리를 메워 주는 것도 아니므로 이런 상황이 계속되다 보면 불충분한 조정의 여파가 분명히 드러난다.

조정 실패에 따라 전략과 프로젝트 사이의 소통이 두절되며, 관리 소홀 상황이 빚어진다. [그림 76]은 이를 나타낸 것이다.

프로젝트의 수적 증가 외에, 의사소통 단절과 관리 소홀을 불러오는 두 번째 원인은 기업이 처한 복잡한 환경이다. 프로젝트들은 갈수록 다른 조직 단위까지 영향을 미치며 지리적 경계를 뛰어넘고 있다. 이러한 프로젝트를 통제하기 위해서

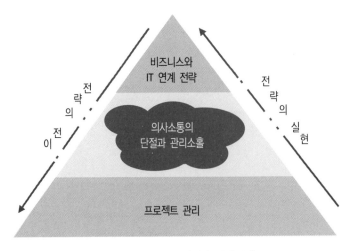

[그림 76] 의사소통의 단절과 관리 소홀

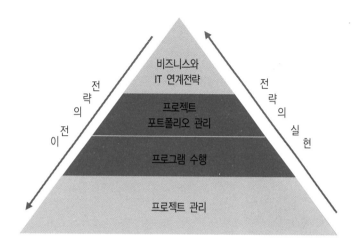

전략의 이전

비즈니스와
IT 연계전략

프로젝트
포트폴리오 관리

프로그램 수행

프로젝트 관리

전략의 실현

[그림 77] 협력 메커니즘의 세 가지 레벨

는 성숙된 프로그램 리더십 역량이 필요하다. 2.4.2절에서 이미 설명했던 비즈니스 성숙도 모델에서 보자면 기업은 경쟁력을 유지하기 위해서 레벨 3의 능력을 갖춰야 한다.

성장과정에서 다음 단계는 큰 프로젝트 포트폴리오 관리를 위한 필수 메커니즘을 구축하는 것이다. 이들 메커니즘은 6.4와 6.5절에서 각각 설명할 프로젝트 포트폴리오 관리, 프로그램 수행을 포함한다. 이 책에서 프로젝트 관리를 따로 다루지는 않았지만 좀 더 자세한 정보가 필요하다면 '프린스 2'*와 같은 표준 방법론을 참고하기 바란다.

:: 계층의 상호 종속성

분명히 이 모델의 네 가지 계층은 서로 독립적이지는 않지만 기능 종속성 측면

* PRINCE II : 프로젝트 경영의 고전적 방법론. 1989년 영국의 'CCTA'(Central Computer and Telecommunication Agency)에 의해 개발된 것이다. '프린스 2'라는 버전은 2009년 6월 16일에 발표되었다. 굳이 '2'라는 숫자를 넣은 것은 원칙은 그대로 지킨다는 의미이다.

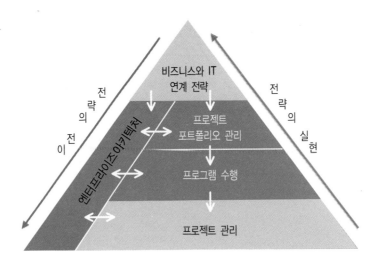

전략의 전이

전략의 실현

비즈니스와 IT
연계 전략

엔터프라이즈아키텍처

프로젝트
포트폴리오 관리

프로그램 수행

프로젝트 관리

[그림 78] 엔터프라이즈 아키텍처는 전략 구체화의 수단이다.

에서 밀접한 관련을 갖는다. 이들 종속성은 양방향이며 피라미드의 좌우 두 화살
표로 나타냈다. 먼저 '전략 전이'라고 표시한 하향식 관계가 있다. 프로세스는
비즈니스·IT 연계 전략 개발에서 시작해 비전을 낳고 미래를 위한 청사진과 로드
맵을 수립한다. 이것은 프로젝트 포트폴리오 관리의 입력에 되어 프로그램과 프로
젝트의 상세한 포트폴리오를 만들어 낸다. 이 포트폴리오는 프로그램 수행을 위한
입력 자료를 형성하며, 프로젝트 관리의 기초인 프로젝트 지시를 이끌어 낸다.

개략적으로 보면 이 메커니즘이 명확하다고 생각할 수 있지만, 중요한 측면인
엔터프라이즈 아키텍처의 역할이 여전히 결여되어 있다. 5장에서 이미 엔터프라
이즈 아키텍처를 비즈니스 전략과 비즈니스 설계 사이의 가교로서 자리매김한 바
있다. 따라서 이 모델을 엔터프라이즈 아키텍처와 함께 확장해 전략 전이를 위한
탁월한 수단으로 만들 필요가 있다. 이러한 접근법으로 엔터프라이즈 아키텍처는
비즈니스·IT 연계 전략을 'To-be' 비즈니스 아키텍처와 정보시스템 아키텍처, 기
술 인프라 아키텍처로 전환하는데, 이들 아키텍처는 프로그램과 프로젝트의 포트

폴리오 정의와 수행을 진행할 구체적인 입력이 된다.

　네 개 계층 사이의 두 번째 종속성은 상향식이며 '전략의 실현'이다. 프로젝트의 수행 상태와 프로젝트의 완료(성공이나 실패와 관계없이)는 프로그램 수행 트랙에 입력이 된다. 프로그램의 상태는 차례로 프로젝트 포트폴리오 관리에 입력이 되고 이는 포트폴리오의 변화를 가져올 수 있다. 마지막으로 포트폴리오의 상태는 내 외부 환경이 변하고 기존 가정이 더이상 참이 아닌 경우 전략의 변화를 일으켜 전략을 조정할 수도 있다.

6.3 프로그램과 프로젝트의 차이점

　계속해서 포트폴리오 관리와 프로그램 수행을 논하기 전에 '프로그램'과 '프로젝트'라는 개념과 특히 둘 사이의 차이점을 정의할 필요가 있다.

　프로젝트란 사전에 정해진 시간과 돈, 자원을 활용해 잘 정의된 결과를 산출해 내려는 목적을 가진 일시적인 조직이다. 프로젝트는 확실한 시작점과 분명한 끝이 있어야 한다. 프로젝트는 프로젝트 관리자가 관리하는데 이들은 프로젝트 결과를 추구하기 때문에 가능한 상호의존적인 부분을 제거하려는 경향을 띤다. 본질적으로 프로젝트 관리는 프로젝트가 올바르게 수행되도록 관리하는 일이다.

　프로그램은 대개 오랫동안 실행하고 조직의 전략적 목표를 달성하기 위해 설계된 것이다. 프로그램은 다수의 상호의존적인 프로젝트들로 구성되는데 이는 새롭거나 더 향상된 역량을 실현하기 위한 조정을 필요로 한다. 조직의 모든 프로그램과 프로젝트를 묶어 프로그램 포트폴리오와 프로젝트 포트폴리오라고 부른다. 기존 프로그램이 지속되는 동안 조직의 프로젝트 포트폴리오는 변하기 나름이다. 종료된 프로젝트는 더 이상 존재하지 않고 새로운 프로젝트가 시작된다.

프로그램으로부터 원하는 역량을 이끌어내는 역할은 프로젝트들 사이의 상호의존성을 관리 감독하는 프로그램 관리자의 몫이다. 이러한 역량은 비즈니스 변화 관리자가 기대하는 비즈니스의 성과와 전략적 목표를 달성하는데 사용한다. 본질상 프로그램 관리란 프로젝트를 올바르게 수행하는 것이며 프로젝트 포트폴리오가 성공할 수 있는 환경을 만드는 것이다.

프로그램 관리와 프로젝트 관리는 상호보완석이다. 프로그램 관리사는 개별 프로젝트 범위를 벗어나는 모든 측면에 책임을 가지고 있지만, 프로그램 관리자가 프로젝트의 일상 업무 수행에 직접 참여하는 것은 아니다. 운영 관리는 프로그램 관리자로부터 권한을 위임 받은 프로젝트 관리자가 수행한다. 바람직한 거버넌스 구조는 프로그램 관리자와 프로젝트 관리자의 책임을 명확히 정의해, 올바른 관리 감독을 수행하고 적절한 균형을 이루는 것이다.

6.4 프로그램과 프로젝트 포트폴리오 관리

6.4.1 개요

프로그램과 프로젝트는 항상 미래 가치와 관련 있다. 현재 조직에 가치를 가져다주는 프로그램과 프로젝트를 실행하고 있다면 미래의 가치에 투자하는 수단이 된다. 이런 관점에서 볼 때 프로그램과 프로젝트는 지속적인 가치의 생명선이다. 목표를 가지고 가치를 최대화하기 위해 프로그램과 프로젝트 포트폴리오를 관리하는 일은 정말 중요하다. 분명히 각 프로젝트 수준이나 프로그램에는 관리가 필요하다. 성공적인 수행에 필요한 이러한 관리 유형은 6.5절에서 설명한다. 하지만 포트폴리오 가치의 최대화는 전체 관점에서 포트폴리오의 분석과 최적화를 필요로 한다. 포트폴리오 구성요소의 일관성이 포트폴리오 최적화에 중요한 변수로 작용한다. 일련의 국부적인 최적의 결정이 자동으로 글로벌 최적 포트폴리오로 이어지지는 않는다.

포트폴리오의 품질은 가치와 리스크 측면에서 측정한다. 가치는 미래의 재무적인 가치로 평가하는데, 이는 기대하는 비즈니스 미래 이익에서 해당 이익을 산출하기 위해 소요된 비용을 차감하면 계산할 수 있다. 리스크는 기대하는 비즈니스 이익을 얻지 못할 확률로 계산한다. 대개는 가치와 리스크 사이에 균형이 존재한다. 높은 가치(VALUE)를 갖는 프로젝트는 대개 높은 리스크를 갖는다. 포트폴리오 최적화 과정의 본질은 전체 프로젝트 포트폴리오의 가치를 최적화하는 동시에 리스크는 감당할 정도의 수준을 유지하는 것이다. [그림 83]에서 나타낸 가치/리스크 매트릭스가 이런 과정의 유용한 수단이다.

최적화 문제로 고민하거나 솔루션 영역을 제한하거나 전체적인 프로젝트 포트폴리오를 구분할 때는 몇 가지 제한이 따르게 된다. 이때 핵심은 아키텍처와 자원의 제한 사항이다. 이들 제한사항이 처리될 수 있는 방식은 제한 사항 유형에 따라 다르다. 몇몇 제한사항은 자원 제한사항처럼 해결하기 어렵다. 그밖에 나머지 제한사항들은 원칙을 준수하거나 혹은 준수하지 못하는 합당한 이유를 설명하는 것이 더 적절한 경우가 있다.

아키텍처 제한사항은 엔터프라이즈 아키텍처에서 도출되며 서로 다른 형태를 가질 수 있다. 우선 각각의 프로젝트들은 아키텍처 표준과 원칙을 준수해야 한다. 예를 들어 엔터프라이즈 아키텍처는 문서 관리를 기업용 소프트웨어 솔루션으로 만들어야 하는 일반적인 기능으로 식별할 수도 있다. 하나의 프로젝트가 특정 비즈니스 단위나 부서를 위한 전용 문서 관리 솔루션을 만드는 것이 목적이라면, 이것은 아키텍처적인 선택은 아니다. 이와 같은 제한사항은 다른 방식으로 해결할 수 있다. 첫 번째 접근 방식은 아키텍처 원칙을 변경이 어려운 규칙 집합으로서 바라보는 것이다. 이는 원칙을 준수하지 않는다면 포트폴리오에서 해당 후보 프로젝트를 제거한다는 의미다. 두 번째 접근 방법은 일시적으로 조건에 따라 원칙을 벗어나는 행위를 허용하고 후속 프로젝트를 계획해 아키텍처 표준을 준수하는 영구적인 솔루션을 만들어 내는 것이다.

두 번째 아키텍처 제한사항의 형태는 IT 밑그림(비즈니스 어플리케이션, 데이터베이스, 하드웨어나 미들웨어와 같은 인프라 소프트웨어)의 결과물 사이의 기능적이고 기술적인 의존성에 놓였다. 이러한 제한사항은 'X는 Y가 존재한 이후에만 시작한다' 또는 'X를 수행한다면 동시에 Y도 수행해야 한다'와 같은 형태를 갖는다. 대개 이들은 프로젝트의 순서에 서로 상당한 영향을 끼친다.

세 번째 아키텍처 제한사항의 형태는 미래 아키텍처의 실현이라는 면에서 프로젝트 포트폴리오의 완성도와 연관이 있다. 프로젝트 포트폴리오 설계는 어떤 새로운 것을 개발하는 쪽으로 집중할 때, 본질상 눈에 보이는 구체적인 것을 추구

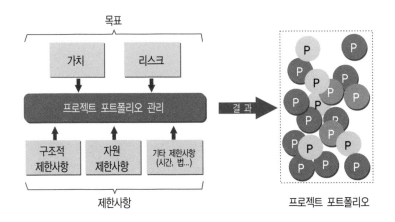

[그림 79] 제한사항 만족과 목표 극대화

하는 경향을 갖는다. 하지만 프로젝트 포트폴리오는 다른 프로젝트의 조건이 되는 프로젝트(예를 들어 인프라 프로젝트)와 폐기된 구성요소들을 제거하는 프로젝트도 포함해야 한다. 대개 일련의 전이 아키텍처들에서 각 변화는 포트폴리오의 프로젝트 범위 내에서 일어나야 한다.

또 다른 제한사항의 형태는 포트폴리오 크기를 제한하는 자원 제한사항으로 구성된다. 대표적인 두 가지 자원이 시간과 예산이다. 시간 제한사항은 프로그램과 프로젝트를 다루는 제한된 수의 종업원이 특정 전문지식을 갖춰야 할 때 발생한다. 외부 인력을 통해 어느 정도는 시간 제한사항을 회피할 수 있겠지만, 내부 인력이 수행해야 하는 역할 자체가 없어지는 것은 아니다. 두 번째 자원 제한사항의 형태는 가용 예산이다. 대개 조직은 프로그램과 프로젝트에 제한된 예산을 투입하는데 언제나 후보 프로젝트들은 실제로 실행될 수 있는 프로젝트의 수보다 더 많다.

마지막으로 아키텍처와 자원이 아닌 기타 제한사항을 살펴보자. 두 가지를 예로 들을 수 있다. 첫째, 다양한 주위 환경 탓에 기업은 포트폴리오를 실행할 수 있는 가용한 기간의 한계를 정한 마감일이 있다. 둘째, 기업이 특정 날짜에 발효되는 새로운 법률을 준수해야 하는 경우 법적 제한사항이 적용될 수 있다. 이러한 제한사항들은 프로젝트에 의무를 부여하게 되고 포트폴리오의 일부가 된다.

6.4.2 수행 절차

프로젝트 포트폴리오 관리를 위한 접근방법은 [그림 80]에 나타냈다. 이 프로세스는 프로세스를 정립하는 두 가지 활동으로 시작한다. 이어 [그림 80]의 오른편에 나타낸 활동들의 연속 사이클로 프로세스를 구성한다. 다음 절에서는 보다 상세하게 각각의 활동을 설명할 생각이다.

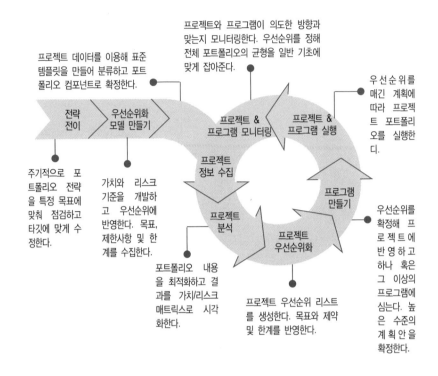

프로젝트와 프로그램이 의도한 방향과 맞는지 모니터링한다. 우선순위를 정해 전체 포트폴리오의 균형을 일반 기초에 맞게 잡아준다.

프로젝트 데이터를 이용해 표준 템플릿을 만들어 분류하고 포트폴리오 컴포넌트로 확정한다.

우선순위를 매긴 계획에 따라 프로젝트 포트폴리오를 실행한다.

주기적으로 포트폴리오 전략을 특정 목표에 맞춰 점검하고 타깃에 맞게 수정한다.

가치와 리스크 기준을 개발하고 우선순위에 반영한다. 목표, 제한사항 및 한계를 수집한다.

포트폴리오 내용을 최적화하고 결과를 가치/리스크 매트릭스로 시각화한다.

프로젝트 우선순위 리스트를 생성한다. 목표와 제약 및 한계를 반영한다.

우선순위를 확정해 프로젝트에 반영하고 하나 혹은 그 이상의 프로그램에 심는다. 높은 수준의 계획안을 확정한다.

전략 전이

우선순위화 모델 만들기

프로젝트 & 프로그램 모니터링

프로젝트 & 프로그램 실행

프로젝트 정보 수집

프로그램 만들기

프로젝트 분석

프로젝트 우선순위화

[그림 80] 프로젝트 포트폴리오 관리 수행 사이클

6.4.3 전략을 측정 가능한 목표로 구체화하라

전략 전이 활동의 목적은 프로젝트 포트폴리오의 정량화할 수 있는 대상을 식별하는 것이다. 이 활동은 비즈니스·IT 연계 전략에서 정의한 측정 가능한 비즈니스 성과와 전략적 목표의 목록을 만드는 것으로 시작한다. 다음 단계는 로스와 비트가 2002년에 제안한 모델인 [그림 81]의 투자 프레임워크에 이들 목록을 매핑하는 것이다. 이 프레임워크는 네 종류의 투자를 식별한다. 실험 프로젝트(Experimental Projects)는 변화로 평균 수익률 이상을 만드는 것에 목표를 둔다. 이들은 일반적으로 고위험/고부가가치 프로젝트다. 변혁 프로젝트(Transformational Project)는 바람직한 비즈니스 모델을 지원하기 위해 정보기술을 변화시켜 수익과 비즈니스 규모의 증대를 꾀한다.

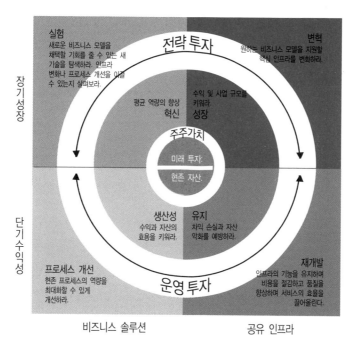

実험
새로운 비즈니스 모델을
채택할 기회를 줄 수 있는 새
기술을 탐색하라. 인프라
변화나 프로세스 개선을 이룰
수 있는지 살펴보라.

변혁
원하는 비즈니스 모델을 지원할
핵심 인프라를 변화하라.

전략 투자

장기성장

평균 역량의 향상
혁신

수익 및 사업 규모를
키워라.
성장

주주가치

미래 투자.

현존 자산.

생산성
수익과 자산의
효용을 키워라.

유지
차익 손실과 자산
악화를 예방하라.

단기수익성

프로세스 개선
현존 프로세스의 역량을
최대화할 수 있게
개선하라.

운영 투자

재개발
인프라의 기능을 유지하며
비용을 절감하고 품질을
향상하며 서비스의 효율을
끌어올린다.

비즈니스 솔루션

공유 인프라

[그림 81] 투자 프레임워크

프로세스 개선 프로젝트(Process Improvement projects)는 기존 프로세스의 운영 성능 개선을 촉진하고 생산성 증대를 염두에 둔다. 재개발 프로젝트(Renewal Projects)는 정보기술 자산의 유지보수와 갱신으로 수익 감소와 자산 가치 감소를 방지하는 것이다.

이 프레임워크를 사용하면 프로젝트를 알아보기 쉬운 범주로 나누고 한 종류 내에서도 프로젝트 우선순위를 정해 투자 유형에 따라 자금 할당을 촉진할 수 있다. 이 프레임워크는 성격과 범위가 다른 프로젝트를 비교하기 위한 배경을 제공한다.

이 프레임워크는 각 범주 별로 사용하는 가용 예산의 비율을 정량화해 의도하는 투자 믹스(investment mix)를 정할 수 있게 해준다. 이 투자 믹스는 기업의 전략적 목표를 반영하고 기업이 가장 필요로 하는 프로젝트 형식에 집중하게 한다.

포트폴리오 관리 프로세스의 나중 단계에서 모든 프로젝트를 나열하고 실제 투자 믹스를 결정할 것이다. 실제의 투자 믹스와 바람직한 투자 믹스의 차이를 측정해 현재의 포트폴리오를 전략적 목표에 맞추는 기준을 결정한다.

6.4.4 프로젝트 우선순위 모델 만들기

프로젝트 포트폴리오 관리 프로세스의 다음 단계는 후보 프로젝트들에 적용하는 우선순위 모델을 정의하는 것이다. 본질적으로 우선 순위 모델은 높은 가치와 수용 가능한 리스크라는 [그림 79]의 두 가지 정교한 목표다. 높은 가치와 낮은 리스크를 갖는 프로젝트는 낮은 가치와 높은 리스크를 갖는 프로젝트 보다 우선 순위가 높다. 다음의 기준들은 후보 프로젝트를 평가하기 위한 것이다. 기준을 객관화하기 위해 1~5 사이의 척도를 사용하고 이 척도로 프로젝트를 일관성 있게 평가할 수 있다.

:: **가치 기준**

규제/위임 - 프로젝트가 법적인 요구에 따라 의무적인 것이라면, 다른
　　기준들을 더 적용할 수 없다.
EVA* 기여도 - 프로젝트가 기업의 EVA에 영향을 미친다.
　　5: EVA > $1M€$** (기업의 규모에 따라 다르다)
　　3: $0 ≤ EVA€ 1M€$
　　1: EVA < 0
ROI 일정 - 프로젝트에서 ROI 일정을 추정한다.
　　5: ROI < 1년
　　3: $18 ≤ ROI ≤ 24$ 개월
　　1: ROI > 3 년

가치동인 연계 - 프로젝트는 전략 계획의 정의에 따라 대상으로 하는 가치동인에 영향을 미친다.

    5: 가치동인에 높은 영향을 끼침

    3: 보통 영향도 / 영향이 다른 동인에 퍼진다.

    1: 가치동인에 영향을 끼치지 않음

IS*** 전략 방향 연계 - 프로젝트 목표에 정의된 IS 조직에 대한 식별된 방향과 프로젝트를 연계.

    5: 높은 영향과 IS 전략 방향과 연계

    3: 보통 영향도 / 두 번째 목표에 기인한 연계

    1: IS 전략 방향과 연계 없음.

프로세스 영향도의 비즈니스 임계치 - 프로젝트의 기능 범위로, 기업 핵심 프로세스에 미치는 프로젝트 영향 정도를 측정하는데 사용된다.

    5: 매우 중요한 프로세스에 영향을 끼친다.

    3: 핵심 프로세스에 영향을 끼친다.

    1: 비 핵심 프로세스에만 영향을 끼친다. (다른 프로세스)

기본 요소

    계획된 향후 개발을 가능하게 하는 기본 요소로서, 향후 프로젝트에서 사용될 계획된 미래 수단 또는 공유 기술을 위한 기초

    5: 4개 이상의 다른 프로젝트에서 재사용 가능하다.

    3: 2~3개의 다른 프로젝트에서 재사용 가능하다.

    1: 재사용하지 않거나 1개의 다른 계획된 프로젝트에서만 전제조건.

---

* Economic Value Added : 경제적 부가가치. 기업이 영업 활동을 통하여 얻은 영업이익에서 법인세, 금융, 자본비용 등을 제외한 금액.

** 1백만 유로.

*** International Standard : 국제표준. 전기 분야는 국제전기회의(IEC)가, 전기 이외의 모든 분야는 국제표준화기구(ISO)가 국제표준안을 정한다.

:: 리스크 기준

비즈니스 사례 정확도 - 불확실성의 정도, 문서화한 프로젝트 헌장 우려

    5: 전혀 문서화가 이뤄지지 않았다. 정확도 ± 50%

    3: 문서화가 되었다. 정확도 ± 30%

    1: 문서화는 물론이고 완벽한 백업을 한다.

스폰서십 - 경영진 스폰서의 참여 정도

    5: 식별된 스폰서가 없다

    3: 스폰서는 있으나 부재중이거나 경영진이 아니다.

    1: 강력한 경영진 스폰서십

변화 정도 - 전략, 프로세스, 도구, 역할, 성과측정을 보는 근본적인 변화 정도

    5: 높다

    3: 보통

    1: 낮다

부서 범위 - 프로젝트에 언급된 다른 부서/사이트의 수

    5: 5개 이상 (초벌)

    3: 3~5개의 부서 (부서 교차)

    1: 1 또는 2개의 부서

외부 파트너십 - 프로젝트에 언급된 다른 조직의 수

    5: 다른 공급 망 파트너와 기술 파트너를 가진 복잡한 협력관계

    3: 제한된 수의 이미 알려진 기술 파트너

    1: 외부 파트너십이 없음

일정 - 예정된 프로젝트의 전체 일정. 반복적인 수행과 프로토 타입

은 일정 위험을 낮출 수 있다.

    5: > 12 개월

    3: 6-12 개월

    1: < 6 개월

의존도 - 다른 프로젝트와의 상호 연관된 수

    5: 프로젝트가 다른 프로젝트의 선행 프로젝트다.

    3: 또 다른 프로젝트에 의존적이다

    1: 프로젝트가 독립적이다.

자원 가용성 - 필요한 자원의 수, 내부적인 가용성, 그리고/시장 희소
성에 대한 리스크 내재 정도

    5: 가용한 내부 자원이 없다

    3: 내부 자원 및 기술이 부족하다

    1: 가용한 자원과 기술이 존재한다

기술적 난이도 - 기술적인 어려움의 정도와 사용되는 기술의 성숙도

    5: 고 난이도의 미숙한 기술

    3: 중간 난이도 또는 조직에서 성숙된 기술의 첫 시현

    1: 저 난이도와 조직 내 성숙된 기술

:: **모델에 기준 가중치 부여**

기준은 1에서 5사이의 점수로 표현한다. 모델의 추가 개량 없이 모든 기준은 전체 점수에서 가중치가 같다. 그러나 실제는 기준마다 다른 가중치를 부여해 하나의 기준이 다른 것에 비해 더 중요하게 보이기 원하는 경향이 있다. 따라서 각각의 기준이 갖는 비중은 최종 점수에서 확인해야 한다. 모든 비율의 합은 100%다.

우선순위 모델의 그 두 번째 개선 사항은 네 가지 투자 유형을 구분하는 것이다. 이 구분은 다른 투자 유형에 속하는 프로젝트에 다른 가중치를 부여했다.

- 재개발 프로젝트(유지보수)는 주로 프로젝트가 연장 가능한지 여부, 향후 활용이 가능한지 여부(기본 요소)와 같은 타당성으로 평가한다.
- 프로세스 개선 프로젝트(생산성)는 영향 받는 프로세스의 비율과 ROI 기간, 가치 기여도에 따라 주로 평가한다.
- 변혁 프로젝트(성장)는 가치 기여도 및 기업 목표와 가치 창출의 연계 두 부분을 주로 평가한다.
- 실험적 프로젝트(혁신)는 장기적인 목표들의 연계성, 비즈니스 구현 수단으로서의 프로젝트 역량 측면에서 평가한다. 이것은 변혁 프로젝트의 경우 성공 여부를 예측하기가 어렵기 때문이며, 따라서 변혁 프로젝트의 '순 현재가치(NPV, Net Present Value)'의 추산은 신뢰성을 확보하기 어렵다.

[그림 82]는 투자 유형에 따른 가중치 부여의 예다.

[그림 82]의 제시된 방법은 매우 간단하다. 'AHP(Analytical Hierarchy Process : 분석 위상체계 프로세스)'와 같은 더 발전된 방법이 프로세스의 품질을 상당히 개선할 수 있을 것이다. AHP는 복잡한 의사결정을 다루는 체계적인 기술로 신중히 측정할 수 없는 측면을 측정할 수 있게 만드는 장점이 있다. 이 기법은 '쌍 대칭 비교(Pair Wise Comparison)'에 의해 결정되는 우선순위에 기초를 둔다.

가치기준	유지	생산성	성장	혁신
규제 / 위임 / 준수	프로젝트가 합법적 요구에 따라야 할 때 다른 기준은 적용할 수 없다.			
EVA 기여	10%	40%	20%	-
ROI 일정	10%	30%	5%	-
가치동인의 연계	-	10%	50%	60%
IS 전략 방향의 연계	20%	5%	5%	20%
비즈니스 임계치	40%	10%	10%	10%
영향 받은 프로세스 건전성	20%	5%	10%	10%
합계	100%	100%	100%	100%

리스크기준	유지	생산성	성장	혁신
비즈니스 사례 정확도	-	30%	10%	-
스폰서십	10%	10%	15%	10%
변화 정도	-	20%	10%	20%
부서 범위	-	-	10%	10%
파트너 범위	-	-	10%	10%
일정	40%	20%	15%	-
의존도	25%	10%	10%	-
적절한 자원 확보 난이도	15%	5%	10%	10%
기술적 난이도 / 성숙도	10%	5%	10%	40%
합계	100%	100%	100%	100%

[그림 82] 우선순위 기준을 위한 가중치 인자의 예

6.4.5 프로젝트 정보 수집

우선순위 모델을 정의한 다음, 적용할 모델을 위한 프로젝트 정보를 수집 한다. 첫 번째 단계는 정보를 수집할 프로젝트 견본을 결정한다. 그 다음 프로젝트 후보들을 다음 소스로부터의 자료를 기반으로 나열한다.

- 첫 번째 소스는 모든 현행 프로젝트와 이미 실행될 권한이 있는 모든 프로젝트다. 프로젝트 포트폴리오 관리를 하지 않는 많은 조직에서는 가용한 목록을 쉽게 얻기 어렵다. 전형적인 징후는 프로젝트가 표준방식으로 문서화가 되어 있지 않고, 문서가 불완전하며, 정보가 중앙집중적이지 못하고 조직 전체에 흩어져 있다. 이런 현상이 일어난다면, 프로젝트 정보의 중앙 데이터베이스를 구축해 데이터 수집 프로세스를 수행해야 한다.
- 현 프로젝트 포트폴리오가 가시화한 후, 비즈니스·IT 연계 전략 계획에서 식별한 전략 프로젝트를 늘린다. 이들 프로젝트는 전략적 목표와 의도했던 비즈니스 성과를 달성하기 위한 역량을 제공한다.
- 이어서, 비즈니스·IT 연계 전략에서 식별한 프로젝트들의 기초가 되는 프로젝트를 식별하는데 엔터프라이즈 아키텍처 기능에서 만든 청사진과 로드맵을 사용한다.
- 마지막으로 조직 내에서 사용자가 새로운 프로젝트를 요구할 수 있다.

이 모두는 투자 유형에 따른 후보 프로젝트들의 목록을 무작위로 나타낸다. 이런 관점에서 후보 프로젝트 목록이 6.4.3절에서 정의한 투자 믹스를 반영하는지 여부를 확인할 필요가 있다. 다소 불충분하게 표시된 투자유형은 설명을 추가하거나 수정해야 한다.

6.4.6 프로젝트 포트폴리오 분석

프로젝트 포트폴리오 분석은 수집된 프로젝트 정보에 우선순위 모델을 적용한다.

이 분석은 프로젝트마다 두 개의 점수를 표시하는데, 하나는 가치이고 하나는 리스크다. [그림 83]처럼 두 개의 그림을 사용해 가치/리스크 매트릭스에서 프로젝트를 표시한다. 이 매트릭스는 모아놓은 프로젝트 포트폴리오를 가지고 후보 프로젝트를 시각적으로 해석할 수 있게 해준다. 이것이 우선순위 프로세스의 첫 번째 단계다.

6.4.5절에서 설명한 접근방법에 자주 제기되는 비판은 시간이 너무 많이 걸리고 그로 말미암아 비용이 많이 든다는 점이다. 이는 대개 사실이다; 구조화한 기준 프레임워크 적용은 프로젝트의 자세한 비즈니스 케이스와 아주 성숙된 프로젝트 조직을 필요로 한다. 그렇지만 가치/리스크 매트릭스는 프로젝트 포트폴리오를 평가하는 아주 유용한 도구다. 대안이 될 수 있는 다른 접근법으로 후보 프로젝트 목록을 만들고 간부들과 함께 워크숍을 조직하는 방법도 있다. 이 워크숍의 첫 번째 단계는 각 참가자가 각 프로젝트를 놓고 가치와 리스크 측면에 점수를 매기는 것이다. 그 다음 모든 점수를 계산하고 가치/리스크 매트릭스의 첫 번째 버전을

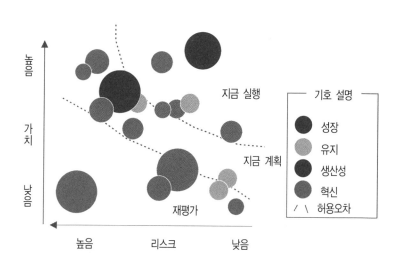

[그림 83] 가치/리스크 매트릭스 예

작성한다. 워크숍의 두 번째 단계는 참가자들이 해당 가치/리스크 매트릭스에 관해 토론하면서 그들의 논쟁과 통찰을 공유한다. 이 토론의 결과로 가치/리스크 매트릭스 초안을 수정한다. 이 프로세스는 마지막으로 가치/리스크 매트릭스를 간부의 경험과 지식을 포함시키면서 종료한다.

6.4.7 프로젝트 우선순위 선정

하지만 프로젝트 선정은 단지 목록에서 최상위 프로젝트를 선택하기보다는, 가치/리스크 매트릭스에 프로젝트가 표시되었을 때, 우측 상단 구석에서 좌측 하단으로 움직이며 프로젝트를 선정한다. 이 단순한 접근방법은 아래에 설명한 좋은 프로젝트 포트폴리오의 주요 측면들을 반영한 것은 아니다.

- 균형 투자 믹스 - 대개 투자 믹스의 다른 집단에 속하는 계획들을 놓고 각각의 우선순위를 부여하기는 쉽지 않다. 하지만 대부분의 경우 프로젝트 포트폴리오가 다른 집단과의 균형을 반영해주기를 바란다. 따라서 첫 번째 단계는 가용한 예산을 고려한 투자 믹스를 정의하고, 이 투자 믹스에 일치하는 프로젝트를 선정한다.
- 종속성 만족 - 프로젝트는 종종 서로 의존적인 관계를 갖기 때문에, 프로젝트 선정에는 종속성 제약 사항을 고려해야 한다. 이 단계에서 가장 흥미로운 종속성 유형은 다른 프로젝트의 실행이 없이는 프로젝트를 실행할 수 없는 경우다. 이는 기술적 종속성일 수 있는데, 한 프로젝트의 결과가 또 다른 프로젝트에 입력이 될 때 그렇다. 이것은 기능적 종속성일 수도 있는데, 한 프로젝트 결과가 다른 프로젝트의 결과와 결합되지 않아 유용하지 못할 때 그렇다.

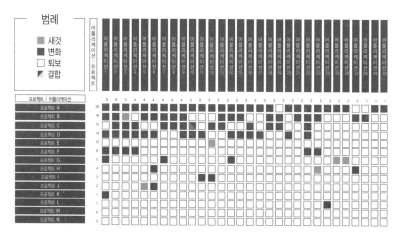

[그림 84] 프로젝트/어플리케이션 상호의존성 매트릭스 예

- 관리 가능한 영향 - 대부분의 IT프로젝트들은 하나 이상의 어플리케이션에 영향을 미친다. 프로젝트 포트폴리오의 실행 가능성은 프로젝트 별로 영향 받는 어플리케이션의 수에 의존한다. 프로젝트의 수도 많고 영향받는 어플리케이션 역시 많다면, 포트폴리오의 전체 복잡도는 상당히 높아질 것이다. 이 복잡성을 분석하는 유용한 도구가 그림 84에서 예로 나타낸 프로젝트/어플리케이션 상호의존성 매트릭스다.

'프로젝트 분석' 활동은 각 투자 유형에 우선순위를 매긴 목록으로 나타난다. 우리는 프로젝트 사이의 종속성도 목록화했다. 예를 들어 비즈니스 계획인 '고객 셀프서비스'는 '엔터프라이즈 포털 서버'라는 IT 계획에 의존성을 가진다. 이 때 개별 우선순위의 합이 최대화하고, 종속성을 만족하며, 재무적 제한사항을 충족하고 바람직한 투자 믹스를 반영하는 전략적 계획을 선택해야 한다.

6.4.8 프로그램 생성

이 단계는 선택한 후보 프로젝트를 입력해서 프로그램과 프로젝트의 최적화한 집합으로 재배치한다. 이 활동의 첫 번째 단계는 선택된 프로젝트를 올바른 범위에 집어넣는 것이다. 보다 큰 계획의 경우에는 대개 조직 구조의 경계를 반영하는 프로젝트로 나누는 것이 좋은 사례다. 예를 들어 새로운 상품을 시장에 소개하는 전략계획은 디자인팀이 수행하는 디자인 프로젝트와 엔지니어링 부서가 수행하는 엔지니어링 프로젝트를, 마케팅 부서가 실행하는 마케팅 프로젝트를 모두 포함한다. 올바르게 범위가 구분된 프로젝트는 조직에서 명확한 소유권과 뚜렷한 목표를 가진다. 프로그램 관리는 프로젝트 사이의 상호의존성과 더 큰 목표에 기여하는 방법을 책임진다.

두 번째 단계는 프로젝트를 프로그램으로 배치하는 것이다. 프로그램은 대개 오랜 수행기간을 가지고 조직의 여러 부분이 참여한다. 프로그램은 여러 프로젝트들로 구성되는데, 이들 프로젝트는 각기 따로 관리해야 하지만 프로젝트들 사이에는 강한 종속성이 있어 각 프로젝트의 수준을 넘어서는 관리 조정이 필요하다. 하지만 프로그램은 단순히 프로젝트를 모아 놓은 것 이상이다. 잘 정의된 결과물을 만들어내는 프로젝트와 대조적으로, 프로그램은 기대하는 비즈니스적 성과를 얻기 위해 고안한 것이다. 이 활동의 결과는 일련의 잘 정의된 프로그램과 실행 가능한 프로젝트이다.

6.4.9 프로젝트와 프로그램 수행

실행은 프로그램과 프로젝트 포트폴리오가 정의된 다음 시작한다. 프로그램 수행이라는 프로세스는 6.5절에서 자세히 설명한다.

6.4.10 프로젝트 모니터링과 평가, 수정

다음의 세 가지 단계는 프로젝트를 수행하는 동안 살피고 개선하는 지속적인 사이클이다. 이것은 프로젝트 성과(예산 소진과 계획, 실현된 이익)를 관찰하는 것으로 시작한다. 평가를 위해 모든 프로젝트의 상태 정보를 모은다. 평가의 목적은 프로젝트에 중재가 필요한지 여부를 결정하는 것이다. 중재가 필요하다면, 프로젝트 포트폴리오를 다양한 방법으로 조정한다. 자주 일어나는 변화에는 범위와 예산, 계획이 있다. 프로젝트의 조직에도 역시 변화(프로젝트 관리자나 프로젝트 팀원)가 일어난다. 마지막으로 기존 프로젝트의 범위를 넘어서거나 그 프로젝트에 포함될 수 없는 일을 해야 할 때 새로운 프로젝트를 정의한다.

6.5 프로그램 수행

6.5.1 목표

프로그램 수행은 프로그램과 프로젝트의 성공적인 실행을 가능하게 하고 제어하기 위한 원칙과 방법론, 프로세스의 적용이다. 전형적인 프로그램 수행 요소에는 프로젝트가 성공할 수 있는 조건 생성을 포함하는데, 이 조건은 개별 프로젝트의 범위 내에서 만들어 낼 수 없는 것이다. 또 다른 특징으로는 프로젝트 사이의 종속성을 관리하고 서로 다른 프로젝트의 범위를 조율하며 전반적인 계획에 반영하는 것이다. 적절한 프로그램 수행관리를 위해서는 실행 프로세스와 그 프로세스를 실천에 옮길 조직이 필요하다. 6.5.2절은 프로그램 수행을 위해 요구되는 프로세스를 설명한다.

프로그램 수행에 널리 적용되는 접근방법은 'OGC(the Office of Government Commerce)'*의 'MSP(Managing Successful Programmes)'가 있다. 다음 절에서는 주로 이 표준에 맞추고 해당 방법의 개념과 성공사례를 설명할 것이다.

---

* 정부 통상국. 영국의 정부 기관이다.

6.5.2 이해관계자 관리와 의사소통

3장에서 IT를 통한 BT가 영향을 끼치는 네 가지 측면인 제품과 프로세스, 사람, 그리고 기술을 살펴봤다. 이해관계자 관리와 의사소통은 이 네 가지 측면 가운데 사람과 관련된 사항이다. 이는 '누가 이해관계자며, 그들이 관심을 가지는 것은 무엇이고, 그들의 영향은 어떠하며, 그들을 프로그램에 포함 시키는 최선의 방법과 이들이 원하는 정보는 무엇인가?' 하는 질문을 다룬다. 이해관계자 관리의 복표는 다음과 같다.

- 참여와 헌신을 촉진한다
- 기대치를 관리하고 기대의 실현을 확인한다.
- 프로그램의 예상하지 않은 간섭을 막는다.
- 효과적인 협력을 장려한다.
- 변화의 필요성을 명확하게 유지한다.
- 비즈니스 이익의 식별을 최대화한다.

:: 이해관계자 식별

이해관계자 관리의 첫 번째 단계는 모든 관련된 이해관계자를 식별하는 것이다. 보통 이해관계자를 의사결정자와 사용자, 업무를 수행하는 직원, 공급자라는 4개의 그룹으로 범주화한다. 식별에 사용되는 기법으로는 결과를 추가 검증할 수 있는 브레인스토밍* 방식이 있다.

:: 이해관계자 분석

두 번째 단계는 각 이해관계자의 특성과 요구사항을 분석하는 일이다. 여기에

* Brainstorming : 자유로운 토론으로 창조적 아이디어를 끌어내는 토의 방법론.

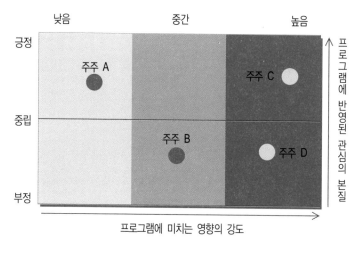

[그림 85] 영향도 도표의 예

는 다양한 기법이 존재한다. 하나의 예는 각 이해관계자를 두 가지 차원에 표시하는 '영향도 도표(influence-impact map)'를 꼽을 수 있다. 이해관계자의 영향 정도를 가로 축(높음-중간-낮음)에 표시하고 이해관계자가 프로그램을 다루는 자연적 태도를 세로축(긍정적-중립적-부정적)에 나타낸다. [그림 85]는 그 한 가지 예다. 비슷한 도표로 이해관계자와 관계의 본질을 파악할 수 있다. 한 축에 신뢰관계의 정도를 표시하고 다른 한 축에는 프로그램 목표와 방향의 순응 수준을 표시한다.

:: 이해관계자 전략

이해관계자를 둘러싼 분석을 완료한 후, 이 정보를 이해관계자 전략의 구체화(예, 각 이해관계자들을 프로그램에 참여시키는 방법에 대한 신중한 결정)에 사용할 수 있다. 가능한 전략의 예는 다음과 같다.

- 정보제공

- 조언 경청
- 실행에 참여
- 의사결정에 참여

:: 의사소통 계획

다음 단계는 의사소통 계획을 수립하는 것이다. 이 계획은 언제 그리고 어떠한 매체를 통해서, 누구에게 알려줄 것인지를 정의한다. 좋은 의사소통 계획은 의사소통 전략에 맞게 핵심 메시지가 이해관계자에게 일관되게 전달되고 모든 이해관계자는 정확한 정보를 받고 있다는 것을 보장해야 한다.

:: 이해관계자 관리

의사소통 계획 수립은 필수적이지만 성공적인 이해관계자 관리를 위한 충분 조건은 아니다. 영향력 있는 다양한 이해관계자들을 포함시켜 이들을 적극적으로 관리해야 한다. 이 계획은 프로그램 리더십과 이해 관계자 사이의 주기적인 쌍방향 모임의 결과에 따라 변한다. 프로그램을 제대로 유지하기 위해 적절한 로비와 압력이 필요할 때도 있다. 프로그램 관리자는 이해관계자 관리에 책임이 있지만 프로그램 리더십의 모든 멤버를 포함할 수도 있다. 핵심 이해관계자에 가장 큰 영향을 끼치는 프로그램 스폰서가 그 대표적인 예다.

중요한 것은 프로그램 시작 초기에는 이해관계자 분석과 관리가 필요하지 않다는 사실이다. 그러나 프로그램 전체 수명 주기 동안은 지속적인 프로세스로 유지해야 한다. 프로그램 관리자들은 일정 압박과 이슈 발생 등 프로그램에서 중대한 국면에 직면했을 때, 내부적으로만 파고들어 핵심 이해관계자들을 무시하는 함정에 빠지지 않아야 한다.

6.5.3 이익 관리

이익 실현은 모든 프로그램의 궁극적 목표다. 각 프로그램은 투자 비용보다 기대 이익이 커서 비즈니스 케이스가 타당하다는 것을 보여야 한다. 프로그램을 수행하는 동안 비즈니스 케이스(비용과 이익)는 자세히 관찰해야 한다. 프로그램의 성공은 기대 성과의 실현 정도로 평가한다. [그림 86]은 이익을 실현하는 메커니즘을 나타냈다.

프로젝트의 수행 결과로 조직은 새로운 또는 향상된 역량을 갖게 된다. 이때 기업은 이런 역량을 기대 이익 실현에 사용할 수 있다. 재무적인 성과와 비재무적인 성과, 그리고 정량화가 가능한 이익과 어떤 수치로도 나타낼 수 없는 이익을 구분해야 한다. 이들 기대 이익야말로 곧 프로그램을 정당화하므로 가능한 가장 구체적인 방법으로 정의해야 한다. 항상 이익을 재무적인 용어로 표현해 어떤 식으로든 측정 가능하고 관리할 수 있도록 만들어야 한다.

대개의 경우 IT를 통한 BT의 부분을 이루는 프로그램들은 기업의 형태를 바꾸고 이익을 가져올 뿐만 아니라 필연적으로 문제점도 발생시킨다. 이 이익은 일반

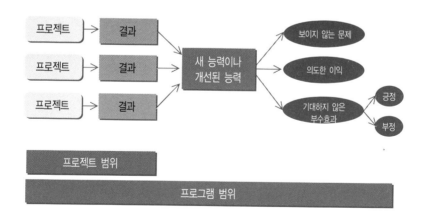

[그림 86] 이익 실현 메커니즘

적으로 이러한 문제점을 상쇄하는 보상책이 될 것이다. 그럼에도 문제점들은 관리해줘야만 한다.

마지막으로 프로그램은 전체 프로그램의 결과에 영향을 주는 예상치 못한 모든 종류의 부수 효과를 발생시키기도 한다. 이러한 부수 효과는 긍정적 혹은 부정적일 수 있다. 프로그램 관리는 긍정적인 부수 효과는 증진시키고 부정적인 부수 효과는 보정하거나 제거하는 일을 담당한다.

요컨대, 이익 관리는 프로그램의 시작 단계부터 기대 이익과 문제점을 식별해 이익을 증진시키는 계획을 찾아내고 문제점을 최소화한다. 프로그램 수행 시 프로그램의 모든 효과는 측정 가능해야 하고 실현된 효과를 기대 효과와 비교하며, 이익을 증진시키고 결점을 최소화할 수 있는 방안을 모색해야 한다.

6.5.4. 재무 회계

재무 회계란 프로젝트와 프로젝트 내의 단계에 할당된 모든 예산을 추적하는 프로세스다. 가장 기본적인 형태로, 프로젝트는 실제 사용한 비용과 함께 프로젝트를 끝내는데 필요한 예산(완료 비용)에 관한 예측을 담은 재무보고를 주기적으로 제출한다. 이때 이러한 정보는 할당된 예산을 기준선으로 평가한다. [그림 87]은 그 예다.

이 간단한 접근법이 갖는 주요 결점은 비즈니스 이익의 실현은 방정식처럼 딱 떨어지지 않는다는 데 있다. 기업이 비즈니스 이익보다 비용에 초점을 맞추고 있다면, 비논리적인 결정이 내려질 수 있다. 이러한 결정은 흔히 범위를 축소시키거나 기대치를 낮추게 된다. 대표적인 실수의 예로 상대적으로 예산초과를 조금 피하고자 기대 이익을 크게 낮추는 식으로 예산을 짜맞춰 커다란 비즈니스 이익을 놓치는 경우를 들 수 있다.

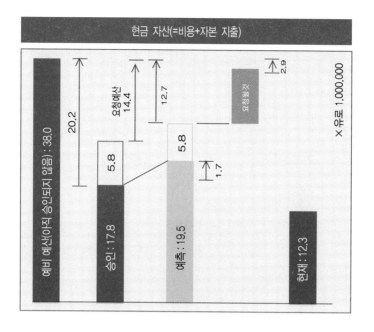

[그림 87] 재무 요소(예산, 실제, 예측)의 예

이익관리와 밀접하게 관련이 있는 좀 더 발전된 재무 회계 방법론으로 EVA(Earned Value Analysis : 획득 가치 분석)가 있다. 이 방법은 통합된 시스템으로 범위와 계획, 비용을 측정한다. 이 방법은 프로젝트 이익을 전체적으로 이해하기 위해 다음과 같은 다른 세 가지 값을 비교한다.

- 계획 가치 - 시간기능으로 프로젝트 예산 누적
- 실제 비용 - 프로젝트의 실제 비용 누적
- 획득 가치 - 프로젝트의 모든 완료된 요소에 해당하는 계획 가치의 합

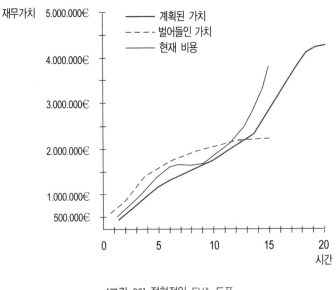

[그림 88] 전형적인 EVA 도표

이들 측정값이 다이어그램에 표시될 때, [그림 88]과 같이 표시되면, 쉽게 진척도(획득 가치와 계획 가치의 비교)와 비용 성과(획득가치와 실제 비용의 비교)를 알아낼 수 있다.

6.5.5 리스크와 이슈 관리

먼저 리스크와 이슈라는 용어를 정의한다. 리스크란 다가오는 프로젝트에 부정적인 영향을 끼치는 예상 사건을 의미한다. 리스크로 여겨지는 대표적인 사건으로는 기대 이익을 실현하지 못하거나 예산과 시간 내에 프로그램을 끝내지 못할 수 있다고 여겨질 때이다. 이슈란 이미 발생해 처리를 위한 관리가 필요한 상황을 말한다. 리스크가 실제로 발생하면 이슈가 된다.

리스크와 이슈 관리는 리스크와 이슈를 인지하고 관리하는 프로세스이다. 이것은 프로그램 수준과 프로젝트 수준 양쪽 모두에 꼭 맞아야 한다. 프로젝트 수준에서 리스크와 이슈 관리는 프로젝트의 범위를 넘어가지 않는 모든 리스크와 이슈들을 처리해야 한다. 프로그램 수준의 리스크와 이슈 관리는 단일 프로젝트의 범위를 넘어서는 모든 리스크와 이슈에 관계가 있다. 그러므로 프로젝트 내에서 완전히 관리되는 리스크나 이슈는 프로그램 수준에서 볼 때 무의미하다.

리스크 관리 프로세스는 [그림 89]에 나타냈다. 이 프로세스는 리스크의 식별로 시작한다. 모든 리스크를 식별하는 것은 불가능하므로, 영향의 80%에 책임이 있는 사건의 20%에 초점을 맞추는 것이 중요하다. 너무 많은 리스크는 프로세스 관리를 불가능하게 만들고 너무 적은 리스크는 사각지대를 만들 수도 있다. 리스크를 식별하면, 담당자에게 할당한다. 각 리스크는 반드시 관리 책임이 있는 확실한 담당자에게 할당해야 한다. 다음 단계는 확률과 영향도 측면에서 리스크를 측정한다. 리스크는 발생확률(1=very small, 2=small, 3=medium, 4=high, 5=almost concern)과 부정적 영향도(1=very small, 2=low, 3=medium, 4=high, 5=very high)에 따라 분류한다. 그 다음 해당 리스크가 허용 오차 수준을 초과하는지 확인한다. 일반적으로 확률이 아주 낮거나 영향도가 아주 낮은 경우는 무시한다.

확률과 영향도가 정의되고, 리스크가 허용오차를 초과했는지 확인한 후, 한 가지 이상의 대응책을 선택해야 한다. 일반적으로 다음과 같은 네 가지의 대응책이 있다.

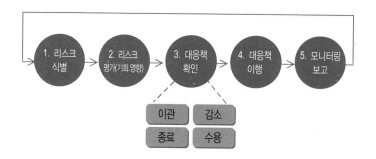

[그림 89] 리스크 관리 프로세스 구조

리스크, 이슈 그리고 실행 로그(이 목록에서 아이템-확정된-을 지우지 마시오)									
ID	타입	미해결/해결	제안자	일자	RAG	리스크/이슈/실행 기술		소유자	실행일자
001	이슈	해결	MD	2009.01.06	G	프로젝트 X는 지연되고 있다. 프로젝트 Y는 계획된 날짜에 시작되지 못했다. 프로젝트 Y를 맡은 팀은 벌써 완전 준비 상태에 있다.	프로젝트 Y에서 프로젝트 X로 자원을 이동시켜줌으로써 지연을 최소화하고 있다. 이로써 프로젝트 Y에 자원이 유휴상태로 있는 것을 예방한다.	EB	2009.03.01
002	리스크	미해결	TG	2009.02.15	A	교육 필요성. 비즈니스 파트 X는 아직 새 IT 시스템을 자유롭게 다룰 만큼 훈련이 되지 않았다.	원래 계획보다 빠르게 훈련계획을 짠다. 이슈를 전체 경영의 차원에서 다루고, 비즈니스 파트 경영진의 재가를 얻는다.	TG	2009.03.01
003	이슈	미해결	AB	2009.02.18	R	모듈 X 새 시스템 평가 결과가 안정적이지 않아 향후 석 달 안에 수용될 수 없다.	안건을 조종 위원회에 상정한다. 모듈 X의 대안을 찾아본다.	TG	2009.04.01

[그림 90] 리스크 로그의 예

- 리스크를 다른 곳으로 이관한다(예, 보험을 이용해 리스크를 이전한다.)
- 발생확률을 0으로 줄이거나 부정적 영향을 보상하는 조치를 취해 리스크를 종료한다.
- 확률이나 영향도 가운데 하나 또는 양쪽 모두를 낮추는 조치를 취해 리스크를 감소한다..
- 리스크를 수용한다(추가적인 조치를 하지 않는다). 이 경우는 리스크가 충분히 수용 가능하거나 마땅히 다른 대응책이 없기 때문이다.

리스크 관리 프로세스는 전체 프로그램 수명 주기 동안 계속된다. 리스크 관리 프로세스를 용이하게 하는 대표적인 도구는 식별된 모든 리스크를 일별해 확률과 영향도, 담당자와 대응책을 구조화한 리스크 기록이다. [그림 90]는 그 한 가지 예다.

:: 변경 통제

실제로, 많은 이슈들은 프로그램이나 프로젝트를 변경해 해결한다. 변경 통제는 필수적인 변경을 통제 절차에 따라 처리하는 프로세스다. 프로그램 맥락과 관련해서, 변경은 청사진, 비즈니스 실례 또는 프로그램 계획과 관련 있다. 프로젝트의 변경은 범위와 계획, 조직과 예산에 영향을 받는다. 변경 계기는 프로젝트의 변경 요청 양식으로 비롯될 수 있지만, '리스크와 이슈 관리', '계획과 통제' 같은 프로그램 수행 과정에서 발생할 수도 있다. 변경관리 프로세스는 타당성과 완전성에 따라 들어오는 변경 요청 사항을 걸러낸다. 이 프로세스는 추가적인 영향 분석을 제공하고 변경통제위원회에 조언한다.

이 책의 근거가 되는 비전은 비즈니스·IT 연계 전략과 엔터프라이즈 아키텍처, 그리고 프로그램 리더십이 각각 분리된 원칙이 아니라 하나의 일관된 전체를 이룬다는 사실이다. 프로그램 리더십 맥락에서 종속성이 존재하고 조정이 필요한 영역을 나타내는 탁월한 예가 변경 관리 프로세스다. 비즈니스·IT 연계 전략과 엔터프라이즈 아키텍처, 그리고 프로그램 리더십 사이에서 이러한 조정이 사라진다면, 프로그램은 여전히 충족시킬 수 있는 (수정된) 목표를 통해서 변경하려는 경향을 가지겠지만, 전략적 목표에 도달하지 못하고 계획한 미래 아키텍처를 구축하는 데 실패할 수 있다. 프로그램이 전략적 목표나 미래의 아키텍처의 성패가 달린 상황에 처하게 되면, 전략가와 수석 아키텍트, 그리고 프로그램 관리자가 연합해 의사결정을 해야 한다. 이를 보장하는 게 운영 위원회의 역할이다.

6.5.6 계획과 통제

∷ 계획

계획 활동은 범위와 계획, 자원을 통합해 만든 기준을 일관되게 지켜가며 이루어진다. 범위란 결과물을 이끌어내야 할 틀을 정한 것으로, 반드시 수행해야만 하는 작업 패키지를 가리킨다. 그러니까 계획은 이 결과물을 얻어내기 위해 거쳐야만

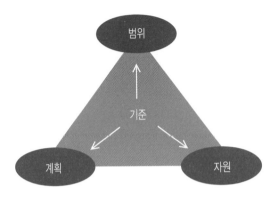

[그림 91] 계획과 통제의 세 가지 차원 - 계획, 범위, 자원

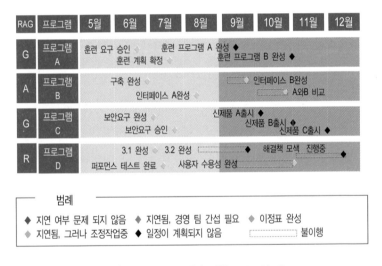

RAG	프로그램	5월	6월	7월	8월	9월	10월	11월	12월
G	프로그램 A	훈련 요구 승인 ◆	훈련 프로그램 A 완성 ◆						
		훈련 계획 확정 ◆		훈련 프로그램 B 완성 ◆					
A	프로그램 B	구축 완성 ◆			인터페이스 B완성				
		인터페이스 A완성 ◆			A와B 비교				
G	프로그램 C	보안요구 완성 ◆		신제품 A출시 ◆					
		보안요구 승인 ◆		신제품 B출시 ◆					
				신제품 C출시 ◆					
R	프로그램 D	3.1 완성 ◆ 3.2 완성	◆ 해결책 모색 진행중						
		퍼포먼스 테스트 완료 ◆ 사용자 수용성 완성 ◆							

범례
◆ 지연 여부 문제 되지 않음 ◆ 지연됨, 경영 팀 간섭 필요 ◆ 이정표 완성
◆ 지연됨, 그러나 조정작업중 ◆ 일정이 계획되지 않음 ┈┈┈ 불이행

[그림 92] 마스터 플랜과 진척도 보고의 예

하는 이정표들이다. 자원은 일을 완료하는 데 필요한 사람과 예산이다. 각 기준은 계획과 범위와 자원이라는 세 가지 차원을 두루 담아내야 한다. 하나라도 빠지면 안 된다. 범위가 정해지지 않은 계획은 아무 짝에도 쓸모없는 것에 지나지 않는다.

'이정표 계획'은 모든 프로젝트와 중요 이정표를 통합계획하고, 최신의 상태를 유지해주는 프로세스로 프로젝트 사이의 의존관계를 담아내야 한다.

'자원 계획'은 가용 자원을 확보해 풀을 만들어 관리하면서 필요로 하는 프로젝트에 할당해주는 프로세스다. '자원 계획'의 첫 번째 과제는 프로그램을 위해 가용한 적절한 자원을 마련하는 것이다. 먼저 프로그램 관리자는 각 프로젝트의 예상을 바탕으로 고수준 자원 계획을 만든다. 두 번째 과제는 프로젝트의 자원 요청에 따라 자원을 할당하는 것이다. 자원 요구가 공급을 초과하면, 공급과 수요의 균형을 맞출 조치가 필요하다. 이런 조치 가운데에는 프로젝트를 지연시켜 자원 요구도 지연시키는 방법도 있다(수요와 공급의 일시적인 부조화를 감내하며 일하는

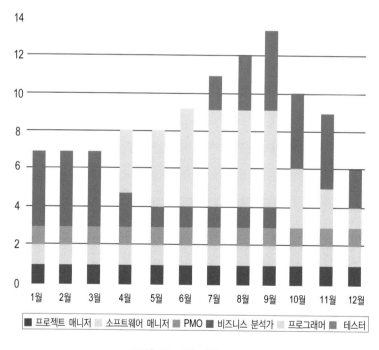

[그림 93] 자원 계획의 예

수밖에 없다). 또 다른 방법은 더 많은 자원을 획득하거나 자원을 적정한 수준 이상으로 필요로 하는 기능을 다른 기능으로 대체하는 것이다. 그러나 이런 결정은 신중하게 내려야만 한다. 지연되고 있는 프로젝트에 사람을 더 투입한다고 해서 상황은 나아지지 않으며 오히려 더 악화한다는 것을 보여주는 사례가 많다. 프로젝트에 추가 자원을 투입하기에 앞서 어떤 요인이 지연을 일으키고 있는지 정확한 진단은 꼭 필요하다. 원인이 인력 부족에 있지 않다면, 신규인력의 추가 투입보다는 다른 방법을 택해야만 한다.

:: 통제

주기적으로(예를 들어 일주일마다) 모든 프로젝트 담당자는 프로그램 기준선을 기반으로 평가한 프로젝트 진행 보고서를 제출해야 한다. [그림 94]는 프로젝트 진행 보고서의 한 예다. 이 평가에서 드러난 이슈들을 살펴보고 그에 맞는 적절한 조치를 취한다. 이 조치는 계획과 범위와 자원이라는 세 가지 차원의 기준 가운데 하나 이상에 영향을 끼칠 것이다. 예를 들어 진행 보고서에서 현재 계획이 실현 불가능하다고 보이면 다음 세 가지 유형의 조치를 취할 수 있다.

- 범위 축소 - 시간 내에 일을 완료할 수 있도록 부담을 덜어준다.
- 계획 조정 - 일을 끝낼 수 있도록 시간을 더 허용한다.
- 추가 자원 투입 - 일을 끝낼 수 있도록 추가 예산을 허용한다.

[그림 94]의 진행 보고서가 짧은 시간 내에 프로젝트 상태를 파악하기에 매우 유용하긴 하지만, 이 보고서의 단점은 언제나 염두에 두어야 한다. 적/황/녹 상태의 활동에만 초점을 맞춘다면, 프로젝트 관리자들은 많은 활동의 상태를 녹색으로

| 프로젝트명 : X 프로젝트 매니저 : Y 보고일자 : | 전체 RAG 현황 A | 계획 G 예산 G 품질 G 리스크/ 이슈 A | 제 목 종합현황 |

| 프로젝트명 | Q2 2009 | Q3 2009 | Q4 2009 | Q1 2010 | Q2 2010 | Q3 2010 | Q4 2010 |

◆ 이정표 1　◆ 이정표 2　◆ 이정표 3　◆ 이정표 4　◆ 이정표 5

ID	핵심제품	%	RAG	계획된평가설정	현재 평가 날짜	평가
D-AD-001	활용가능	90%	G	09-03-07	09-03-07	
D-AD-002	활용가능	75%	A	09-03-05	09-03-23	
D-AD-003	활용가능	0%	G	09-03-31	09-03-31	
D-AD-004	활용가능	0%	G	09-04-30	09-04-30	
D-AD-005	활용가능	0%	G	09-05-15	09-05-15	

최근 보고 기간의 활동	다음 보고 기간의 활동

	리스크 / 이슈 / 외존성	보완 / 해결 설정	책임자	목표날짜	RAG
R-AD-001	리스크		이름		R
R-AD-002	이슈		이름		A
R-AD-003	의존성		이름		A
R-AD-004			이름		A
R-AD-005					

예산환률 '09		재무 설명
프로젝트 예산	EUR...	
기집행 예산	EUR...	
예상 예산	EUR...	
비상 예산(예산 초과시)	EUR...	

[그림 94] 프로젝트 진행 보고서의 예

유지하기 위해 어떤 일이든 할 것이다. 하지만 현실의 상당수 활동들은 극한 상황과 무관하며 따라서 약간의 지연이 일어난다고 해서 프로그램에 해를 입히지는 않는다. 각 활동의 적/황/녹 상태를 보는 것 대신, 프로그램 전체의 계획 대비 결과를 주시해야 한다. 이를 위한 예로 골드랫(E.M. Goldratt)이 개발한 CCPM(Critical Chain Project Management : 주요 경로 프로젝트 관리)라는 방법론이 있다. 이 방법론은 프로그램 계획에서 만들어진 버퍼를 감시한다. 버퍼 소모율이 낮다면, 해당 프로그램은 예상대로 진행되고 있는 것이다. 활동이 늦어진다면, 버퍼의 효과를 알아챌 수 있다. 중요하지 않은 활동이라면 버퍼 소모량은 거의 없을 것이다. 하지만 지연되는 활동들이 중요 경로에 있다면, 버퍼를 소모할 것이다. 프로그램 완료 비율과 관련 있는 버퍼 소모량이 일정한 값을 넘어가면, 시정 조치를 반드시 취해야 한다.

6.5.7. 품질 관리

품질관리는 프로그램의 전체 수명 주기 동안 지속해야 하는 프로세스다. 원하는 이익과 결과 달성은 품질관리 활동의 영역을 수반한다. 품질관리 전략은 다음 질문에 답해야 한다.

- 어떤 절차나 결과물이 품질 관리의 대상인가?
- 어떤 기준을 품질 평가에 사용할 것인가?
- 어떤 품질관리 활동을 프로그램에서 수행할 것인가?
- 누가 이 활동에 책임이 있는가?

품질관리에서 두 가지 중요한 부분인 형상관리와 품질 보증은 아래에서 자세히 설명한다. 전자는 모든 종류의 결과물 품질 관리를 목적으로 하는 반면, 후자는 프로그램 관리와 거버넌스 절차의 평가를 목적으로 한다.

:: 형상관리

복잡한 프로그램은 아주 많은 양의 문서를 생산한다. 이들 가운데 대부분은 특정 인물이나 작업에만 관련 있는 문서지만, 일부는 프로그램이나 프로젝트 전체에 관련 있다. 프로그램 실행은 관련된 모든 문서들을 프로그램에 중요한 자료로 관리하는 절차를 필요로 한다. 형상관리란 문서와 표준과 템플릿의 지식 베이스를 유지하고 프로젝트들이 이용 할 수 있도록 하는 프로세스다. 모든 형상 항목들은 엄격한 버전 관리의 대상이고 각 항목의 상태(예를 들어 초안과 승인과 반려)는 언제나 명확해야 한다. 형상관리는 PMO(Programme management office)의 대표적인 활동이다.

일련의 형상 항목은 기준선 형상을 형성한다. 기준선은 프로그램 수행을 위한 기초이자 모든 품질관리 활동을 위한 참조 대상이다.

:: 품질 보증

복잡한 프로그램은 많은 예산을 수반하고 프로그램의 성공은 일반적으로 조직에 있어 아주 중요하다. 프로그램을 수행하는 동안 다양한 이해관계자들은 프로그램이 효과적으로 관리되어 원하는 결과를 얻어낼 수 있게 진행되는지 확신을 얻고 싶어 할 것이다. 이를 위해서는 관리 프로세스와 핵심 프로그램 결과물의 적극적인 평가가 필요하다. 프로젝트 결과물의 기본적인 품질 보증을 위해 동료에게 검토를 부탁하는 것은 좋은 관행이다. 동료 검토는 결과물을 정상적으로 승인하는 절차의 한 부분으로 실시된다. 동료 검토와는 별도로 독립 검토도 주기적으로 시행한다. 감사는 조직의 다른 곳에서 온 경험 있는 사람이거나 따로 특별히 계약된 사람일 수 있다. 대개 감사들은 PMO로부터 문서와 인터뷰 계획, 회의록 등을 제공받는다.

6.6 성숙도 측정과 관리

포트폴리오 관리와 프로그램 관리, 프로젝트 관리를 위한 방법론 실행은 상당한 투자가 필요하다. 이러한 방법론은 정확한 실행을 하면 투자 대비 높은 이익을 얻게 한다. 하지만 이런 방법론을 갖고 있는 많은 기업들이 기대한 이익을 얻지 못하고 있다. 이 같은 상황은 해당 방법론이 올바른 성숙도 수준으로 실행되지 않았다는 점을 나타낸다. 하지만 성숙된 프로그램 리더십 방법론이 결여된 조직도 여전히 좋은 결과를 내놓을 수 있다. 이러한 경우는 개인이나 그룹의 성과와 연결된 것이지 방법론 때문이라고 할 수는 없다.

포트폴리오 관리와 프로그램 관리, 프로젝트 관리의 성과를 향상시키기 위해서 조직은 현재 성숙도 수준을 평가하고 개선 조치를 식별하기 위한 수단을 필요로 한다. 이러한 목적으로 OGC(2008)는 포트폴리오와 프로그램, 프로젝트 관리 성숙도 모델을 나타내는 P3M3를 개발했다. 이것은 독립적인 평가를 가능하게 하는 다음 세 가지 모델로 이뤄져 있다.

- 포트폴리오 관리(PfM3)
- 프로그램 관리(PgM3)
- 프로젝트 관리(PjM3)

각 모델은 [그림 95]에서 나타냈듯 다섯 개의 성숙도와 일곱 개의 프로세스 관점으로 구분한다. 점들은 조직의 현재 성숙도 수준의 예이며 관점에 따라 성숙도 수준이 어떻게 달라지는지 나타냈다.

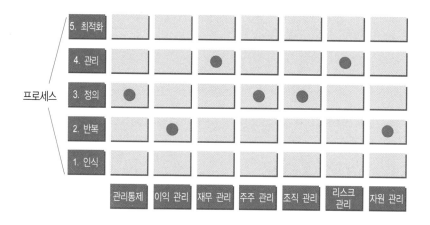

[그림 95] P3M3 성숙도 수준 모델의 구조와 예

P3M3 모델은 각각의 관점과 성숙도의 조합이 갖는 속성들의 집합을 정의한다. 이들 속성은 조직에서 조합들이 참인지 여부를 검사하기 위해 서술한 것이다. 속성의 한 예는 다음과 같다. '경영 위원회는 이익 실현 프로세스의 정보를 정기적으로 받는다'(이익 관리, 성숙도 레벨 4). 조직의 실제 성숙도 수준은 참인 속성 가운데 가장 숫자가 큰 것의 수준으로 결정한다.

P3M3 모델의 속성은 두 가지 다른 방식으로 사용한다. 첫째, 현재 상황을 평가하고 현재 성숙도를 결정하기 위해 사용할 수 있다. 둘째, 더 높은 성숙도에 해당되는 속성들은 모범 사례로 사용할 수 있고 현재 성숙도를 개선하기 위해 시행할 수 있다.

이 시점에서 우리는 프로그램 리더십 역량의 성숙도는 조직의 다른 역량의 성숙도 맥락 안에서 봐야 한다는 것을 강조해야 한다. 비즈니스 성숙도 모델에 따르면 조직은 모든 역량들이 같은 성숙도 수준으로 개발된 경우 최적의 결과를 이뤄낸다. 그러므로 비즈니스·IT 연계 전략이나 엔터프라이즈 아키텍처와 같은 다른 역량들이 낮은 성숙도 수준이라면 프로그램 리더십만 성숙도 모델의 레벨 5로 개발하는 것은 아무런 의미가 없다.

6.7 프로그램 리더십 조직

6.7.1 거버넌스 구조 개요

이전의 6.4와 6.5절은 각각 포트폴리오 관리와 프로그램 수행과 관련된 프로세스를 다뤘다. 지금부터는 이러한 프로세스를 실행하는 데 필요한 조직을 다루고 그에 따른 역할과 책임을 살펴볼 것이다. 실질적인 표준은 OGC의 MSP(Managing Successful Programmes)이다. MSP 표준은 2003년에 만들어져 보편적인 모범 사례로 받아들여져 왔다. 2008년에 MSP 표준은 P3O모델(Portfolio, Programme and Project Offices)로 확장되었다. 이 P3O 모델은 프로그램 리더십 조직의 지원 조직을 위한 가이드를 제공한다. 이 책은 MSP와 P3O의 선택과 정의를 따르고, 실제로 성공적이라고 입증된 개념을 강화해 기술한다.

이제 각각 포트폴리오 관리와 프로그램 관리를 위한 거버넌스 구조를 소개한 다음, 6.7.2절부터 6.7.7절까지 그 역할과 책임을 자세히 설명할 것이다. 프로젝트 관리의 역할과 책임은 다루지 않는다.

:: 포트폴리오 관리 조직

포트폴리오 관리의 핵심 역할은 '올바른 일을 수행 했는가?' 하는 질문에 답하는 것이다. 이것은 전략적 중요성을 묻는 질문이므로, 최고 경영진은 포트폴리오 관리의 책임을 져야 한다. P3O 모델은 관리의 용이성을 위해 포트폴리오 오피스를 영구적인 지원 구조로 정의해 포트폴리오 관리를 담당하게 한다. 포트폴리오 오피

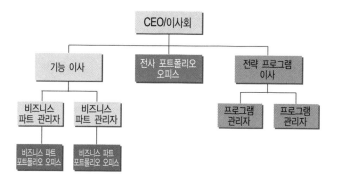

[그림 96] 포트폴리오 관리의 거버넌스 구조

스는 조직에서 다른 레벨로 존재할 수 있다. [그림 96]은 사업부 단위 수준과 기업 수준에 존재하는 포트폴리오 오피스의 조직 구조 예를 나타냈다.

포트폴리오 오피스의 책임은 6.7.2절에서 설명한다.

:: 프로그램 수행 조직

프로그램과 프로젝트 포트폴리오가 정의되면, 프로그램과 프로젝트는 관리되어야 한다. 이를 프로그램 수행이라 하고, [그림 97]에 이를 위한 거버넌스 구조를 나타냈다. 각 역할의 자세한 설명은 이 단락의 뒷부분에서 다룬다.

하지만 개별 역할을 설명하기에 앞서 먼저 두 가지 중요한 측면을 설명할 것이다.

● 거버넌스 구조는 프로그램 관리자의 책임과 비즈니스 변화 관리자의 책임을 구분한다. 본질적으로 프로그램 관리자는 프로젝트를 조정하고 새롭거나 향상된 역량의 실현을 담당한다. 반면, 비즈니스 변화 관리자는 기대 비즈니스 이익을 실현하기 위해 이러한 역량의 사용을 담당한다.

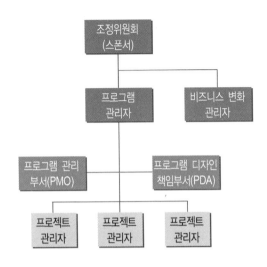

[그림 97] 프로그램과 프로젝트의 거버넌스 구조

- 거버넌스 구조는 PMO(Program Management Office)와 PDA(Program Design Authority - 프로그램 디자인 책임자)를 구별한다. PMO와 PDA 사이의 유사점은 이들이 프로그램 관리자와 조정 위원회를 지원하는 역할을 한다는 점이다. 하지만 PMO와 PDA가 집중하는 부분은 각각 다르다. PMO는 계획과 예산, 자원에, PDA는 품질적인 측면에 집중한다. 정보기술 프로그램에서 품질은 미래 엔터프라이즈 아키텍처의 실현과 밀접한 관련을 갖는다. PDA는 프로그램 관리자에게 프로그램의 아키텍처 지침 적용을 조언한다. 이러한 구분을 짓는 것은 매우 중요한데, 계획과 예산, 자원을 관리하기 위한 권한과 품질 관리에 필요한 권한은 완전히 다르다는 것을 경험했기 때문이다. 그 결과, 프로그램 오피스는 종종 계획과 예산에는 집중하지만 적절한 품질 관리는 못한다.

6.7.2 포트폴리오 오피스 / 최고기관(COE)

포트폴리오 오피스의 목적은 포트폴리오 관리를 용이하게 하고 조직에 가장 필수적인 것을 프로젝트 포트폴리오에 반영하는 것이다. 포트폴리오 오피스는 경영진에게 직접 보고하는 영구적인 독립 조직이다. 전사 포트폴리오 오피스는 최고 이사회에 직접 보고하고, 사업부 포트폴리오 오피스는 사업부 관리자에게 직접 보고한다. 포트폴리오 오피스의 핵심 기능은 다음과 같다.

- 전략적 계획에 기반을 둔 프로그램과 프로젝트 포트폴리오를 개발할 때 고위 경영진 팀과 함께 일을 한다.
- 전략적 가치의 면에서 계획의 우선순위를 정할 때 가치와 리스크에 고려한 대안의 고수준 평가를 이용한다.
- 새로운 프로그램과 프로젝트에 착수한다.
- 목적을 달성했거나 더 이상 중요하거나 적절하지 않은 프로젝트와 프로그램은 종료하거나 폐쇄한다.

P3O 모델은 COE(Center of Excellence)를 포트폴리오 오피스 내의 팀이나 기능으로 식별한다. COE는 프로그램 수행을 둘러싼 지식이 집약된 곳이다. 이것은 표준과 방법론, 훈련, 그리고 보증을 조직에 제공한다. 새로운 프로그램이나 프로젝트가 착수될 때, COE는 가장 먼저 지도와 조언을 얻을 수 있는 곳이다. COE는 조직의 포트폴리오 관리와 프로그램 관리 그리고 프로젝트 관리의 성숙도를 담당한다.

6.7.3 조정 위원회(스폰서)

조정 위원회는 맡고 있는 프로그램과 모든 프로젝트를 책임진다. 이 위원회는 프로그램의 오너이자 주연인 고위 경영진으로 구성되며 이들은 결과에 전적으로 책임을 진다. 이 고위 경영진은 조정 위원회의 의장 역할도 맡는다. 조정 위원회의 다른 멤버는 참여하는 단위조직과 이사회의 수석 대표들이다. 마지막으로 외부 공급 회사가 프로그램에 주된 역할을 한다면, 그 회사의 수석 대표자는 수석 공급자라는 역할로 조정 위원회에 임명될 수 있다. 하지만 이는 외부 공급자가 프로그램에서 파트너일 때에만 이뤄 진다(예를 들어 해당 프로그램이 새롭거나 혁신적인 기술을 적용하는데 사용될 때). 다른 경우에 공급자는 조정 위원회의 일부가 아닌, 공급 관리 프로세스의 대상일 따름이다.

조정 위원회가 맡을 핵심 역할과 책임은 다음과 같다.

- 프로그램이 성공할 수 있는 환경을 조성한다.
- 권한과 투자 결정을 제공한다.
- 프로젝트를 승인한다(프로젝트 착수와 종료)
- 계획과 범위, 예산, 접근방법, 그리고 핵심 스태프를 승인한다
- 전략적 목표와 비교하여 진행을 관찰한다.
- 주요한 변경 사항과 이슈를 결정한다.

6.7.4 프로그램 관리자

프로그램 관리자는 조정 위원회에 직접 보고하고 조정 위원회는 설정된 제약/한계 내에서 일일 단위로 프로그램을 실행할 권한을 위임한다. 목표는 시간과 예산을 준수하고, 의도했던 새롭거나 향상된 역량의 품질을 유지하는 것이다. 프로그램 관리자의 주 업무는 프로그램을 넘어서 개발의 일간성과 내부 일관성을 보장하는 것이다.

프로그램 관리자가 맡을 핵심 역할과 책임은 다음과 같다.

- 프로젝트들 사이의 내부적 일관성 보호(계획, 범위)
- 프로젝트에 자원 할당과 필요 시 우선순위 설정.

- 프로젝트가 성공할 수 있는 환경 조성.

- 조정 위원회와 협의 아래 필요 시 리스크와 이슈 해결.

- 이해관계자 관리와 외부 대화 수행.

6.7.5 비즈니스 변화 관리자

비즈니스 변화 관리자는 조정 위원회에 직접 보고하고 조정 위원회에서 권한을 위임 받아 프로그램 관리자가 실현한 새로운 역량을 활용해 비즈니스 이익과 전략 목표를 실현한다. 비즈니스 변화 관리자는 공식적으로는 프로그램 조직의 일부가 아니지만 적절한 검사를 보증하고 프로그램 관리자와 균형을 잡는다.

비즈니스 변화 관리자의 주요 역할과 책임은 다음과 같다.

- 프로그램으로 얻게 된 역량을 시행한다.

- 정체된 조직 내에 변화를 불어 넣는다.

- 이익 실현에 책임을 진다.

6.7.6 프로젝트 관리조직(PMO)

P3O 모델에 따르면, 프로그램 조직은 프로그램 오피스라는 지원조직을 필요로 한다. 여기서는 PMO(Program Management Office)라는 단어를 주로 쓴다. PMO는 프로그램 관리자와 프로젝트 관리자를 지원한다. PMO가 참여하는 대표적인 프로세스로는 프로젝트 계획과 진행상황 보고, 재무 보고, 리스크 관리, 이슈 관리 그리고 변경 통제가 있다. 본질적으로 PMO는 지원조직이고 프로젝트는 프로그램 관리자가 이끌어 가지만, 앞서 언급한 프로세스에 표준을 도입하기 위한 권한을 위임 받는다.

:: 행정적 PMO에서 지능적 PMO로

권한 부족으로 지원조직인 PMO는 무시되는 경향이 있다. 통제력을 상실한 프로젝트 지원 조직을 나타내는 전형적인 지표는 다음과 같다.

- 적극적으로 프로젝트의 검증을 하지 않고 보고된 사실만 단순히 믿음.
- 결과를 주도적으로 이끌기보다 수동적 비판에 그침
- 산업을 보는 인식 또는 기술적 이해의 부족
- 프로세스 표준을 맹신(예 : Prince2, MSP)
- 폭 넓게 프로그램을 지원하는 것이 아니라 주로 프로그램 관리자를 지원함.

고도로 복잡한 프로그램을 수행하는 조직들은 프로그램 지원 오피스를 필요로 하는데, 이 조직은 적극적이며 반응이 빠르고 철저하게 해결할 수 있으며, 모든 측면의 노력을 기울여 대상과 방법, 사람, 그리고 시기를 지원한다. 이런 상황에서 행정적 PMO에서 '지능적 PMO(i-PMO : intelligent PMO)'에로의 전환은 필연적이다. i-PMO는 복잡한 프로그램 구현과 관리에 풍부한 경험을 제공하는 전문가로 이루어진 팀으로 좋은 프로젝트 사례를 소화할 줄 알며 성공적인 변화 수행을 지원한다. 이는 프로그램의 내용에 지적으로 관여하고 비즈니스의 전후 사정과 변화의 필요성을 바르게 판단할 수 있는 사람을 필요로 한다. i-PMO는 문제를 보고하는 것에 그치는 게 아니라 해결할 수 있도록 도와준다. i-PMO에는 프로그램의 조합과 기술과 산업 전문가들이 포함되며, 프로그램의 수명 주기 동안 점진적으로 진전한다. i-PMO는 지원과 프로그램 활동의 지속적인 보증을 제공하는 능동적이며 주도적인 조직이다. [그림 98]에 행정적 PMO와 지능적 PMO의 전형적인 차이점을 나타냈다.

행정적 PMO		지능적 PMO
· 프로그램 이사 및 프로젝트에 관리 지원 및 행정 서비스 제공	프로그램 리더십	· 프로그램 관리자를 조언 및 프로그램 리더십을 보조
· 프로젝트에서 표준 템플릿과 개발 도구의 사용을 지원	계획 계발	· 기술과 내용 양쪽에서 충분하고도 엄격한 관리 감독을 실행하고 로드맵에 따른 생산일정을 준수
· 보고서를 토대로 과제를 체크하고 일정을 감독	계획 감독 및 유지	· 품질 차이가 빚어지는 원인 진단과 개선 과정 지원
· 리스크와 이슈 기록을 만들어 관리하고 수시로 업데이트	리스크 & 이슈 관리	· 계획에 맞춰 리스크와 이슈의 해결책을 제시
· 물류 회의를 준비하고 의제를 상정하며 일정을 관리	회의 관리	· 회의 결과를 정리하고 대책을 마련해 다음 회의를 준비
· 프로젝트 과정을 문서화하고 파일로 보관	문서화 관리	· 효과적인 문서관리체계를 만들고 프로그램 라이브러리를 구축
· 서로 협력을 필요로 하는 부서의 관계를 정리	협업 관리	· 외부 주주들과 끊임없는 대화를 하며 상향과 하향 협업을 관리한다
· 적재적소에 프로그램을 공급하며 PC를 관리하고 신참자 교육을 실시	프로그램 조달	· 미래 수요를 예측하고 증가 감소에 미리 대비
· 프로젝트 현황을 수시로 체크하고 프로그램 레벨의 향상을 도모	현황 보고	· 현황보고를 통해 도전 과제를 찾는다. 충실한 계측치를 가지고 현황을 객관적으로 판단하며, 활로를 개척
· 주주를 위한 보고서를 작성하며 광범위한 소통을 통해 이슈를 해결	주주관리	· 실무진과 경영진 사이의 소통이 매끄럽게 이뤄지도록 노력

[그림 98] 행정적 PMO와 지능적 PMO 사이의 차이점

[그림 99]는 i-PMO 책임의 개요를 나타낸 것이다.

이른바 '철저한 로드맵 관리(Invasive roadmap tracking)'은 튼튼하고 종합적인 프로그램 로드맵을 개발하고 관리하기 위해 전문적 지식을 제공하는 i-PMO의 기능이다. 이들 로드맵은 주요 이정표와 결과물을 식별하고 프로젝트들 사이의 종속성을 관리하는데도 필수적이다. 로드맵 관리 부분은 1 대 1 프로젝트 검토와 모든 프로젝트 관리자들과의 공동 회의를 통해 프로젝트 계획과 프로젝트 보고를 적극적으로 파헤치고 주도적으로 재검증하는 것이다.

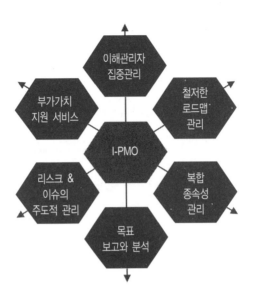

[그림 99] i-PMO 책임

‘복합 종속성 관리(Complex dependency management)’는 지능적 분석과 설계 권한 참여를 통해 프로그램 상호간의 종속성을 식별하는 것이다. [그림 84]에서 나타낸 프로젝트/어플리케이션 교차 참조는 종속성 관리를 위해 매우 중요한 수단이다. i-PMO의 역할은 고 위험의 종속성을 식별하고 이해관계자들과 협력 회의를 용이하게 하며 종속성을 관리하는 행동을 취하는 것이다.

목표 보고와 분석(Objective reporting and analysis)은 유효한 성과와 상황 보고를 통해 최적의 프로그램 투명성을 만들어내는 기능이다. i-PMO의 역할은 프로젝트 상태 보고서를 분석하고 프로젝트 상태 보고서가 충분히 투명하지 않다면 프로젝트 관리자에 설명을 요구하는 것이다. 단순히 프로젝트 보고서를 통합하는 게 아니라 관리상 주의가 필요한 아이템을 강조하고 해결 대안을 찾아 제시하는데 집중한다.

'주도적인 리스크와 이슈 관리(Pro-active risk and issue management)'는 단순히 리스크와 쟁점을 수집하는 것 이상의 기능이다. i-PMO는 주도적으로 프로젝트를 분석해 프로그램 목표의 성공적인 수행에 영향을 줄 심각한 리스크를 식별한다. 리스크와 이슈가 식별되면, i-PMO는 충분한 리스크 완화 조치를 결정하고 수행해야 한다.

'부가 가치 지원 서비스(Value added support services)'란 프로젝트에서 사용 가능한 표준과 방법론, 도구를 활용해 지식과 전문성을 제공하는 기능이다. 이 기능의 목표는 프로그램 관리와 프로젝트 관리 프로세스의 성숙도 수준을 높이고 훈련과 도구 사용의 투자에서 성과를 거두는 것이다.

'이해관계자 관리(Focused stakeholder management)'는 이해관계자 관리와 의사소통 관리를 지원하는 기능이다. 이 기능은 종종 공급자와 같은 특정 이해관계자를 위한 더 심도 있는 관리 기능을 제공한다. i-PMO는 공급자와 맺은 모든 협정의 전체 개요와 이행 상태를 유심히 지켜본다. 이들은 책임 있는 프로젝트 관리자와 함께 밀접한 협력관계에 있는 공급사의 성과를 평가한다. 필요하다면, i-PMO는 좋은 관계를 유지하기 위한 수단이나 이슈를 확대시키기는 방법으로 계약 관리 회의를 연다.

6.7.7 프로그램 디자인 권한(PDA)

프로그램 디자인 권한(PDA)은 프로그램 관리와 프로그램 청사진(To-be 프로세스의 정의, 요구 사항과 적용)에 대한 프로젝트 팀에 안내와 조언을 제공하는 지배구조의 역할을 한다. PDA는 정보 허브로, 솔루션을 주도하고 설계 이슈를 해결하며, 의사 결정을 용이하게 하기 위해 프로그램 안팎의 모든 관계자와 밀접한 협업을 통해 운영한다. 강력한 PDA는 잘 통제된 범위를 통해 전체 프로그램 진행에 기여함과 동시에 높은 품질을 보장한다. 전형적인 PDA 책임은 다음과 같다.

:: 청사진 보증

- 프로그램 청사진 초안을 수립하고 승인한다.

- 한층 나은 청사진의 개발과 개선을 주도한다.

- 프로젝트의 범위로 청사진의 전체를 아우르도록 한다.

- 청사진을 다른 변경 주도 및 직계 조직과 연계한다.

- 청사진을 엔터프라이즈 아키텍처 표준과 연계한다.

:: 이슈 해결

- 리스크와 이슈 식별을 주도한다.

- 설계/구현 이슈를 해결한다.

- 프로그램 관리자의 결정에 조언한다.

:: 변경 관리

- 완전성과 타당성에 근거해 변경 요청을 걸러낸다.

- (프로젝트) 영향 분석을 지원 또는 검증한다.

- 변경위원회에 조언한다.

- 출시 계획을 관리한다.

:: 품질 보증

- 모든 프로그램 결과물의 기대 품질을 정의한다.

- 표준 준수 및 청사진과의 일관성을 갖는 결과를 검토한다.

- 검토 회의를 추진한다.

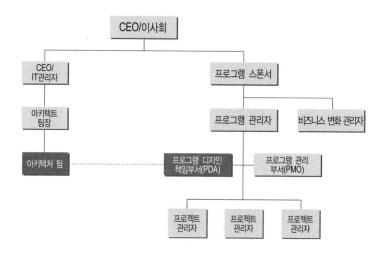

[그림 100] 아키텍처 팀 사이 '연락'을 담당하는 PDA

PDA활동의 본질은 엔터프라이즈 아키텍처 기능과 최대한의 연계를 요구하는데, 이는 종종 직계 조직의 일부고 CIO의 책임 하에 있다. 직계 조직(아키텍처 팀)과 프로그램 조직(PDA) 사이의 관계를 그려본 것이다([그림 100]).

6.8 결론

이제 프로그램 리더십을 두고 다음과 같은 결론과 의견을 도출할 수 있다.

- 오늘날의 비즈니스는 점점 더 복잡하고 불안정한 환경에 직면하고 있다. 경쟁력을 유지하기 위해 기업은 이러한 환경변화에 끊임없이 적응해야 한다. 기업의 미래는 갈수록 변화의 능력에 좌우되고 있다.
- 프로그램 리더십은 프로젝트와 프로그램의 실행을 통해 실제로 변화를 수행하는 수단이

다. 프로그램 리더십은 세 가지 레벨(포트폴리오 관리, 프로그램 수행과 프로젝트 수행)로 이뤄져 있다. 후자인 프로젝트 수행은 이 책의 범위에 속하지 않는다.

- 비즈니스·IT연계 전략은 전략적 방향과 수준 높은 미래 상황의 형태로 프로그램 리더십에 입력 자료를 제공한다. 엔터프라이즈 아키텍처는 전략적 방향을 자세히 설명하는 원칙과 모델 형태로 프로그램 리더십에 입력 자료를 제공한다.

- 포트폴리오 관리의 목표는 비즈니스·IT연계 전략과 완벽하게 맞물리는 프로그램과 프로젝트의 포트폴리오를 정의해 모든 아키텍처 제한사항을 만족시키고 총 가치를 극대화하며, 수용 가능한 리스크 수준을 유지하는 것이다.

- 프로그램 수행의 목표는 프로그램을 성공적으로 실행하는 것이다. 이것은 프로젝트가 성공할 수 있는 환경을 만들고, 프로젝트 사이의 의존성을 관리하며 범위와 계획, 그리고 개별 프로젝트의 자원을 조정한다.

- 올바른 관리 구조 외에, 성공적인 변혁을 위한 핵심 요인은 완전히 헌신하고 특별한 기회를 믿는 팀 구성원, 성공하는 팀을 만들기 위해 양보다는 질에 집중하며 모든 본질적 역할(선도, 행동, 사고와 사교)을 보여주는 팀 구성이다.

결과물의
도출

:: 성공을 위한 주요 조건

앞서 설명한 각 장은 IT를 통한 BT에 중요한 세 가지 원칙, 곧 비즈니스·IT연계
전략과 엔터프라이즈 아키텍처, 프로그램 리더십을 설명했다. 7장에서는 세 원칙
을 어떻게 성공적으로 엮을 수 있을지 알아본다. 이러한 성공을 위한 중요한 조건
을 7.1절에서 소개하고 7.2절, 7.3절, 7.4절에서 더 자세히 살펴 보자.

7.1 세 가지 중요한 조건

앞서 각 장에서 IT를 통한 BT의 세 가지 주요 원칙의 프레임워크와 방법론을
기술했다. 이들을 기본으로 IT를 통한 BT를 위한 주요 성공 요소들을 다룬다. [그
림 101] 은 IT를 통한 BT와 그 환경을 도식화 한 것이다.

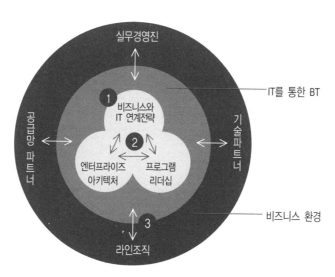

[그림 101] 세 가지 주요 성공 요소의 구성도

이 그림은 IT를 통한 BT를 세 가지 원칙인 비즈니스·IT연계 전략과 엔터프라이즈 아키텍처, 프로그램 리더십으로 구성했다. IT를 통한 BT는 실무경영진와 라인조직, 공급망 파트너, 그리고 기술 파트너(공급자)를 포괄하는 환경 속에서 이뤄 진다. 세 가지 주요 성공 요인은 다음과 같다.

1. 개별 원칙 - 비즈니스·IT연계 전략, 엔터프라이즈 아키텍처, 프로그램 리더십이 높은 성숙도로 발전되어야 한다(7.2절).
2. 이 세 개 원칙은 효과적으로 상호작용해야 한다(7.3절).
3. IT를 통한 BT는 비즈니스 환경과 연계해야 한다(7.4절).

7.2 세 가지 원칙의 성숙된 수준으로 구현

:: 각 원칙은 독립적인 프로세스다

성공을 위한 첫 번째 조건은 세 개의 원칙 모두를 잘 배치하고 각 원칙을 높은 수준의 성숙도로 발전시키는 것이다. 그러므로 비즈니스·IT연계 전략과 엔터프라이즈 아키텍처, 프로그램 리더십은 서로 독립적인 요소로 구별되며, 이것이 성공적인 변화를 위해 매우 중요하다.

하지만 실제로는 이 세 원칙의 하나가 각각 다른 두 개 가운데 어느 하나의 구성요소로 구현되는 것을 볼 수 있다. 일반적으로 비즈니스·IT연계 전략 원칙이 때로는 엔터프라이즈 아키텍처 원칙이나 프로그램 리더십 원칙에 포함되어 수행된다. 하지만 이런 식의 수행 방법을 권장하지는 않는다. 아키텍처라는 것이 전략과 함께 연계해야 하는 것은 분명하지만, 한 팀에서 전략과 아키텍처를 같이 개발하는 것은 좋지 않다. 그 이유는 전략과 아키텍처 개발은 서로 영향을 주지 않는 다른 기술을 필요로 하기 때문이다. 두 번째 이유로 전략개발은 사업의 방향에 영향을 주고 자금 운영에 직접 작용하기 때문에 항상 고위 경영진이 참여 한다. 하지만 대부분의 아키텍처 팀은 고위 경영진을 포함하지 않는다. 아키텍처 개발팀이 만든 전략이 잘 반영되지 않는 경향의 원인은 여기에 있다. 그래서 전략은 고위 경영진이 참여한 팀에서 개발해야 하며, 아키텍처 개발은 개발자가 전략에 기초해 개발해야 한다. 전략개발과 프로그램 리더십의 관계에도 같은 이야기를 할 수 있다.

:: 초점의 이동

각 원칙이 성공적인 변혁에 필수라고 해도 각 원칙의 초점은 변혁이· 진행되면서 바뀐다. [그림 102]는 이런 변화를 도식화한 그림으로 변혁의 주기 동안 이들 세 가지 원칙의 변화를 보여준다. 비즈니스·IT연계 전략은 BITS로, 엔터프라이즈 아키텍처는EA로, 프로그램 리더십은 PL로 표기한다. 원의 크기는 각 원칙에서 소요되는 상대적인 시간의 양과 자원을 나타낸다. 첫 번째 변화의 단계에서는 비즈니스·IT연계 전략에 초점이 맞춰져 있음을 알 수 있다. 전략이 수립되면 초점은 비즈니스·IT연계 전략에서 엔터프라이즈 아키텍처와 프로그램 리더십으로 옮겨진다. 이 가운데 엔터프라이즈 아키텍처는 'To-Be'청사진과 전이 아키텍처, 로드맵을 개발해야 하는 초기에 중요도가 크다. 차후 점점 그 중요성이 줄어들지만 여전히 아키텍처 결과물을 유지 관리하고 규정 준수를 감시하는데 필요하다.

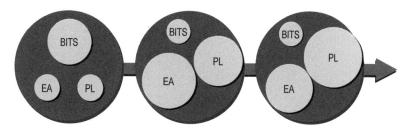

[그림 102] 변혁 과정으로서 각 원칙이 보여주는 초점의 이동

:: 성숙도 수준

각 원칙의 필요 성숙도 수준은 4장과 5장, 6장에서 소개한 방법론과 기술을 알아야 한다. 그러나 이 책에서는 단지 IT를 통한 BT만 설명하고 있기 때문에 이들 방법론이나 프레임워크는 기본으로 전제되어 있다고 간주한다. IT를 통한 BT를 실제로 수행하는 사람은 각 원칙의 좀 더 깊은 전문 지식이 필요하다.

이 책 서두에서 우리는 실증적인 연구를 한 세퍼(Scheper, 2002)의 비즈니스 성숙도 모델을 통해 균형 잡힌 기둥을 만드는 것(각 원칙을 골고루 개발)이 성공에 가장 중요한 요소라는 사실을 언급했다. 이들 기둥 가운데 단지 하나의 기둥만 성숙도를 높이는 투자는 IT를 통한 BT의 성과를 높이는 데 도움을 주지 않는다. 결론적으로 각 기업은 낮은 성숙도 수준인 원칙을 가려내고, 그 원칙을 개선하기 위한 노력에 초점을 맞춰야 한다.

7.3 각 원칙 사이의 효과적인 협력관리

성공을 위한 두 번째 조건은 세 개의 원칙이 효과적으로 상호작용하도록 하는 것이다. 이 세 가지가 높은 성숙도 수준에 이르렀다 해도, 서로 상호 작용하지 않는다면 이들은 전략적인 목적을 이루기 위한 최적의 기여를 할 수 없다. 예를 들어 한 기업이 모든 방법과 모범 사례를 따르는 실력 있는 엔터프라이즈 아키텍처 설계팀을 가졌다고 하자. 하지만 아키텍처가 전략적인 선택에 초점이 맞춰져 있지 않고 아키텍처 결과물이 프로그램과 프로젝트에 맞지 않게 개발되었다면, 이 유능한 엔터프라이즈 아키텍처팀의 노력은 헛된 것이다.

각 원칙의 효과적인 상호작용을 위해서는 상당한 관리 노력을 기울여야 한다. 일반적으로 각 원칙에는 비즈니스·IT연계 전략가와 수석 엔터프라이즈 아키텍트,

프로그램 관리자 등의 책임자가 있을 것이다. 이 관점에서 본다면 이들은 각 원칙별로 잘 정의된 책임을 갖고 있고, IT를 통한 BT 전체에는 상당히 관념적인 책임을 갖고 있는 것이다. 협업은 단기적으로는 각 원칙에서 책임과 관련해 원치 않는 결정을 요구 할 때도 있지만, 전체적으로는 변혁에 유리하다. 이러한 결정을 위해 고위 경영진의 지지와 보상이 필요하다.

∷ 종속성의 개요

[그림 103]에 나타낸 도표는 세 가지 원칙의 주요 산출물이다. 기능적 관계나 종속성은 산출물 사이에 화살표로 표시했다. 모든 기능적 관계는 두 개의 다른

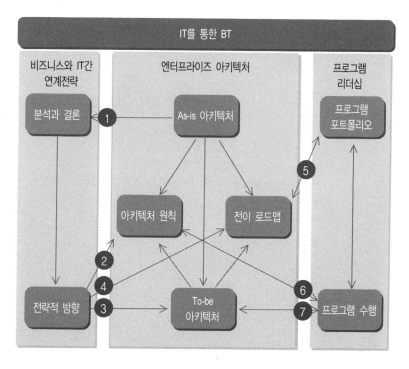

[그림 103] 세 가지 원칙의 기능적 종속성

원칙을 포함하고 번호로 표시하며, 그 번호는 아래에 자세히 기술된 리스트를 뜻한다. 다른 종속성의 의미는 이미 앞서 세 개의 장에서 설명했다.

(1) 'As-is 아키텍처'는 분석단계의 핵심 요소다. 이 아키텍처는 필요한 통찰과 올바른 결정(예를 들어 현재 IT 밑그림의 지속성이나 진략적 목표와 현재 IT 기술의 역량 사이의 차이나 연계를 위한 결정)을 위한 상세한 레벨을 제공한다. 만약 'As-is 아키텍처'가 비즈니스·IT연계 전략 프로세스의 시작 단계에서 사용이 불가능하다면 분석단계에서 생성해야 한다. 이때 상대적으로 짧은 시간 안에 사용 가능한 결론을 얻기 위해 반드시 실용적으로 접근해야 한다.

(2) '전략적 방향'은 근본적인 IT에 대해 선택하게 된다. 예를 들면 최종 목표를 구현하기 위해 최상의 전략을 구사할 것인지 아니면 일반적인 전략을 구사할 것인지 선택한다. 이러한 근본적인 선택은 반드시 아키텍처 원칙에 충분히 반영되어야 하고, 이런 원칙은 결국 'To-be 아키텍처' 개발을 위한 프레임워크를 형성한다.

(3) '전략적 방향'은 높은 수준의 'To-be 아키텍처'를 그리는 설명을 포함한다. 대부분 이것은 비형식적이고 개요 수준의 도표이다. 엔터프라이즈 아키텍처 원칙에서 이 고수준의 'To-be 아키텍처'는 반드시 공식적인 아키텍처 모델로서 상세히 기술해야 한다. 하지만 비즈니스·IT연계 전략 프로세스에서 정의한 고수준 목표 상황은 자세히 기술된 'To-be' 엔터프라이즈 아키텍처와 일관성이 있어야 한다.

(4) '전이 로드맵'은 개별 환경 변화가 발생하는 순서를 정의하는데, 그 형태는 종종 단계별로 안정기에 도달하는 순서다. 이러한 '전이 로드맵'의 입력 값은 'As-is 아키텍처(시작)'와 'To-be 아키텍처(끝)', 그리고 이를테면 "Y가 준

비되기 전 X는 변경할 수 없다"와 같은 모든 종류의 아키텍처 제한 사항들이다. 일반적으로 여기에는 선택의 여지가 매우 크다. 이런 점에서 우선순위 결과를 설정하는 로드맵을 생성하는데 비즈니스와 IT사이의 연계 전략, 특히 비즈니스의 목표, 그리고 비즈니스의 우선순위를 정하는 것은 매우 중요하다.

(5) '전이 로드맵'과 '프로젝트 포트폴리오'는 충분히 연계해야 한다. 'As-is' 밑그림에서 'To-be' 밑그림으로의 변화는 하나의 프로젝트의 범위 안에 존재해야 한다. 이를테면 변화란 조직에서 변경된 프로세스를 수행하거나, 새롭거나 수정된 어플리케이션 또는 어플리케이션 사이의 새로운 인터페이스 가동 준비를 말한다. 여기서 한 가지 기억해야 할 변화 유형은 더 이상 이용 가치가 없어 어플리케이션을 제거해야 하는 경우다. 프로젝트 포트폴리오의 완전성 확인은 프로젝트의 범위가 자주 바뀔 것이기 때문에 지속적으로 이루어져야 하는 과정이다.

(6),(7) 아키텍처의 원칙과 'To-be' 밑그림은 프로젝트를 생성하고 아키텍처를 시작하는 데 사용한다. 프로젝트를 출시하는 동안, 기존의 통찰은 변할 수 있고 새로운 시각이 발전될 수 있다. 이것은 아키텍처 원칙과 'To-be' 아키텍처에 반영되어야 한다. 사실, 이러한 관계는 엔터프라이즈 아키텍처와 프로그램이 반드시 동기화를 유지하도록 해야 한다.

:: 모범 사례와 교훈

이들 기능적인 종속성에서 다음과 같은 모범 사례를 도출했다.

- **엔터프라이즈 아키텍트를 전략 개발에 참여시킨다.** 아키텍처 기술은 현재상황을 평가하고 가정을 검증하며 미래의 상황을 정의하는 데 대단히 중요하다. 따라서 엔터

프라이즈 아키텍트는 전략 개발 프로세스에 참여는 하지만, 리더 역할이 아닌 구성원으로서 존재해야 한다. 아키텍트의 역할은 결정을 돕고 잠재적 선택의 결과를 명료하게 하고 필요한 모든 정보를 제공하는 역할을 한다. 최종결정은 고위 경영진이 내린다.

- **전략 방향을 통해 엔터프라이즈 아키텍처에 초점을 맞춰라.** 현실은 엔터프라이즈 아키텍처 팀이 '한번에 모든 것을 모델링 하려는' 위험에 노출되어 있고 그들의 첫 번째 버전의 결과물로 작업하려는 경향을 보이는 반면, 나머지 조직은 걱정스레 그 결과물을 입력해주기 기다리는 상황을 보여준다. 때때로 아키텍처 프레임워크를 사용하면서 일정 부분 비난을 받기도 하는데, 이는 '여러 계층'과 '다양한 관점'의 조합에 의한, 광범위한 결과물을 정의하기 때문이다. 좀더 효과적인 접근으로는 전략 방향에 제시된 특정한 관심에 집중하는 것이다. 예를 들어 전략 방향의 성격이 복잡한 기존 어플리케이션 환경의 변화라면, 초점은 'To-be' 어플리케이션 아키텍처와 전이 아키텍처(로드맵)에 맞춰야 한다. 그러나 만일 비즈니스 프로세스를 급하게 재조정해야 한다면, 초점은 비즈니스 아키텍처에 맞춰야 한다. 따라서 몇몇 아키텍처 프레임워크에 기술된 많은 수의 아키텍처 결과물로 주의를 분산시키기보다는 정말 필요한 것에 집중하기를 조언한다.

- **(부분적인) 아키텍처 지침을 가능한 빨리 만들어 발표하라.** 한 조직이 오랜 기간 동안 비즈니스·IT연계 전략 계획을 세우는 업무를 수행할 때, 아키텍처와 프로그램/프로젝트 조직은 거의 동시에 준비된다. 일반적으로 아키텍트는 첫 번째 결과물을 만드는데 상당한 시간이 걸리는 반면, 프로젝트 팀은 시작 후 바로 아키텍처의 안내를 필요로 하기 때문에 잠재적인 문제점을 낳는다. 이런 상황에는 두 가지의 해결 방법이 있는데, 하나는 아키텍처팀에게 그들이 필요한 시간을 (때론 1년 이상) 할애하고. 그 동안 프로젝트는 자체 선택에 맡긴다. 이 경우는 그다지 권장할 만한 게 아니다. 두 번째 경우는 아키텍처팀에서 초기에 비록 완전하지는 않지만 시간을 거듭해 새로운 버전으로 수정하면서 결과물에 집중하게 하는 것이다. 이에 따른 이점은 기존의 두 배가 된다. 프로젝트 초기에 아키텍처 지침을 사용할 수 있으며, 아키텍처팀이 프로젝트에 보다 깊게 관여하면서 프

로젝트로부터 아키텍처 지침에 관한 피드백을 받을 것이다. 이것은 자연히 결과물의 질을 향상시킬 것이다. 따라서 아키텍처 가이드를 되도록 빨리 발표해 프로젝트팀과 생산적인 상호 작용을 해야 한다.

- **아키텍처 로드맵을 사용해 프로젝트의 포트폴리오를 도출하라.** 엔터프라이즈 아키텍처 핵심 산출물 가운데 하나는 미래 상태의 아키텍처와 이행에서 안정기를 정의한 '전이 아키텍처'이다. 이런 '전이 아키텍처'에서 이뤄야 할 변화들을 도출해내야 한다. 새로운 소프트웨어 어플리케이션이나 인터페이스, 새로운 네트워크 인프라와 어플리케이션 서버 등을 예로 들 수 있다. 이들 각 변화는 하나의 프로젝트에 의해 수행되어야 한다. 따라서 전이 로드맵과 프로젝트의 포트폴리오 사이에는 밀접한 관계가 있다. 프로그램 리더십이 필요한 프로젝트를 결정하는 데 이 정보를 활용하는 것은 좋다. 프로그램 리더십팀은 어떤 변화가 한 프로젝트의 수행 범위가 될지 결정한다. 한편 아키텍처팀은 주기적으로 모든 변화가 한 프로젝트 범위 안에서 효과적인지 정기적으로 검증해야 한다. 필요하다면 아키텍처팀은 프로그램 리더십팀에 기존의 프로젝트 범위에서 잊고 있었던 변경 사항이나 새 프로젝트를 추가해야 한다고 알려줄 수 있다.

- **프로젝트 선택 사항을 아키텍처 원칙에 적용하라.** 아키텍처 원칙은 정보기술의 설계와 구축에 관한 규범이다. 알맞은 아키텍처 원칙은 올바른 수행을 위해 고려할 사항과 그렇지 않은 게 무엇인지 명확히 기술한다. 일부 원칙은 변화의 초기에 정의하지만 변화하는 동안 끊임없이 보완하고 다듬어야 한다. 이런 점에서 프로젝트에 주어지는 피드백은 매우 중요하고, 이 덕분에 원칙과 프로젝트는 상호 보완 관계를 가져야 한다. 프로젝트는 사용 가능한 원칙과 아키텍처적인 선택을 통해 유리한 위치에 설 수 있는 이득을 누리게 된다. 하지만 프로젝트는 어려움에 처할 수도 있고 아키텍트는 어떤 아키텍처적인 선택도 못할 수 있다. 이런 일이 일어난다면, 기존 원칙을 수정하거나 새로운 원칙을 정해야 할 수 있다.

- **진행상태의 통찰을 통해 목표한 상황과 로드맵을 수정하라!** 엔터프라이즈 아키텍처란 미래 변화의 계획과 관련이 있다. 아키텍처의 미래 상태는 일반적으로 수년 앞

선 상황을 정의한다. 프로젝트들이 아키텍처 모델과 로드맵으로 시작해도, 예기치 못한 일은 당연히 발생할 수 있다. 이런 많은 예상하지 못한 일들이 계획 단계에서 지연을 일으킬 것이다. 이러한 지연이 치명적이고 다른 프로젝트가 해당 지연된 프로젝트에 종속되어 있다면, 아키텍처 로드맵을 재수정해야 할 수도 있다. 기술적인 문제들과도 직면할 수 있다. 미래 상태 아키텍처 깔린 가정 조작될 수 있나. 이러한 일이 일어난다면, 그 아키텍처모델은 새로운 시각으로 재수정해야 한다.

- **전이하는 동안에는 전략 방향을 계속 유지 하라.** 비즈니스·IT연계 전략을 세우는 것은 명백히 변화의 초기에 수행하는 활동이다. 이 활동은 기본적인 IT의 선택 사항을 포괄하면서 장기적인 과정을 설정한다. 이들 선택 사항과 방향은 세부 엔터프라이즈 아키텍처와 계획을 실행하는 프로그램과 프로젝트에 입력이 된다. 하지만 대부분의 경우 예기치 못한 일들이 일어나고, 기존의 비즈니스·IT연계 전략을 재수정해야 할지도 모른다. 만일 비즈니스·IT연계 전략을 일회성 활동으로 여기면 전략 수정은 엔터프라이즈 아키텍처팀이나 프로그램 리더십팀이 맡아야 할 것이다. 그러나 이는 바람직하지 않다. 비즈니스·IT연계 전략 방향은 전체 변화 기간에 걸쳐 존속하는 것이 좋고 주기적으로 이 전략을 두고 수정이 필요한지 평가하는 게 좋다. 이것이 엔터프라이즈 아키텍처나 프로그램 리더십 원칙 외부에서 수행되었다면, 전략적 선택 사항을 바로 반영하기 위해 일상적인 업무와는 거리를 두어야 한다.

7.4 환경과의 일치와 연계

IT를 통한 BT의 목적은 라인 조직(Line Organization)에 새로운 역량을 제공하는 것이다. 각 변혁은 다른 이해관계자들을 망라하고, 조직에 내부적인 요소(실무 경영진과 라인 조직) 그리고 외부 요소(공급망 파트너와 기술 파트너들)로 구성된

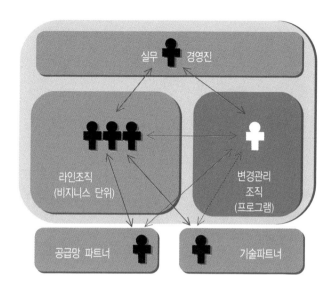

[그림 104] 외부환경에서의 주요 관계

환경에서 이뤄진다. IT를 통한 BT에 책임 있는 변경관리 조직은 반드시 이러한 이해 관계자들과 균형 잡힌 관계를 가져야만 한다. 특히 관심을 가져야 할 부분이 라인 조직(운영/유지보수)의 일부이면서 변경관리 조직(개발)이기도 한 IT 부서다.

:: 모범 사례와 교훈

- **최고 경영층의 후원과 주인의식을 확보하라.** IT를 통한 BT는 오래 지속되고 제품과 프로세스, 사람과 기술에 막대한 영향을 끼친다. 이 과정에서 모든 종류의 마찰과 고려 사항들이 발생할 가능성은 크다. 이런 점에서 꾸준한 과정을 유지하는 게 매우 중요하며, 최고 경영층이 헌신과 후원을 아끼지 말아야 한다. 따라서 최고경영층의 후원을 구축하고 유지하는 것은 성공적인 변혁을 위한 중요한 열쇠다.
- **핵심 라인 관리자를 변경관리 조직에 참여시켜라.** 라인 관리자라는 본질상, IT를 통한 모든 BT는 결국 라인 조직에 상당한 영향을 준다. 조직은 보통 이런 변혁을 받아들

이지 않으려는 경향이 있기 때문에, 대부분 연계된 라인 관리조직 관리자와 강한 유대관계를 맺어야 한다. 이에 따른 이점은 많다. 성숙된 요구관리에 집중함으로써 변화 프로세스는 더 나은 발전을 할 것이고, 이에 따른 이슈는 부드럽게 해결될 것이다. 비즈니스 변화 관리자는 이런 라인 관리자와 더 밀접하게 일해야 한다.

- **사용 가능한 전문적 지식과 경험을 쌓아라.** IT를 통한 BT를 성공적으로 이루기 위해서는 여러 영역에서 많은 경험과 지식을 필요로 한다. 특히 초기에는 전문 핵심 영역을 파악하고 각 조직에 알맞은 전문가가 변경관리 조직에 도움을 줄 수 있는지 확인해야 한다. 실제로 변경관리 조직은 라인관리조직 자체 내에서, 혹은 프로그램이나 프로젝트 조직 내에서 꼭 있어야 할 사람을 필요로 할 것이다. 하지만 전이가 그 조직에 전략적인 중요성을 갖는다면, 그런 핵심 전문가들이 변경관리 조직에 충분히 기여하도록 해야 한다.

- **리더십에 신뢰를 더하라.** 변경관리 조직에서 리더십은 세 가지 중요한 성격을 띠어야 한다. 첫째, 리더십은 실무경영진과 라인 조직의 핵심 멤버로부터 신뢰와 좋은 평판을 얻어야 한다. 둘째, 리더십은 특히 차질이 발생할 때 변경관리 조직을 격려하고 동기를 부여할 수 있어야 한다. 마지막으로 탄탄한 관리 기술을 바탕으로 부드럽게 변혁을 이끌고 항상 올바른 기본을 갖춰야 한다.

- **전문적인 요구 관리에 투자하라.** 비즈니스와 IT의 연계는 명확한 비즈니스 요구 사항을 필요로 한다. 실질적으로 이 부분은 많은 조직의 약점이다. 따라서 비즈니스 대표에게 적합한 교육을 실시하고, 이런 요구 사항을 체계화하면서 비즈니스를 지원하는 데 헌신적인 비즈니스 분석가 양성에 적극적으로 투자해야 한다.

- **전문적인 비즈니스 변화 관리에 투자하라.** 프로그램과 프로젝트 조직은 라인 조직에 새로운 역량을 제공하는 데 집중한다. 그러나 이러한 역량은 반드시 원하는 비즈니스적 성과를 얻을 수 있어야 한다. 이를 '비즈니스 변화 관리'라고 한다. 모범 사례는 누군가에게 단독으로 책임을 부여하는 것이다. 그래야 비즈니스의 이익을 효과적으로 획득할 수 있다.

- **라인 조직에게 신속히 넘겨주라.** 프로그램이나 프로젝트의 경우 항상 일시적인 조직들이기 때문에 각 전이의 결과는 어느 시점에는 라인 조직에 전달되어야 한다. 이것은 전이를 마무리하기에 앞서 적합한 조건이 마련되어야만 성공할 수 있다. 대개 엔터프라이즈 아키텍처는 새로운 IT 시스템이 개발에서 유지 운영으로 넘어가는 환경을 마련해 주는 역할을 담당한다. 이에 더해 비즈니스 변화 관리자는 새로운 비즈니스 역량이 존속되고 라인 조직에 의해 활용될 수 있도록 환경을 마련해야 하는 역할을 담당한다.

7.5 결론

이제 IT를 통한 BT와 비즈니스·IT연계 전략, 프로그램 리더십과 엔터프라이즈 아키텍처의 역할 등을 두고 다음과 같은 결론과 의견을 도출했다.

- 오늘날의 기업들이 부딪치는 환경은 복잡하고 다양하다. 경쟁력을 갖추고 살아남기 위해 기업은 이러한 환경에 적응 해야만 하고 더욱 성숙한 수준으로 올라가는 꾸준한 성장을 이뤄야 한다.
- IT 역할은 행정 프로세스를 지원하는 단순한 역할에서 핵심 비즈니스 프로세스에 없어서는 안 될 중요한 역할로 발전해왔다. 동시에 우리는 가용 기술에서 엄청난 성장이 이뤄지고 있으며, 시장에 속속 새로운 기술이 선보이는 것을 목격하고 있다. 그 결과 우리는 IT를 둘러싼 결정을 빈번하게 내려야 하며, 이 결정은 갈수록 더 복잡한 형태로 비즈니스에 커다란 영향을 미치고 있다.
- 비즈니스에 IT가 미치는 영향이 증가함에 따라, 비즈니스와 IT사이의 완전한 연계는 필연적이다. 비즈니스·IT연계의 본질은 정보기술의 가능성을 적극 활용함으로써 비즈니스의 이익이 극대화할 수 있도록 IT투자를 유도하는 것이다.

- 변화하는 환경에 효과적으로 대응하기 위해 필요한 것은 IT를 통한 BT이다. 즉, 조직의 네 가지 중요한 측면(제품, 프로세스, 사람, 기술)에 IT를 접목해 변화를 지속적으로 관리하고 소화할 프로세스를 만들어내는 것이다.

- 복잡다단한 변혁의 성공적 관리는 수익성을 갈수록 향상시킴으로써 건실한 기업을 만드는 가장 중요한 특징 가운데 하나다.

- IT를 통한 BT를 성공적으로 관리하려면 세 가지 중요한 원칙(비즈니스·IT연계 전략과 엔터프라이즈 아키텍처, 프로그램 리더십)이 필요하다. 이들은 세 가지 고유한 기능 영역(비전과 논리, 그리고 실행)을 대표한다.

- IT를 통한 BT는 세 가지 원칙에 맞는 각각 서로 다른 조직 단위에 의해 이뤄진다. 그리고 비즈니스·IT연계 전략과 엔터프라이즈 아키텍처 그리고 프로그램 리더십이 세퍼(2002)가 제시한 성숙도 모델에서 적어도 레벨 3에 이르도록 개발되어야 한다. 4, 5, 6 장에서는 성숙도 레벨 3에 오르기 위한 개념과 방법과 원칙이 정의되었다.

- 한 조직 전체가 레벨 3의 성숙도 수준에 올라가 있다면, 이 레벨 3에서 비즈니스·IT연계 전략과 엔터프라이즈 아키텍처, 프로그램 리더십이 베푸는 충분한 이익을 누릴 수 있다.

- 비즈니스·IT연계 전략과 엔터프라이즈 아키텍처, 프로그램 리더십은 각각 최고 수준에 올라야 하며 독립적인 원칙으로 수립되어야 한다. 세 개 가운데 어느 하나를 나머지 두 개의 하위 구성 요소로 수행하는 것은 최선의 결과를 낳을 수 없으므로 피하는 게 좋다.

- 비즈니스·IT연계 전략과 엔터프라이즈 아키텍처, 프로그램 리더십이 독립적인 원칙이라 할지라도, 서로 기능적으로 부드럽게 맞물려 적절한 균형을 이루어낼 때에만 IT를 통한 BT는 성공할 수 있다.

- 정보관리라는 문제는 기술의 차원에서 비즈니스 차원으로 옮겨가고 있다. 이런 변화는 두 가지 결과를 낳았다. 하나는 CIO의 프로필이 기술에 치중하던 것에서 비즈니스 지향적으로 바뀐 것이다. 다른 하나는, 갈수록 IT 전략이 비즈니스 실무가 책임져야 할 사안으로 자리를 잡고 있다는 사실이다. 앞으로 비즈니스 운영의 책임자는 누구나 IT 기술에

적극적인 관심을 가져야 할 것이다.

- 마지막으로 IT의 역할이 늘어나고 정보관리가 기술에서 비즈니스 차원으로 넘어가면서, 비즈니스 경영진은 IT를 통한 BT의 선구자가 되어야 한다는 점을 다시 한 번 강조하고 싶다.